KB095976

바디이미지 수업
THE BODY IMAGE

바디이미지 수업
THE BODY IMAGE

토머스 캐시 지음
박미라 외 옮김

사우

차
례

몸과 외모를 바라보는 새로운 시선

생각보다 많은 사람들이 외모 문제로 고민한다는 사실에 자주 놀랍니다. 그들이 경험하는 인간관계의 어려움, 만성적인 우울감이나 불행한 느낌, 집중력 저하, 이유를 알 수 없는 불안과 조바심 뒤에 외모에 대한 불만이나 열등감이 도사리고 있습니다. 유난히 외모를 중시하는 사회에 살다 보니 남녀노소 누구나, 그리고 사회적 기준에 비추어 봤을 때 꽤 준수한 외모를 가진 사람들도 외모에 대한 스트레스를 느끼고 있습니다. 외모에 대해 칭찬해주어도 소용이 없습니다. 그들은 강하게 손사래를 치며 자신의 외모를 부정합니다.

이 책을 번역한 다섯 명의 번역자들도 예외는 아닙니다. 우리도 (대부분 그렇듯이) 어린 시절부터 외모로 인한 스트레스를 경험했으며, 우리의 정체성 중에서 많은 부분이 외모로 인해 결정됐으니까요. 바로 그런 문제의식으로 이 책에 관심을 갖게 됐습니다.

그런데 이 책을 읽으면서 모두 놀랐습니다. 외모 문제에서 자유롭고자 노력해왔던 번역자들도 여전히 외모 때문에 만성적인 스트레스를 경험하고 있다는 사실을 알았으니까요. 우리가 의식하거나 혹은 의식하지 못하는 사이 자신의 외모에 대한 생각과 느낌이 정체성에 흠집을 내고, 자존감을 조금씩 허물어뜨리는 것입니다.

무엇보다 심각한 것은 외모가 우리에게 준 많은 선물을 자각하지 못했다는 사실입니다. 아니, 방치했다는 말이 더 정확할 것입니다. 몸이나 외모와 관련해 많은 미덕을 가지고 있었는데도 그걸 즐기지 못했습니다. 이 책의 앞부분에 제공된 바디이미지 셀프테스트를 통해 여러분도 그 사실을 알게 될 것입니다.

이 책은 미국의 한 대학교에서 공부하던 지인의 소개로 알게 되었습니다. (대부분의 여성들이 그렇듯이) 그도 다이어트 강박이 있었고 그래서 찾아간 대학교 상담실에서 심리상담사가 권해준 책이 이 책이었습니다.

이쯤에서 여러분도 눈치채셨겠지만 이 책은 외모와 관련해 심리적 어려움을 겪는 사람들을 위한 심리치료서입니다. 이 책은 우리 사회의 외모지상주의를 비판하는 인문학이나 사회과학 분야의 책과 다릅니다. 외모를 잘 가꿔서 사회의 기대에 부응하는 방법을 알려주는 자기계발서는 더더욱 아닙니다. 이 책은 외모에 대한 심리적 어려움이 어디서 왔는지, 어떻게 해결할 수 있는지 구체적으로 제시하고 안내하는 책입니다. 그러니까 외모에 대한 생각을 바꿔서 있는 그대로의 자신을 인정하고, 더 행복하게 사는 법을 알려주는 책이지요.

이 책은 모두 여덟 단계로 구성되어 있습니다. 첫 번째 단계에 제공된 여섯 가지 심리테스트는 외모에 대한 자기 인식이 어느 정도인지 실감하게 해주는 중요한 자가진단지이며, 이를 토대로 외모에 대한 어려움을 해결해나가도록 안내하고 있습니다.

이 책은 인지행동치료와 수용전념치료, 그리고 표현적 글쓰기 기법을 사용합니다. 인지행동치료와 수용전념치료는 현재 우리나라에서도 가장 주목받는 상담기법이지요. 개인이 경험한 외모의 역사를 되짚어보는 데 페니베이커의 표현적 글쓰기 기법을 사용했다는 것도 글쓰기의 치유적 힘을 믿는 저로서는 반가운 일입니다.

무엇보다 이 책을 여러분에게 소개하는 이유는, 이 책이 매우 충실하고 체계적인 내용을 담고 있어서입니다. 이 책에는 오랜 세월 외모 심리학을 연구해온 토머스 캐시 박사의 연구와 임상 경험이 알차게 담겨 있습니다. 각 단계마다 필요한 이론을 익히고, 구체적이고 친절한 안내를 받으며, 여러분은 마치 저자와 대화하듯 저자의 격려를 받으며 이 책을 읽어나갈 수 있습니다. 혼자서 또는 여럿이 함께 읽으면서 우리의 몸과 외모를 새로운 시선으로 생각해볼 기회를 마련해보길 권합니다.

의미 있는 책을 한국에서 출판하게 해주신 사우출판사 문채원 대표님께 감사한 마음을 전합니다. 그리고 이 책을 저와 함께 번역한 치유하는 글쓰기 연구소의 김미숙, 김보라, 김세현, 조연주 선생님에게도 정말 수고하셨다는 칭찬과 함께해주셔서 감사하다는 말씀 전합니다.

2019년 가을
대표 역자 박미라

거울 속 내 모습이 좋아지는 8단계 수업

인간은 누구나 몸을 빌려 살아간다. 바디이미지는 한 사람이 자신의 몸을 어떻게 인식하는가에 관한 내용이다. 바디이미지는 자신의 외모에 대한 정신적 그림이며, 더 나아가 나 자신과 몸의 관계라고 할 수 있다. 즉 외모와 관련한 우리의 인식, 신념, 생각, 느낌과 행동을 모두 포함한다. 따라서 바디이미지는 상당히 복잡하고 다양한 측면을 가지고 있다. 이 주제가 얼마나 복잡한지는 다음의 질문을 통해서 확인해볼 수 있다.

- 자신의 외모 중에서 정말 마음에 안 드는 부분이 있는가?
- 좋아하는 부분보다 마음에 안 드는 부분에 대해 더 많이 생각하는가?
- 다른 사람이 내 외모에 대해 어떻게 생각할지 걱정하며 많은 시간을 보내는가?
- 자신의 가치를 판단할 때 외모가 중요한 기준이 되는가?
- 자신의 외모에 대한 부정적인 생각이 불쑥 떠오르고, 그 생각이 계속해서 머릿속에 맴도는가?
- 신체와 관련해서 자의식(자신에 대한 타인의 반응을 지나치게 의식해서 자신의 모습을 타인의 시선으로 관찰하고 검열하는 심리적 상태-옮긴이)을 느끼면 특정한 활동이나 상황을 피하는가?
- 외모를 바꾸거나 완벽한 몸을 갖기 위해 시간과 노력, 돈을 많이 투자하는가?
- 외모의 '결점'을 보완하려고 옷이나 화장품에 자주 의지하는가?

- 다이어트 방법, 멋진 몸매를 만들기 위한 운동, 나에게 딱 어울리는 옷, 최신 유행하는 화장품과 헤어스타일을 자주 검색하는가?
- 자신을 있는 그대로 받아들이고 일상을 즐기는 데 외모에 대한 생각이 방해가 되는가?
- 자신의 몸을 있는 그대로 받아들이는 데 어려움을 느끼는가? 지금의 내 몸이 아닌 다른 몸이 되고 싶은가?

바디이미지와 행복의 관계

위의 질문에 동의했다면, 당신의 바디이미지에 문제가 있다는 뜻이다. 그렇다고 걱정할 필요는 없다. 많은 사람들이 바디이미지로 인해 문제를 겪고 있기 때문이다. 대학생들을 대상으로 한 바디이미지 연구 결과, 참가자들의 46퍼센트가 자신의 바디이미지에 불만족과 어려움을 느끼고 있는 것으로 나타났다(Williams, Cash, and Santos 2004). 이 연구에 참가한 사람들은 두 집단으로 나뉜다. 한 집단은 자신의 외모 중 한 군데 이상에 불만을 가지고 있지만, 그 때문에 일상생활에서 고통이나 장애를 느끼지는 않는다. 두 번째 집단은 불만족의 정도가 더 크고, 그것이 정서나 행동에도 영향을 끼친다. 부정적인 바디이미지는 살아가면서 다른 여러 가지 문제를 일으킨다. 다음에 소개하는 내용이 가장 빈번하게 발생할 수 있는 문제들이다.

무엇보다도 부정적인 바디이미지는 자존감을 떨어뜨린다. 자존감이 낮다는 것은 한 사람으로서 자신이 부적절하다고 느끼는 것을 의미한다. 다시 말해 자존감이 낮아서 자기 평가가 높지 않다는 의미다. 많게는 자존감의 3분의 1 정도가 바디이미지가 긍정적인지 또는 부정적인지와 연관되어 있다. 자신의 몸을 마음에 들어 하지 않으면 그 안에 살고 있는 사람을 좋아하기도 어려운 법이다. 그 사람이 바로 당신 자신이다!

바디이미지는 자신을 남자답거나 여자답다고 느끼게 하는 성정체성에도 필수적인 요소다. 남자의 경우 큰 키나 근육, 여자의 경우 S라인 몸매 같은, 남성적인 특성이나 여성적인 특성이 자신에게는 없다고 느끼는 사람들이 있다. 부정적인 바디이미지는 대인관계에서 불안을 야기할 수 있다. 자신의 외모를 받아들이지 못하는 사람은, 남들도 마찬가지로 내 모습을 싫어할 거라고 추측한다. 그래서 타인과의 관계에서 자의식과 부적절감을 느끼게 된다. 사회적인 검열과 거절을 두려워하고 자신의 외모가 남에게 평가받는다는 생각이 들면 부끄러운 나머지 자꾸 달아나려고 한다. 달아나기만 해서는 재미와 우정 같은, 삶에 유익한 것들도 놓치게 될 것이다.

몸에 대한 자의식 때문에 섹스도 위험한 지경에 빠질 수 있다. 자신의 벗은 몸이 볼품없고 상대가 좋아하지 않을 거라는 생각 때문에, 섹스는 불안을 일으키는 일이 되고 만다. 성 연구자와 치료사들은, 부정적인 바디이미지를 가지면 성관계에 몰입하지 못하고 자신의 몸을 감시하게 된다고 설명한다. 자신이 매력적이지 않을까 봐 걱정하거나 상대방의 시선이나 손길을 피해 몸을 감출 방법을 찾느라 정신을 쏟다 보면, 성관계를 회피하고 싶어진다. 불을 꺼서 어둠으로 자신의 몸을 가리려고 한다면, 즐거움을 켜는 스위치도 꺼져버린다.

1991년에 질 행겐Jill Hangen 박사와 나는 바디이미지와 섹슈얼리티에 관한 연구를 수행했다. 우리는 성관계 중에 자신의 외모에 대해 강한 자의식을 느끼는 50명의 여성과 그렇지 않은 여성 50명을 비교 분석했다. 몸을 많이 의식하는 여성들은 성행위 시에 오르가슴을 느끼는 경우가 평균 42퍼센트에 불과했으나, 몸을 잘 의식하지 않는 여성들은 평균 73퍼센트의 비율로 오르가슴을 느낀다고 보고했다. 이렇듯 부정적인 바디이미지는 성적인 친밀감을 방해할 수 있다.

부정적인 바디이미지는 우울증과도 밀접하게 연관돼 있다. 즉 우울증이 자기 모습을 싫어하도록 만들기도 하지만, 반대로 자신의 외모를 싫어하는 태도가 우울증을 유발하기도 한다. 자기 외모를 스스로 폄하하거나 절망적이라고 여기거나, 개선의 여지가 없다고 생각하면 우울해진다. 이런 식으로 낙담하게 되면, 마치 모래 늪에 계속해서 빠져 들어가는 것처럼 외모에 대한 자기비난의 덫에 갇히게 된다. 절망의 악순환인 것이다.

뒤에서 다루겠지만, 부정적인 바디이미지는 거식증이나 폭식증 같은 섭식장애를 유발할 수 있다. 이런 문제는 오랜 시간에 걸쳐 서서히 나타난다. 뚱뚱해 보일까 봐 걱정한 나머지 식단 조절이나 운동을 과도하게 할 수 있다. 또한 장기적인 다이어트는 구토를 일으키는 폭식으로 이어질 수 있다. 뚱뚱한 몸을 혐오하는 부정적인 바디이미지가 식습관의 균형을 깨뜨리기도 하고, 반대로 섭식장애가 바디이미지를 서서히 훼손시키기도 한다. 부정적인 바디이미지를 긍정적으로 바꾸는 것은 섭식장애를 예방하는 것만큼 중요한데, 부정적인 바디이미지를 개선함으로써 섭식장애를 극복할 수 있기 때문이다.

부정적인 바디이미지를 갖고 있다는 것은 나쁜 소식이다. 부정적인 바디이미지를 가진 사람은 외모에 만족하지 못할 뿐만 아니라 삶의 질도 덩달아 낮아지기 때문이다. 하지만 희소식도 있다. 이처럼 문제가 많은 부정적인 바디이미지를 바꿀 수 있다는 것이다. 우리가 실시한 연구 결과에 따르면 참가자의 54퍼센트가 긍정적이고 자기수용적인 바디이미지를 가지고 있었다. 이 같은 사실이야말로 긍정적인 바디이미지를 갖는 것이 얼마든지 가능하다는 것을 입증해준다 (Williams, Cash, and Santos 2004).

이 책은 자기패배적인 싸움이 아니라 수용과 즐거움으로 자신의 몸을 경험할 수 있도록, 나와 몸의 관계를 변화시키는 법을 가르쳐줄 것이다. 이 책이 제시하는 프로그램을 자세히 살펴보기 전에 그 방법이 어떻게 가능한지, 어떻게 당신을 도울 수 있는지 알아보자.

바디이미지를 개선하는 과학적인 방법

바디이미지를 변화시키기 위해 개발된 이 프로그램은 어느 날 꿈속에서 또는 비 그친 뒤의 무지개처럼 갑자기 찾아온 것이 아니다. 나는 임상 및 연구 분야의 심리학자로서 지난 35년간 외모 심리학에 전념했다. 외모가 우리 삶에 어떤 영향을 미치며, 특히 바디이미지가 어떻게 삶의 질을 높이고 영향을 미치는지 잘 알고 있다. 과학적 심리학에 근거한 이 책은 1980년대에 개발되기 시작했으며, 바디이미지를 개선하는 데 효과적인 인지행동적 접근방식을 담고 있다. 이 방식은 심리학적 지식을 활용해, 생각하고 행동하고 느끼는 방식을 변화시켜 더 행복하고 충만한 삶을 살도록 돕는다.

박사과정 학생들과 나는 이 프로그램이 정말 효과가 있는지 확인하기 위해 수많은 과학적 실험을 해왔다. 프로그램을 다듬고 매뉴얼을 발간했으며(Cash and Butters 1986), 테이프를 만들고(Cash 1991) 자기계발서(Cash 1995c; 1997)를 출간하고 세부적인 내용을 설명해서 치료사와 일반인이 이 프로그램을 더 활발하게 사용할 수 있도록 했다. 뿐만 아니라 이 프로그램을 최대한 활용할 수 있도록 내용을 수정하고 보완했다.

지난 20년 동안 이 프로그램의 효과를 검증하기 위해 전 세계 여러 대학과 치료실에서 임상실험을 거쳤다. 전문가들은 이 같은 과학적 바디이미지 치료법이 자기 외모에 대해 느끼는 방식을 의미 있게 개선했다고 평가했다(Hrabosky and Cash 2007; Jarry and Berardi 2004; Jarry and Ip 2005). 이 치료법을 통해 자존감을 높이고, 대인관계와 성적인 관계에서 안도감과 만족감을 증진시킬 뿐 아니라 섭식장애의 발생 위험 또한 줄일 수 있다. 연구자들은 인지행동 프로그램이 전통적인 '대화 치료'에 비해 더 나은 효과가 있다는 것을 밝혀냈다.

외모에 불만이 있는 모든 사람들을 위한 책

우리는 이 책을 계속해서 업데이트하고 재구성했으며, 독자의 편의를 위해 더 간결하게 만들려고 노력했다. 또한 바디이미지와 인간의 변화에 관한 최근의 인지행동적 접근법을 포함시켰다. 이 책은 자신의 외모에 불만을 느끼고 대안을 찾는 사람들을 위한 책이다. 현대를 살아가는 남녀노소 모두에게 필요한 이야기다. 또한 평범한 외모를 가진 사람이나, '남다른 외모의 소유자'를 위한 책이다. 뚱뚱하거나 말랐거나, 키가 크거나 작거나, 보기 흉하거나 완벽한 외모를 가졌거나 말이다.

그렇다면 이 책은 부정적인 바디이미지를 가진 모든 사람들에게 도움이 될까? 그렇지는 않다. 더 복잡한 문제로 인해 부정적인 바디이미지가 만들어진 경우가 있다. 거식증, 폭식증, 과식증, 신체변형장애(실제로는 외모에 결점이 없거나 사소한 것인데도 심각한 결점이 있다고 느끼는 강박장애-옮긴이)가 있는 경우는 혼자서 치유하기 어렵다. 심리적인 문제가 심각한 네 가지 증상에 대해 좀 더 살펴보자.

섭식장애

부정적인 바디이미지 때문에 섭식장애를 겪고 있거나 또는 겪게 될지도 모른다는 생각을 해본 적이 있는가? 다음의 세 가지 섭식장애를 극복하기 위해서는 전문가의 도움이 필요하다. 신경성 식욕부진증anorexia nervosa은 날씬한 몸매를 만들기 위해서 자발적으로 금식하는 것을 말한다. 청소년기와 젊은 여성의 약 1퍼센트가 이 장애를 겪고 있다. 실제로는 야위었거나 몸이 빈약한데도 비만을 두려워하고 걱정한다. 이들은 자신의 삶을 관리할 수 있는 유일한 방법이 오로지 체중과 외모를 통제하는 것뿐이라고 생각한다. 따라서 처음에는 음식을 거부하다가 점점 먹을 수 없는 상태가 되고 만다. 신경성 식욕부진증을 겪는 사람의 10~15퍼센트가 안타깝게도 결국 사망에 이른다. 신경성 식욕부진증은 모든 정신적 장애 중에서 가장 치명적이다(American Psychiatric Association 2000).

폭식증은 좀 더 일반적인 섭식장애로, 젊은 여성의 약 3퍼센트가 이 장애를 겪고 있다(American Psychiatric Association 2000). 많은 음식을 짧은 시간 안에 빨리 먹는 것이 특징이다. 대체로 다른 사람이 보지 않는 곳에서 폭식을 하기 때문에 통제가 불가능하다. 폭식 후에는 폭식한 사실을 부정하고, 체중 증가가 두려워 구토를 하거나 하제 또는 이뇨제를 과다복용하고,

금식이나 격렬한 운동을 하기도 한다. 폭식증을 겪고 있는 사람은 자신의 체형과 체중을 혐오하며, 섭식장애로 인해서 건강을 해치는 악순환에 갇히게 된다. 자기 몸에 대한 혐오와 그에 따르는 죄책감, 우울증과 자기혐오가 삶의 질을 낮추고 식습관에 대한 자기통제력은 계속해서 약해진다.

세 번째는 폭식장애다. 과식증이라고도 불리는데, 폭식을 하지만 구토나 격렬한 운동은 하지 않는다. 폭식을 통제하지 못한 결과 체중이 불어나 점점 더 부정적인 바디이미지를 갖게 된다. 폭식하는 사람은 전체 인구의 약 3퍼센트에 이르고, 비만 여성과 비만 남성의 8퍼센트, 비만 치료를 원하는 사람 중에서는 더 높은 비율을 차지한다(Grilo 2002).

섭식장애를 겪고 있는 사람이라면 건강을 위해서 먹는 습관을 통제할 수 있어야 한다. 뿐만 아니라 자신의 외모에 대해 다른 방식으로 생각하고 느끼는 법을 배워야 한다. 그래야 체중이나 체형에 대한 느낌이 더 이상 자존감에 영향을 미치지 않는다. 부정적인 바디이미지를 바로잡지 않으면 단식이나 폭식과 구토 습관을 계속 반복하게 된다. 하지만 반드시 염두에 둘 것이 있다. 부정적인 바디이미지가 문제의 핵심이긴 하지만 바디이미지 치료법이 유일한 해결책은 아니라는 점이다.

신체변형장애

신체변형장애body dysmorphic disorder(약칭 BDD)라고 불리는 심각한 정신장애는 과도하게 외모에 집착하는 증상을 보인다(Phillips 2005). 전체 인구의 최대 2퍼센트가 겪고 있다. 이들은 자신이 못생겼다고 생각하며, 자신의 외모에 대해 극도로 왜곡된 관점을 가지고 있다. 다른 사람들 눈에는 지극히 정상으로 보이고, '결함'이 있다고 해도 겨우 알아볼 정도다. 섭식장애가 남성보다 여성에게 더 자주 나타나는 반면, BDD는 남녀 모두에게 영향을 미친다. 섭식장애가 체중과 체형을 고민하는 것이라면, BDD는 얼굴의 모양이나 결점, 머리칼에 관한 고민을 모두 포함한다.

근육이형증muscle dysmorphia은 BDD의 하위 유형으로, 근육질에 집착하는 것을 말한다. BDD를 가진 사람은 못생긴 부위를 숨기거나 고치기 위해 몇 시간씩 거울을 본다. 이들은 사람이 많이 모이는 행사를 피하거나 부끄러워하면서 견딘다. '결점을 수정'하기 위해 끊임없이 시술이나 의학적인 해결책을 찾는다. 근육이형증을 가진 사람들은 바디빌딩 훈련에 강박적으로 매달리며 근육을 부풀리기 위해 단백동화스테로이드와 보충제를 남용할 위험이 있다.

전문가의 도움이 필요한 경우

심각한 수준의 부정적인 바디이미지나 섭식장애 또는 신체변형장애BDD를 가진 사람들에게도 이 책이 도움이 될까? 도움이 될 수도 있고 그렇지 못할 수도 있다. 인지행동적 접근법이 위에서 언급한 장애를 가진 사람들에게 큰 도움을 줄 수 있다는 연구 결과가 있다. 그러나 이런 문제는 복잡하고 심각하기 때문에 자조 프로그램만 사용할 경우 치료자가 주도하는 치료법보다 효과가 적을 수 있다(Jarry and Ip 2005; Latner and Wilson, 2007).

최근 수년 동안 섭식장애와 신체변형장애에 효과적인 치료법들이 등장했다. 따라서 위에서 설명한 증상 중 어느 하나라도 해당한다면, 전문가의 도움을 받을 것을 권한다. 부정적인 바디이미지는 인생에서 매우 어려운 문제다. 치료자와 함께 이 책을 활용한다면 최상의 효과를 얻을 수 있다. 나는 과학자이자 임상심리학자로서, 전문적인 치료가 긍정적인 삶의 변화를 이끌어내는 데 얼마나 큰 영향을 미치는지 잘 알고 있다. 스트레스, 불안, 우울, 대인관계를 비롯해 자존감과 행복을 위협하는 여러 가지 어려움으로 고통을 겪고 있다면, 부디 전문가의 도움을 받기를 권한다. 전문가의 도움을 받는 것이 나약한 사람이거나 실패자임을 의미하지는 않는다. 오히려 더 나은 삶을 위해 현명한 선택을 한다는 의미다. 우리는 모두 행복한 삶을 추구할 자격이 있기 때문이다.

더 멋진 외모를 원하는 사람들에게 권하는 효과적인 방법

외모에 불만이 많다면, 우리는 당연히 외모를 변화시킬 방법을 찾으려고 한다. 외모에 대한 태도를 변화시키려고 하지는 않는다. 더 날씬한 몸매, 더 발달한 근육, 더 생기 있는 얼굴, 풍만한 가슴, 건강한 모발을 갈망하면서 어떻게 외모를 바꿀 수 있을지 골몰하게 된다. 해마다 수백만 명이 더 날씬해지기 위해 다이어트를 시작하고, 탄탄한 몸매를 유지하려고 운동을 하며, 결점을 감출 목적으로 화장품을 구입하고 성형수술을 감행한다. 이런 해결 방안이 공통적으로 추구하는 목적은 단 하나, 자신의 신체에 대해 더 좋은 느낌을 갖는 것이다.

이제부터는 발상을 완전히 바꿔보자. 신체를 바꾸는 것보다 바디이미지를 바꾸는 것이 문제를 해결할 수 있는 더 효과적인 방법이다. 그러나 많은 사람들이 다이어트나 성형수술을 고려하고 있는 것이 현실이다. 이제부터 이 같은 대안에 관해 이야기를 해볼 것이다.

체중 감량

지난 30년 사이에 전 세계의 비만 인구는 두 배 이상 증가했다. 현재 미국인의 약 3분의 2가 과체중이거나 비만에 해당한다(Hill, Catenacci, and Wyatt 2005). 참고로 과체중은 체질량지수 BMI가 25~25.9에 해당되며, 비만은 30 이상인 경우를 말한다.

고도비만 환자의 체중을 감량하기 위해 위나 장 또는 양쪽 모두를 일부 절제하는 비만대사 수술이 최근 수년 사이에 폭발적으로 증가했다. 체중은 부정적인 바디이미지를 가진 사람들의 일차적인 불만 사항이다. 여성의 절반과 남성의 4분의 1은 체중 감소를 위해 '항상' 다이어트 중이다. 다이어트는 어느새 우리 삶의 일부가 되었다. 그러나 어렵게 다이어트에 성공해서 살을 뺀 경우에도 1~2년 후에는 원래의 체중으로 돌아가는 경우가 대부분이다. 체중 감량과 요요현상이 반복되는 사이클은 바디이미지에 큰 타격을 입힌다.

한 연구에 따르면, 비만인 사람들이 평균 약 22.5킬로그램을 감량한 후에 바디이미지가 실제로 개선되었다는 결과를 얻었다. 그러나 몇 달 후 단지 2~3킬로그램이 늘었을 뿐인데도 바디이미지는 상당히 손상됐다(Cash 1994a).

장기적인 다이어트는 건강 악화, 폭식, 감정적 고통과 함께 체중을 다시금 증가시키는 신진대사의 변화를 일으킬 수 있다. 많은 전문가들은 다이어트를 통한 해결책에 의문을 제기한다(Foster and McGuckin 2002). '다이어트가 없는' 건강한 라이프스타일에 관한 책을 통해 대체 방안을 제시하기도 했다(Foreyt, and Goodrick 1992; Polivy, and Herman 1983).

강박적이고 습관적으로 다이어트에 매달리는 사람들에게 체중 감소 말고 다른 방법을 택하도록 설득하는 것은 쉬운 일이 아니다. 다만 습관적으로 다이어트를 하는 동기가 무엇인지 한 번쯤 깊이 생각해볼 것을 권할 수는 있다. 그 동기가 건강해지려는 욕구에서 비롯된 것인가? 아니면 매력적으로 보이고 싶은 소망이나, 과체중 탓에 사회 부적응자로 낙인찍힐까 두려워하는 '지방혐오'에서 비롯된 것인가?

건강한 체중 관리야말로 바람직한 대안이다. 건강한 체중 관리는 불규칙하고 극단적인 다이어트를 끊임없이 반복하는 것이 아니며, 체중계의 숫자에만 의미를 부여하는 데서 벗어나 건강한 라이프스타일을 구축하는 것이다. 합리적인 해결 방안은 균형 잡힌 식단을 조금씩 일정한 간격으로 먹는 습관을 기르고 규칙적인 운동을 하는 것이다.

과체중이거나 희망하는 체중을 초과하는 경우에 체중 감소만이 유일한 해결 방안이라고 생각하는 것은 잘못된 신화다. 버몬트대학의 연구원들(Rosen, Orosan, and Reiter 1995)은 비만인 사람들을 대상으로 이 책에서 제안하는 것과 유사한 바디이미지 치료법을 제공했다. 그 결과 참가자들은 체중을 줄이지 않고도 자기 몸에 대한 생각을 상당 부분 개선할 수 있었다.

건강을 위해 체중 감량이 필요한 경우에는 체중 감량과 자기 몸의 수용이라고 하는 두 가지 목표를 분리해야 한다. 혐오, 절망, 학대로 얼룩진 관계를 청산하고 불완전한 몸과 긍정적으로 관계 맺는 법을 배우기 시작하면 훨씬 더 수월하게 체중을 줄일 수 있다.

수술

마음에 안 드는 외모를 바꾸기 위해 성형수술을 받는 사람이 꾸준히 늘고 있다. 미국성형외과협회(2007)에 따르면 2006년 한 해 동안 거의 1100만 명에 달하는 미국인이 성형수술 또는 최소침습 미용시술을 받았는데, 이는 2005년보다 7퍼센트 증가한 수치이며, 2000년 대비 48퍼센트, 1992년보다는 무려 800퍼센트가 상승한 수치다. 화학적 박피술, 보톡스, 레이저 시술, 미세박피술 같은 최소침습 미용시술의 성장세가 가장 컸다.

시술을 통해 얼굴을 고치고 몸을 만들면 과연 바디이미지도 좋아질까? 나와 동료들은 재건 및 성형수술의 심리적 측면(Sarwer et al. 2006)에서 이 질문에 대한 과학적 증거들을 검토했고, 그 결과 성형수술이 특정 신체에 대한 불만을 해소할 수 있다는 결론을 얻었다. 그러나 성형수술은 마법의 지팡이가 아니다. 다만 자신과의 관계를 변화시킬 수 있는 기폭제 역할을 할 뿐이다. 나는 성형수술을 추천하지 않으며, 그렇다고 반대하지도 않는다. 수술은 받는 사람의 몸과 심리의 특성, 수술 절차, 의사의 숙련도에 따라 잠재적인 이득도 있지만 위험도 따른다. 수술에만 의존하거나 반복적으로 수술을 받는 것은 겉으로 드러난 것보다 더 심각한 다른 원인이 있다는 것을 암시한다.

선천적이거나 트라우마가 생길 정도로 신체적 결점을 가지고 있어서 한 인간으로서의 존엄성과 생산성, 행복감이 부족한 사람들에게는 성형수술이 확실히 도움이 된다. 그렇다면 약간의 피부 처짐이나 주름 또는 완벽에 약간 미치지 못하는 코와 같이 사소하거나 남들은 알아채기 어려운 요소들은 어떤가? 헤어스타일을 바꾸는 것처럼 수술을 충동적으로 결심해서는 안 된다. 성형수술의 장점과 단점을 반드시 심사숙고해야 한다.

대대적인 '외부 리모델링'을 실행하기 전에 내면의 문제, 즉 바디이미지를 개선하라고 권하고 싶다. 이 책을 다 읽고 나면 당신은 더 이상 외모를 바꾸고 싶은 생각이 들지 않을 수 있다. 만약 책을 읽고 난 후에도 여전히 외모를 바꾸고 싶다면, 원하는 시술을 받은 후에 정서적인 이익까지 덤으로 얻게 될 것이다.

더 나은 바디이미지 구축하기: 한 번에 한 단계씩

이 책은 당신이 그동안 찾고 있던 과학적인 해결 방안을 제시할 것이다. 이 방법은 지속적이고 만족스러운 바디이미지의 변화를 위해 여덟 단계를 거친다. 각 단계의 핵심 내용을 소개하면 다음과 같다.

1단계

먼저 당신은 자신의 바디이미지에서 강점과 약점을 발견하게 될 것이다. 우리는 각자 다른 외모를 가지고 있고, 외모와 관련해서 저마다 독특한 경험을 가지고 있다. 이 단계에서는 과학적으로 개발된 셀프테스트로 자신의 바디이미지에 관해 많은 것을 알게 될 것이다. 셀프테스트를 통해 당신은 중요한 자기발견을 하게 된다. 그것을 바탕으로 변화를 향한 구체적인 목표를 설정하게 될 것이다.

2단계

당신은 어떻게 부정적인 바디이미지를 갖게 되었는가? 이 단계에서는 부정적인 바디이미지를 갖게 된 원인을 탐색한다. 과거로 거슬러 올라가 바디이미지의 근원을 알아내는 게 2단계의 목표다. 그 후 글쓰기 작업을 통해 바디이미지에 관한 개인적인 이야기가 어떻게 만들어졌는지 알게 될 것이다.

3단계

과거의 영향으로는 바디이미지의 일부분만 설명할 수 있다. 가장 강력한 힘은 지금 당신이 생각하고 행동하는 방식에서 나온다. 3단계에서는 이러한 힘에 관해, 그리고 바디이미지에 관한 지금 여기에서의 경험을 마음챙김mindfulness하고 수용하는 것에 대해 배울 것이다. 즉 바디이미지의 부정적인 정서를 수용하고 중립적인 상태로 변화시키는 기법을 익히게 된다. 또한 바디이미지의 경험에 관한 개인적인 다이어리를 작성하기 시작할 것이다.

4단계

내가 무엇을 생각하는지 나 자신은 느낄 수 있다. 남모르게 가지고 있던 신념, 해석과 사고 방식이 외모에 대한 생각을 결정짓는 데 큰 영향을 미친다. 많은 사람들이 외모의 중요성과 영향력에 관해 나름대로 가정을 한다. 그런데 검증되지 않은 가정이 문제를 일으킬 수 있다. 이 단계에서는 당신이 문제가 있는 생각을 하고 있지는 않은지 밝히고, 당신의 마음을 어떻게 변화시킬지에 관해 배울 것이다.

5단계

이 단계에서는 마음의 변화를 더 많이 다룬다. 자신의 외모를 주제로 내면의 대화를 하게 되는데 나는 이것을 '바디토크'라고 부른다. 만일 바디토크에 착각이나 왜곡이 침투하게 되면 바디이미지에 부정적인 영향을 끼칠 것이다. 이 단계에서는 여덟 가지 일반적인 왜곡에 관해 살펴볼 것이다. 바디토크를 들어보고, 문제가 되는 사고방식을 파악한다. 그리고 '새로운 내면의 목소리'를 만들어낸 뒤 외모나 외모에 관한 느낌에 대해 자기 자신과 소통하게 될 것이다.

6단계

부정적인 바디이미지를 갖고 있으면 자기패배적인 방식으로 행동하게 된다. 이는 자의식과 불편한 감정으로부터 스스로를 보호하기 위한 전략이다. 예를 들면 괴로운 경험을 회피하는 습관을 가질 수 있다. 이 같은 자기보호 전략은 바디이미지를 더욱 악화시킨다. 6단계에서는 회피하는 습관의 패턴을 이해하고 직면함으로써 이를 근절하는 법을 배우게 된다.

7단계

자기패배적인 행동방식에는 '외모에 집착하는 습관적 행동'이라 불리는 것이 있다. 이 강박적인 습관은 부정적인 바디이미지를 고착시킨다. 7단계에서는 이런 습관적 행위를 없애고, 자신의 외모를 있는 그대로 수용하는 법을 배울 것이다.

8단계

이 단계는 부정적인 바디이미지를 극복한 상태이기 때문에 긍정적인 경험을 확장하는 법을 본격적으로 배우게 된다. 8단계에서는 자기 몸과의 관계를 더 확고하고 유쾌하고 굳건하게 만드는 법을 배울 것이다.

마무리

마지막 단계를 마치고 나서는 당신에게 일어난 성공적인 변화를 찬찬히 살펴보게 될 것이다. 이 변화가 지속될 수 있을까? 바디이미지의 약점에 맞춰서 어려움에 미리 대비함으로써, 새로운 바디이미지를 강화하고 힘든 시기를 피해갈 수 있다. 최종 단계에서는 예방 차원의 관리가 생명보험과 같은 중요한 역할을 한다는 것을 알게 된다.

이 책을 100퍼센트 활용하는 방법

이 책은 한 번 읽고 끝내는 것이 아니라 배운 바를 실행에 옮기도록 도와준다. 매일 밤 졸면서 한두 장 훑어보기만 해서는 이 프로그램에서 얻고자 하는 결과를 얻을 수 없다. 각 단계마다 바디이미지의 문제를 찾아낼 수 있는 셀프테스트가 있고, 변화를 위한 방법이 제시된다.

각 단계는 이전 단계와 어느 정도 연속성을 가지고 있다. 자신의 외모를 받아들이고 몸과 관련해 생각하고 느끼고 행동하는 법을 배우는 과정에서 사용할 세부적인 헬프시트가 포함되어 있다. 오늘 당장 바디이미지 문제를 개선하고 싶을 것이다. 안타깝지만 그것은 불가능한 일이다. 하지만 각 단계를 수행하는 데 약 1~2주밖에 걸리지 않기 때문에, 머지않아 변화의 궤도에 오르게 될 것이다. 원한다면 먼저 책 전체를 한 시간 정도 훑어보면서 전체적인 구성을 파악해도 좋다. 여행에 필요한 지도를 검토한 후 한 번에 하나의 목적지를 향해 모험을 떠나보자.

만약 당신이 나와 마주 보고 앉아 있는 내담자라면 이 프로그램을 당신의 필요에 맞게 조정할 수 있겠지만, 당신은 혼자다. 그러니 각 단계를 각자에게 가장 잘 맞는 방식으로 수행해야 한다. 이 책에 나오는 다양한 셀프테스트와 자기발견 과제를 통해 자신에게 적합한 방식을 적용할 수 있을 것이다.

이 프로그램의 효과를 극대화하는 또 다른 방법은 '바디이미지 친구'를 구하는 것이다. 한 명도 좋고 그 이상도 좋다. 혼자 프로그램을 진행하기보다 이 프로그램에 관심 있는 친구나 친척과 함께하면 더 큰 효과를 얻을 수 있다. 정기적으로 직접 만나거나 전화나 SNS를 통해 서로 무엇을 하고 있는지 의논하고 격려할 수 있다. 함께할 친구가 없다면 배우자, 부모, 지인, 혹은 룸메이트로부터 지지를 얻을 수도 있다. 가까운 사람들의 응원은 강력한 동기부여가 될 수 있기 때문에 프로그램을 제대로 진행하는 데 큰 도움이 된다.

이제 당신에게 변화의 기회를 줄 것이다. 당신은 책을 한 장 한 장 넘기면서 자신이 깃들여 살고 있는 몸을 수용하는 법을 배우게 될 것이다.

나의 바디이미지
알아보기

바디이미지의 변화와 수용을 향한 여행은 먼저 자신을 이해하는 일에서부터 시작된다. '너 자신을 알라'는 유명한 격언이 있듯이 먼저 자신의 바디이미지에 관해 상세한 정보를 알아내는 것이 가장 중요하다. 타인의 사례를 살펴보면서 자신을 성찰하게 되는 경우가 많기 때문에 바디이미지에 문제를 겪고 있는 세 사람의 이야기를 먼저 살펴보기로 하자.

"내 외모가 어떻게 보일지 항상 신경 쓰여요"

에밀리는 밝고 에너지가 넘치며 사교적인 19세 대학생이다. 체중과 신장은 평균이고, 미소를 지을 때는 더없이 매력적이다. 다들 부러워하는 외모를 가지고 있지만 에밀리는 자신을 그렇게 보지 않는다. 그녀는 "큰 엉덩이와 두꺼운 허벅지 때문에 완전히 망했어"라고 불만을 터뜨린다. 체중에도 매우 민감하다. 붉은빛이 감도는 금발과 헤어스타일은 마음에 드는 편이고 상반신도 "괜찮다"고 평가하지만 나머지 신체부위는 자신이 없다.

에밀리는 체육관에 가거나 학교 행사에서 새로운 사람들, 특히 남자를 만날 때마다 강한 자의식에 사로잡혀 자신의 몸이 샅샅이 관찰당하고 있다고 느낀다. 체중계에 올라섰을 때 자신이 희망하는 체중보다 더 나가면 속이 상한다. 특히 수영장에서 수영복을 입거나 헬스장에서 몸에 달라붙는 옷을 입을 때 무척 신경이 쓰인다. 이런 상황에서는 '내가 여기서 가장 뚱뚱해. 빵빵한 풍선 같잖아. 어디론가 사라져버리고 싶어. 이런 기분 정말 싫어'라는 생각이 그녀의 마음을 온통 지배한다. 친구가 자신의 옷을 칭찬할 때를 제외하고는 본인의 외모에 관해 기분 좋은 생각을 해본 적이 거의 없다. 그런 칭찬을 들을 때도 금세 '내 엉덩이가 이렇게 튀어나오지 않았더라면 그 옷이 훨씬 더 어울릴 텐데'라며 자기비판으로 이어진다.

외모에 대한 불만 때문에 에밀리는 파티에 가는 것을 좋아하지 않는다. 특히 새로운 사람들이 많이 오는 파티일 때 더욱 그렇다. 해변이나 수영장에 가는 것도 가급적 피한다. 에어로빅 수업에는 일부러 지각해서 뒷문으로 몰래 들어간다. 체중 감량을 위해 항상 새로 유행하는 다이어트를 시도한다. 전 남자친구는 에밀리가 보기 좋다고 생각했기 때문에 그녀가 외모에 지나치게 집착하는 것을 이해하지 못했으며, 나중에는 짜증을 냈다.

앤드류는 40세의 주식중개인으로 이혼남이다. 호리호리한 체형에 수염을 멋지게 기르고 옷도 꽤 잘 입는 편이다. 그러나 갈수록 넓어지는 이마와 가늘어지는 머리카락이 자꾸만 신경 쓰인다. 또한 멋진 근육이 없어서 자신이 '루저처럼 보인다'고 여기고 있다. 급기야 세상이 불공평하다는 생각까지 든다. 자신의 외모를 하나하나 뜯어보는 날에는 종일 짜증을 내고 낙담하고 만다. 자신에게 매력을 느껴 데이트를 원하는 여성은 없을 거라고 확신한다. 가끔 그에게 관심을 보이는 여성을 보면 정상이 아니라고 생각한다.

몇 가지 상황이 앤드류를 고통스럽게 만든다. 예를 들어 준수한 외모나 풍성한 머리카락 또는 잘 발달한 근육을 가진 친구들과 어울릴 때면, 자신의 모습이 한없이 초라해지는 것이다. 출근하기 전에 거울 앞에 서서 점점 더 넓어지는 이마와 빈약한 근육을 여러 각도로 비춰본다. 그렇게 외모를 뜯어보고 있으면 한심하게 느껴져 자기비난이 이어진다. '빌어먹을, 초라한 약골로 생겨먹었어. 균형이라곤 찾을 수 없으니 장애나 다름없어.' '어째 점점 더 볼품없어지냐? 머리숱이 적어지니까 더 형편없네.'

앤드류는 이런 상황에 어떤 방식으로 반응하고 있을까? 그는 위축되는 기분을 느끼지 않으려고 몸매가 좋은 사람들과는 되도록 어울리지 않는다. 헬스장에 가면 자신의 몸이 너무 빈약해 보여서 집에서 웨이트트레이닝을 한다. 하지만 운동 효과가 눈으로 보일 때까지 기다리지 못하고 쉽게 포기해버린다. 실내에서도 야구 모자를 써서 탈모를 감춘다. 탈모를 막기 위해 수많은 식이요법을 시도해봤지만 별다른 효과가 없었다. 여성에게 데이트 신청을 했다가 거절당하는 수모를 겪느니 차라리 혼자서 극장에 가고, 파티에도 혼자서 참석한다.

캐틀린은 31세의 여성으로 결혼한 지 10년이 되었다. 2명의 자녀를 두었으며 고등학교에서 영어를 가르치고 있다. 3년 전 캐틀린은 큰 교통사고를 당해 얼굴에 심한 상처와 화상을 입었다. 성형수술을 해서 많이 호전되기는 했으나 턱과 오른쪽 뺨, 이마에 선명한 상처가 남아 있다. 이런 신체적인 변화가 그녀의 바디이미지에도 상처를 남겼다.

그 사건 후 남들 눈에 자신이 어떻게 보일지 걱정에 사로잡히게 되었다. 결과적으로 타인의 시선에 극도로 예민해졌고, 타인의 시선 때문에 자녀들이 불편해할까 봐 아이들과 함께 외출하는 것도 꺼리게 되었다. 때때로 수업 시간에 학생들이 휘파람을 불거나 웃으면 혹시 자신의 외모를 놀리는 게 아닌지 신경이 날카로워지기도 한다. 집을 나서기 전에는 항상 얼굴에 두껍게 컨실러를 바른다. 모임 자리에서는 가급적 자신의 오른쪽 얼굴이 보이지 않는 쪽을 택한다. 남편은 아내가 잘 웃지도 않고 자신의 달라진 모습을 지나치게 의식하고 있다고 걱정한다. 캐틀린은 성형수술을 더 받으면 '정상적인' 모습이 될 거라고 굳게 믿고 있다. 때로 예전 사진을 들여다보며 "결코 이 모습으로 돌아갈 수 없어"라며 흐느끼곤 한다.

과학적으로 설계된 셀프테스트

개인의 바디이미지는 각자의 지문만큼이나 독특하다. 에밀리, 앤드류, 캐틀린은 모두 부정적인 바디이미지를 가지고 있다. 그런데 좀 더 자세히 살펴보면 각 사례의 특징이 다르다는 것을 알 수 있다. 싫어하는 신체부위도 다르고, 스트레스를 느끼는 상황도 다르며, 생각과 감정도 다르다. 이 문제를 다루는 방식도 제각각이다. 이들의 공통점은, 당신과 마찬가지로 자신의 부정적인 바디이미지와 싸우는 데 지쳐 있다는 점이다.

이제 개개인의 독특한 바디이미지에 대해 강점과 약점을 모두 포함해 더 자세히 알아볼 시간이다. 다음 쪽에 바디이미지에 관한 개인적인 경험을 상세하게 탐색하기 위한 셀프테스트를 제시했다. 과학적으로 설계된 테스트를 통해 당신이 갖고 있는 바디이미지의 중요한 특성들을 파악하게 될 것이다.

다음 여섯 가지 테스트를 완성하면, 점수를 계산하는 방법을 알려줄 것이다. 계산법은 간단하며, 각 점수에 관한 설명도 나와 있다.

바디이미지 평가 테스트(나는 내 외모를 어떻게 바라보는가)

첫 번째 테스트에서는 바디이미지에 대한 자신의 평가를 알아본다. 이 테스트의 목적은 신체적 특성이나 특징뿐 아니라 전반적으로 자신의 외모를 어떻게 느끼는지 알아보기 위한 것이다. 빈칸에 불만족 또는 만족을 표시하라.

신체적 특징	매우 불만족	대체로 불만족	대체로 만족	매우 만족
1. 전반적인 외모				
2. 얼굴(이목구비, 안색)				
3. 머리카락(색깔, 굵기, 머릿결)				
4. 하체(엉덩이, 골반, 허벅지, 다리)				
5. 중심부(허리, 배)				
6. 상체(가슴 혹은 유방, 어깨, 팔)				
7. 근육 정도				
8. 체중				
9. 키				
10. 그 외 싫어하는 신체적 특성은? _____				

바디이미지 생각 테스트(내 '형편없는' 외모에 대해 얼마나 자주 생각하는가)

일상생활에서 외모에 대한 생각이 떠나지 않을 것이다. 이번 셀프테스트는 이 같은 생각을 적어보는 시간이다. 아래에 제시한 각각의 생각을 읽고 본인도 그런 생각을 가지고 있다면, 지난 한 달 동안 얼마나 자주 그 생각을 떠올렸는지 표시한다. 각 항목을 문자 그대로 해석할 필요는 없다. 비슷한 생각을 하더라도 실제로는 다른 단어를 사용할 수 있다. 예를 들어 '나는 매력적이지 않아'라고 문자 그대로 생각하지는 않더라도 '나는 못생겼어' 또는 '초라하고 형편없어 보여'라고 생각할 수 있다.

바디이미지 생각	거의 없거나 한 번도 없음	가끔	매일 혹은 거의 매일
1. 나는 왜 한 번도 멋지게 보이지 못할까?			
2. 외모 때문에 인생도 안 풀리는 것 같다.			
3. 외모가 내 존재감을 떨어뜨린다.			
4. 다른 사람들이 나보다 더 나아 보인다.			
5. 이런 식으로 생긴 건 공평하지 않다.			
6. 이런 외모로는 누구에게도 사랑받지 못할 것이다.			
7. 더 멋진 외모였으면 좋겠다.			
8. 다른 누군가처럼 생겼으면 좋겠다.			
9. 내 외모 때문에 남들이 나를 좋아하지 않을 것이다.			

바디이미지 생각	거의 없거나 한 번도 없음	가끔	매일 혹은 거의 매일
10. 내 외모 중 바꾸고 싶은 부분이 있다.			
11. 외모가 모든 일을 망친다.			
12. 내 외모의 결점이 남들 눈에 띌 것이다.			
13. 다른 사람들은 내가 매력적이지 않다고 생각한다.			
14. 무슨 옷을 입어도 어울리지 않는다.			
15. 사람들이 나를 쳐다보지 않았으면 좋겠다.			
16. 내 외모를 더 이상 견딜 수가 없다.			
17. 사람들은 내 외모를 보고 나를 판단한다.			
18. 멋있게 보이기 위해 내가 할 수 있는 일은 아무것도 없다.			
19. 내 외모로는 사람들의 기대에 부응할 수 없다.			
20. 사람들의 기대에 딱 맞게 보여야 한다.			

바디이미지로 인한 고통 테스트(외모 때문에 부정적인 감정을 얼마나 자주 느끼는가)

부정적인 바디이미지로 인한 불안, 혐오감, 낙담, 분노, 좌절, 질투, 부끄러움 같은 정서나 강한 자의식은 다양한 상황에서 불쑥 드러난다. 다음의 셀프테스트에서는 스무 가지 상황에서 있었던 경우를 생각해볼 것이다. 자기 외모에 대한 부정적인 정서를 어떤 상황에서 얼마나 자주 느끼는지 표시해보자. 물론 몇 가지 경우는 본인이 경험해보지 못했거나 또는 회피하는 상황일 수 있다. 이럴 때는 만약 그런 상황에 처한다면 얼마나 자주 고통스러운 감정을 느낄지 상상해서 체크한다.

부정적인 감정을 경험하는 바디이미지 상황	거의 없거나 한 번도 없음	가끔	매일 혹은 거의 매일
1. 아는 사람이 별로 없는 사교 모임에서			
2. 내 모습을 거울에 비춰볼 때			
3. 단장하기 전의 내 모습을 타인이 봤을 때			
4. 매력적인 동성의 사람들과 함께 있을 때			
5. 매력적인 이성의 사람들과 함께 있을 때			
6. 누군가 내가 싫어하는 내 신체부위를 쳐다볼 때			
7. 벗은 내 모습을 거울에 비춰볼 때			
8. 옷가게에서 옷을 입어볼 때			
9. 음식을 많이 먹은 후에			

부정적인 감정을 경험하는 바디이미지 상황	거의 없거나 한 번도 없음	가끔	매일 혹은 거의 매일
10. 텔레비전이나 잡지에서 매력적인 사람을 볼 때			
11. 체중계에 올라갈 때			
12. 성관계 전이나 성관계 시			
13. 다른 일로 기분이 몹시 좋지 않을 때			
14. 외모에 관한 대화 주제가 나올 때			
15. 누군가 내 외모를 부정적으로 평가할 때			
16. 내가 나온 사진이나 영상을 볼 때			
17. 내가 되고 싶은 모습을 상상할 때			
18. 내 모습이 미래에 어떨지 생각할 때			
19. 특정인과 함께 있을 때			
20. 특정한 레크리에이션 활동을 할 때			

외모의 중요도 테스트(외모가 얼마나 중요하다고 생각하는가)

우리는 외모의 의미와 중요성에 대해 다양한 믿음과 경험을 가지고 있다. 이 테스트는 이러한 신념에 관해 알아보기 위한 것이다. 각각의 신념에 대해 자신이 대체로 해당하는지 또는 대체로 해당하지 않는지 표시하라.

외모에 대한 경험과 신념	대체로 해당함	대체로 해당하지 않음
1. 외모가 멋진 사람을 보면 나는 몇 등급일까 생각해본다.		
2. 외모에 관해 기분이 좋아지거나 언짢아지게 만드는 뭔가를 계속 생각하는 경향이 있다.		
3. 내 외모가 만족스럽게 보이는 날에는 다른 일에서도 쉽게 기쁨을 느낀다.		
4. 처음 만나는 사람이 내 외모를 어떻게 평가할지 궁금하다.		
5. 일상에서 내 외모에 대해 생각하게 하는 일이 많이 발생한다.		
6. 외모가 마음에 들지 않는 날에는 다른 일에서도 기쁨을 느끼기 어렵다.		
7. 지금보다 외모가 나아진다면 어떨까 하는 공상에 빠진다.		
8. 내 외모를 관리한다면 살면서 겪는 사회적이고 정서적인 일들도 통제할 수 있을 것이다.		
9. 여태까지 삶에서 일어난 많은 일에 내 외모가 영향을 미쳤다.		
10. 나와 주변 사람들의 외모를 자주 비교한다.		

외모에 대한 경험과 신념	대체로 해당함	대체로 해당하지 않음
11. 누군가 내 외모에 대해 부정적인 반응을 보이면 신경 쓰인다.		
12. 외모가 내 삶에 큰 영향을 미쳤다.		

바디이미지 반응 테스트(못생겼다고 느껴질 때 어떻게 반응하는가)

당신은 평소 자신의 외모가 괜찮다고 느끼지만 종종 바디이미지에 부정적인 영향을 미치는 상황이나 사건에 맞닥뜨리게 된다. 이러한 상황이나 사건을 '바디이미지에 대한 위협과 도전'이라고 부르기로 하자. 아래 목록은 자신의 바디이미지를 위협하는 상황에 부딪혔을 때, 당신이 어떻게 반응하는지 알아보기 위한 것이다. 각 항목의 반응이 당신의 방식과 얼마나 유사한지 그 정도를 표시하라. 당신의 반응이 적절한지 여부는 중요하지 않다. 자신이 원하는 반응에 표시하지 말고 솔직하게 체크해보라.

반응 방식	대체로 해당함	대체로 해당하지 않음
1. 내 외모에서 좋아하지 않는 부분을 바꾸기 위해 많은 시간을 보낸다.		
2. 내 외모의 결점을 어떻게 보완할지에 관해 생각한다.		
3. 더 매력적으로 보이기 위해 다양한 시도를 한다.		
4. 거울 앞에서 많은 시간을 보낸다.		
5. 외모를 바꾸기 위해 뭘 해야 할지 생각한다.		
6. 달라진 내 모습을 상상한다.		
7. 다른 사람이 내 외모에 대해 안심시켜주기를 바란다.		
8. 외모가 매력적인 사람과 내 외모를 비교한다.		
9. 매력적으로 보이기 위해 여러 가지 특별한 노력을 기울인다.		

반응 방식	대체로 해당함	대체로 해당하지 않음
10. 문제가 되는 신체부위를 숨기거나 보완하기 위해 특별한 노력을 하고 있다.		
11. 생각과 감정을 조절하기 위해 노력한다.		
12. 그 상황을 해결하기 위해 무언가를 먹는다.		
13. 거울에 비친 내 모습을 보지 않는다.		
14. 그런 상황에 대해서 '나는 아무것도 할 수 없어' 라고 체념한다.		
15. 뒤로 물러나서 타인과의 교류를 줄인다.		
16. 상황에 대처하거나 해결하기 위한 시도를 하지 않는다.		
17. 그런 상황과 내 감정을 무시하려고 노력한다.		
18. 과식한다.		
19. 내가 괜찮은 사람이라고 느낄 수 있을 만한 일을 의식적으로 한다.		
20. 내 장점을 자신에게 상기시킨다.		
21. 내 외모를 폄하하는 것은 나 자신일 뿐이라고 스스로에게 말한다.		
22. 이 상황이 곧 지나갈 거라고 스스로에게 말한다.		

반응 방식	대체로 해당함	대체로 해당하지 않음
23. 왜 그 상황에서 위협을 느끼고 도전을 받는다고 느끼는지 분석한다.		
24. 그런 상황에 과민 반응하는 것일 뿐이라고 스스로를 다독인다.		
25. 곧 기분이 나아질 거라고 스스로에게 말한다.		
26. 외모보다 더 가치 있는 것이 많다고 자신에게 말한다.		
27. 내가 생각하는 것보다는 내 외모가 괜찮을 거라고 자신에게 말한다.		
28. 참을성을 갖고 스스로를 대한다.		
29. 그 상황은 그다지 중요한 게 아니라고 자신에게 말한다.		

바디이미지와 삶의 질 테스트(외모가 내 삶에 어떤 영향을 미치는가)

바디이미지와 관련한 경험이 삶에 미치는 영향은 개인마다 다르다. 바디이미지는 긍정적이거나 부정적인 영향을 미칠 수 있고, 전혀 영향을 미치지 않을 수도 있다. 아래의 목록은 바디이미지가 삶에 어떤 영향을 미치는지를 알아보기 위한 것이다. 당신이 가지고 있는 외모에 대한 느낌이 삶에 어떤 영향을 미치는지 체크하라. 각 항목에 답하기 전에, 바디이미지가 당신에게 대체로 어떤 영향을 미치는지 설명하는 가장 정확한 답을 주의 깊게 생각해보라.

삶의 측면	대체로 부정적인 영향	영향 없음	대체로 긍정적인 영향
1. 자신에 대한 기본적인 감정, 개인적인 적절감과 자존감			
2. 남성 혹은 여성으로서의 적절감, 남성성 혹은 여성성에 대한 느낌			
3. 동성과의 상호작용			
4. 이성과의 상호작용			
5. 새로운 사람을 만났을 때의 경험			
6. 직장이나 학교에서의 경험			
7. 친구들과의 관계			
8. 가족과의 관계			
9. 일상에서 느끼는 정서			

삶의 측면	대체로 부정적인 영향	영향 없음	대체로 긍정적인 영향
10. 전반적인 삶의 만족도			
11. 성적 파트너로서 받아들여진다는 느낌			
12. 성생활에 대한 만족감			
13. 무엇을 얼마나 먹을지에 대한 통제력			
14. 체중 관리 능력			
15. 신체 훈련을 위한 활동			
16. 자신의 외모에 시선이 집중될 만한 일도 기꺼이 하려고 함			
17. 일상적인 몸치장 행위(예: 외출하기 전에 차려입고 꾸미기)			
18. 일상생활에서 얼마나 자신감을 느끼는가			
19. 일상생활에서 얼마나 행복감을 느끼는가			

셀프테스트 점수 매기기

테스트를 마친 후 대부분의 참가자들은 놀라운 경험을 했다고 말한다. 자신을 더 잘 알게 되었고, 바디이미지가 자신의 감정과 삶에 어떤 영향을 미치는지 깨닫게 되었다는 것이다. 물론 이런 경험을 자세히 들여다보면서 피로감을 느낄 수도 있다. 테스트 결과를 채점하기 전에 휴식을 취하고 싶다면, 그렇게 해도 좋다. 불편함이 지나가고 나면 다시 시작하자. 한 번에 한 가지 테스트만 채점하고, 각 테스트에서 지시하는 바를 따르라. 42쪽 바디이미지 분석표에 점수를 적으면 된다.

바디이미지 평가 테스트

이 테스트에서는 좋아하거나 싫어하는 신체부위나 특징을 선택했다. 1열에 있는 '매우 불만족'에 해당하는 수를 세서 2를 곱하라. 2열에 있는 '대체로 불만족'에 해당하는 수를 세어보라. 두 개 열의 숫자를 합산하면 바디이미지 평가 테스트의 점수가 된다. 42쪽 바디이미지 분석표에 점수(0~20)를 적는다.

바디이미지 생각 테스트

이 테스트는 지난 한 달 동안 외모에 대해 부정적인 생각을 얼마나 자주 했는지 보여준다. 먼저 중간 열에 해당하는 '가끔'에 표시한 개수를 세어보자. 다음으로 마지막 열에 있는 '매일 혹은 거의 매일'에 표시한 개수를 세서 2를 곱하라. 두 열의 합계를 더한 바디이미지 생각 점수(0 ~ 40)를 42쪽 바디이미지 분석표에 적는다.

바디이미지로 인한 고통 테스트

이 테스트는 불편하고 고통을 주는 이미지를 유발하는 상황과 사건에 초점을 맞춘다. 먼저 중간 열의 '가끔'에 표시된 개수를 세어보자. 마지막 열의 '매일 혹은 거의 매일'에 표시된 개수를 세서 2를 곱하라. 두 열의 합계를 더해서 42쪽 바디이미지 분석표에 바디이미지 고통 점수(0 ~ 40)를 적는다.

외모의 중요도 테스트

이 테스트는 채점하기 쉽다. '대체로 해당함'에 표시한 개수를 세고 42쪽 바디이미지 분석 표에서 외모의 중요도 점수(0~12)를 적는다.

바디이미지 반응 테스트

이 테스트는 바디이미지에 대한 위협과 도전에 대처하기 위해 사용하는 다양한 반응 전략을 세 가지 점수로 평가한다. 첫 번째 반응 전략은 '외모 수정'이다. 1번부터 10번 항목 중에서 첫 번째 열, '대체로 해당함'에 기입한 개수가 점수가 된다. 두 번째 반응 전략은 '경험 회피'로, 11~18번 항목 중 '대체로 해당함'에 표시한 개수가 점수가 된다. 세 번째 반응 전략은 '긍정적이고 합리적인 수용'으로, 19~29번 항목에서 '대체로 해당함'에 표시한 개수가 점수가 된다. 각 점수를 42쪽 바디이미지 분석표에 써라.

점수의 범위는 외모 수정의 경우 0에서 10, 경험 회피의 경우 0에서 8, 긍정적이고 합리적인 수용의 경우 0에서 11이다.

바디이미지와 삶의 질 테스트

마지막 테스트는 바디이미지가 당신의 삶에 어떤 영향을 미치는지 보여준다. 이 테스트에서는 두 가지 측면에서 점수를 계산한다. 첫 번째는 부정적인 영향을 나타내는 점수로 '대체로 부정적인 영향'에 표시한 항목의 수(0~19)다. 두 번째는 긍정적인 영향 점수로 '대체로 긍정적인 영향'에 표시한 항목의 수(0~19)다. 이 두 가지 점수를 42쪽 바디이미지 분석표에 적어보라.

자기발견 헬프시트: 나의 바디이미지 분석표

바디이미지 테스트 점수	바디이미지 범위		
	허용 범위	위험 범위	문제 범위
바디이미지 평가 ____ + ____ = ____	0 1	2 3 4 5	6-10 11-15 16-20
바디이미지 생각 ____ + ____ = ____	0-1 2-3 4-5	6-8 9-11 12-14 15-17	18-22 3-29 30-40
바디이미지 고통 ____ + ____ = ____	0-1 2-3 4-5	6-8 9-11 12-14 15-17	18-22 23-29 30-40
외모의 중요도	0 1 2	3 4 5 6	7-8 9-10 11-12
바디이미지 반응 외모 수정 _____ 경험 회피 _____ 긍정적 합리적 수용 _____	 0 1 2 0 1 11 10 9 8 7	 3 4 5 6 2 3 4 5 6 5 4 3	 7 8 9 10 6 7 8 2 1 0
바디이미지와 삶의 질 부정적인 영향 _____ 긍정적인 영향 _____	 0 1 19 18	 2-3 4-5 6-7 16-17 14-15 12-13	 8-11 12-15 16-19 8-11 4-7 0-3

바디이미지 테스트 결과 해석

당신은 바디이미지에 대한 종합적인 셀프테스트를 실시했다. 그 과정에서 이미 바디이미지에 대해 몇 가지 중요한 점을 깨닫기 시작했을 것이다. 이제 테스트 점수가 무엇을 의미하는지 알아보자. 당신이 변화시켜야 할 게 무엇인지 정확하게 파악할 수 있도록 테스트 결과를 해석하는 법을 소개하겠다.

세 가지 바디이미지 범위

바디이미지 분석표에서 '바디이미지 범위' 아래쪽에, 당신의 점수를 나타내는 값 또는 범위에 동그라미를 친다. 이렇게 각 테스트에서 얻은 점수를 연속체 위에 배치하게 되면 세 가지 범위(허용 범위, 위험 범위, 문제 범위)의 관점에서 바디이미지의 의미를 이해할 수 있다.

허용 범위는 긍정적이고 건강한 바디이미지를 의미한다. 여기에 해당하는 사람은 개선이 많이 필요하지 않다. 최상의 바디이미지를 가진 사람은 이 범위에서 많은 점수를 얻을 것이다. 당신이 허용 범위에서 높은 점수를 얻도록 돕는 것이 이 책의 목적이다.

위험 범위는 경고 신호로, 이 책을 통해 변화가 필요하다는 의미다. 당신의 바디이미지가 이 범위에 있다면 때때로 어려움을 겪을 수 있다. 점수가 허용 범위에 가까울수록 바디이미지가 건강하다는 뜻이고, 문제 범위에 가까울수록 바디이미지에 문제가 많다는 뜻이다. 위험 범위는 바디이미지를 개선할 필요가 있음을 의미한다.

문제 범위는 경고의 붉은 깃발을 흔드는 격이다. 이 범위에 있는 항목이 당신에게는 특히 더 문제가 되며, 부정적인 바디이미지를 갖게 된 주요한 원인일 것이다. 문제 범위의 점수를 개선해야 당신의 바디이미지를 수용하고 변화된 삶을 살 수 있다.

이제 테스트 결과를 자세히 살펴보고 자신의 점수가 무엇을 말하는지 알아보자. 그러나 점수는 숫자에 불과하며 100퍼센트 정확할 수는 없다. 다시 말해 이 테스트 결과는 절대적 진실에 대한 확인이 아니라 자기발견을 위한 도구다. 나는 당신이 자신의 바디이미지를 해석할 수 있도록 도움을 줄 것이다. 그러나 궁극적으로 가장 중요한 통찰은 당신 자신에게서 나와야 한다. 따라서 내 제안에 대해 곰곰이 생각할 시간을 가졌으면 좋겠다. 만약 우리가 함께 테스트 결과에 대해 논의한다면, 내가 당신에게 해주고 싶은 이야기만큼이나 당신에게 물어볼 게 많을 것이다.

바디이미지 평가: 무엇이 문제인가?

테스트 점수가 위험 범위와 문제 범위에 있는 사람은 자기 외모에 대해 만족하지 못하고 있다는 것을 의미한다(Cash 2000b). 위험 범위나 문제 범위에 속하더라도 너무 놀라지 마시라. 여기에 해당하는 사람은 아마도 부정적인 바디이미지를 극복하기 위해 이 책을 읽고 있을 것이다. 이 점수를 받은 데는 적어도 두 가지 이유가 있다.

첫째로, 당신이 외모에 불만을 갖게 된 데는 몇 가지 원인이 있을 것이다. 자신의 외모에 지나치게 부정적인 사람들은 마음에 안 드는 신체부위를 여러 군데 지목한다. 자신의 몸을 바라보면서 언제든지 문제점을 찾아내고, 괜찮은 구석이 한 군데도 없다고 말한다. 자신의 몸이 불만의 표적이 되는 것이다. 둘째, 확대 해석하는 경향을 들 수 있다. 예를 들어 체중에 만족하지 못하는 경우, 체중 증가의 원인이라고 생각되는 모든 신체부위(하체, 복부, 근긴장도 등)를 탓하는 식이다. 실제로는 불만 요인이 한 가지이지만, 그 한 가지 요인이 여러 부위의 평가에 영향을 미치는 것이다.

바디이미지 평가에서는 불만 점수가 낮게 나오더라도 문제가 심각한 경우가 있다. 한두 가지를 제외하고는 대체로 만족하지만, 그 한두 가지 불만족스러운 부분이 외모를 전반적으로 망친다고 느끼기 때문이다. 1번 항목('전반적인 외모')에서 불만족스럽다고 답했는가? 그렇다면 혹시 한두 가지 실망스러운 점 때문에 몸 전체를 비난하고 있지는 않은가?

당신이 어떤 점수를 받았든, 가장 신경 쓰이는 결점이 무엇이든 간에, 불만을 없애기 위해 노력하는 것은 그럴 만한 가치가 있다. 이 책은 외모의 결점을 포함해 모든 것을 있는 그대로 받아들이도록 도움을 줄 것이다.

생각은 어떻게 바디이미지를 자극하는가?

바디이미지 생각 테스트를 실시했다면 이제 자신의 마음 읽기를 시작한 것이다. 이 테스트는 자신의 외모에 대해 갖는 부정적인 생각을 보여준다(Cash, Lewis, and Keeton, 1987). 점수가 문제 범위 안에 있다면, 자신의 외모에 대해 자주 최악을 생각한다는 뜻이다. 아마 당신은 마음속에서 일어나는 자기비판이 사실에 근거한 것이라고 확신하고 있을 것이다. 거울을 들여다보면 '결점'만 눈에 들어오기 때문이다. 다른 사람들이 당신을 어떻게 볼지 골똘히 생각하면서, 타인들도 당신의 외모를 못마땅하게 여긴다고 단정할 것이다. 일단 이런 생각에 사로잡히면, 이 생각을 무시하기가 어렵다. 만약 점수가 위험 범위에 속한다면 자기비판적 사고가 그렇게 심하지 않거나 몇 가지 특징에만 집중해서 자신의 신체를 평가할 것이다. 어느 쪽이든 불필요하게 자신을 괴롭히고 있는 것이다.

동전의 다른 면을 생각해보자. 당신은 얼마나 자기 외모에 대해 긍정적이고 자기확신적인 생각을 하는가? 얼마나 마음을 열고 자신의 외모를 받아들이는가? 만약 이 질문에 부정적으로 대답한다면, 그 이유는 무엇인가? 왜 당신은 자기수용의 문을 닫아버리는가? 아마 자신의 몸이 얼마나 소중한지 인식하지 못하고, 자기 몸에는 장점이 전혀 없다고 믿고 있을 것이다. 아니면 장점이 있어도 인정하지 못하고 "그렇지만…"이라며 즉각 자기비난의 말을 시작할 것이다. 예를 들면 이런 식이다. '머릿결은 좋지만, 너무 뚱뚱해.'

자기확신이 부족한 또 다른 이유는, 자신의 외모를 긍정적으로 평가하는 사람들은 허영심이 있고 자기중심적이라는 생각을 하기 때문일 수 있다. 이런 경우 자기 외모를 스스로 칭찬하면 죄책감을 느낀다. '그런 생각은 옳지 않아'라며 긍정적인 생각을 떨쳐버리는 것이다. 이 책 후반부에서 당신은 자신의 신체적 장점을 죄책감 없이 인정하고 즐기는 법을 배울 것이다. 만약 더 이상 머릿속에서 자기비판적인 바디이미지가 떠오르지 않는다면 어떤 기분일까? 자신의 몸을 있는 그대로 수용한다면 삶이 어떻게 달라질까?

바디이미지의 지뢰밭은 어디일까?

이제 어떤 상황과 사건에서 바디이미지에 문제가 생기는지 더 알아보자. 바디이미지로 인한 고통 점수는, 외모와 관련해 짜증나거나 심란해지는 상황이 얼마나 많은지를 알려준다(Cash 1994b; 2002b). 당신은 불안, 혐오, 낙담, 분노, 좌절, 질투, 수치심, 또는 자의식을 느끼고 있을 것이다. 점수가 문제 범위에 해당한다면, 당신은 지뢰밭을 걷는 것처럼 일상생활 곳곳에서 부정적인 정서와 경험에 노출될 가능성이 있다. 점수가 위험 범위인 경우, 바디이미지와 관련해서 불쾌감을 유발하는 특정한 상황과 장소가 있다는 것을 의미한다. 비록 고통이 특정 상황 때문에 촉발되었다 하더라도, 당신은 부정적인 감정을 느낄 필요가 없으며 오히려 그런 감정을 제거하는 법을 배울 수 있다. 이 책에서는 가장 도발적인 상황, 즉 당신이 감정적으로 반응하게 되는 특정 상황에 초점을 맞춰서 상황을 다른 방식으로 다루는 법을 배우게 될 것이다. 그리고 상황 그 자체만으로는 고통스럽지 않다는 것을 알게 될 것이다. 오히려 당신을 화나게 하는 진짜 범인은 그 상황에서 당신이 생각하고 행동하는 방식이다.

외모의 중요성: 외모에 대해 얼마나 기대하는가?

외모 중요도 테스트는 바디이미지 중에서 매우 중요한 측면을 보여준다(Cash and Labarge 1996; Cash, Melnyk, and Hrabosky 2004). 이 테스트에서는 당신이 자기정체성과 가치를 규정하기 위해 외모에 얼마나 많이 투자하는지 알아본다. 외모에 더 많이 투자할수록, 바디이미지와 관련해 더 많은 문제와 어려움을 겪는다. 점수가 위험 범위에 속한다면, 당신은 자신뿐 아니라 남들이 당신을 평가할 때도 외모가 어느 정도 영향을 미친다고 생각하고 있는 것이다. 반면에 점수가 문제 범위에 해당한다면, 평소 자기 자신을 평가할 때 외모를 과도하게 강조한다는 것을 뜻한다.

외모에 시간을 많이 쏟을수록 외모가 당신의 생각, 정서, 행동을 지배하게 된다는 것은 과학적인 사실이다. 매력적인 외모가 자존감에 필수적이라고 여긴 나머지 시간과 에너지, 노력을 외모 관리에 쏟아 붓고 있다면, 현실에서는 오히려 자존감을 거의 느끼지 못할 것이다.

이 책은 외모에 대한 지나친 관심을 차츰 줄이면서, 적절하고 행복한 관점을 갖도록 도와줄 것이다. 외모가 전부는 아니며, 분명 당신은 외모보다 훨씬 더 소중한 존재다.

'못생겼다'는 느낌에 어떻게 반응하는가?

사람들이 보통 자신의 바디이미지에 대한 위협과 도전에 대처하는 방법은 세 가지다(Cash, Santos, and Williams 2005). 첫 번째는 외모 수정, 두 번째는 경험 회피, 세 번째는 긍정적이고 합리적인 수용이다. 바디이미지 반응 테스트에서는 이 세 가지 방식에 대해 체크한다. 세 가지 반응과 점수가 무엇을 의미하는지 알아보자.

첫째, 외모 수정은 외모와 관련해서 뭔가를 바꾸려는 전략을 의미한다. 외모 때문에 괴로움을 느끼게 되면 좀 더 편안해지기 위해 반사적으로 외모를 바꿔보려고 노력하게 된다. 예를 들어 자신이 뚱뚱하다고 느끼면 헐렁한 옷을 입거나, 다이어트 계획을 세우거나, 운동 동영상을 보면서 따라 하기 시작할 것이다.

또 다른 외모 수정 전략은 보상이다. 새로운 헤어스타일을 시도하거나 화장품과 새 옷을 사는 등 특정한 부분을 개선하려고 노력한다. 이처럼 우리는 '기분이 더 좋아지기 위해서' 자신이 더 괜찮아 보이는 방법을 선택한다. 그래도 안심이 안 되면 외모에 대한 확신을 다른 사람들에게서 구하게 된다. 친구에게 "이 스웨터 입으면 뚱뚱해 보이니?"라고 물었을 때, "아니, 전혀 그렇지 않아"라는 말을 들으면 고민은 해결된다. 또한 체중 감량이나 성형수술 후에 외모가 어떻게 바뀔지를 상상하면서 '공상 속에서 수정'을 할 수도 있다. '외모 수정'이 어떻게 '외모에 집착하는 습관적 행동'이라 불리는 문제 패턴이 될 수 있는지에 대해서는 6단계에서 배우게 될 것이다. 더 나아가 이 문제를 극복하는 법도 배운다.

두 번째는 경험 회피 전략으로, 바디이미지에 관한 부정적인 정서를 차단하거나 회피하는 식으로 반응하는 것을 의미한다. 예를 들어 '이것에 대해 더 생각하지 말자' 또는 '더 생각하면 안 돼'라고 스스로에게 말하는 식이다. 우리는 주의를 분산시킴으로써 마음 상하는 경험을 회피할 수 있다. 흔히 텔레비전을 보거나 음식을 먹으면서 불쾌한 경험을 잊어버리려고 한다. 어떤 사람들은 불쾌한 바디이미지를 경험할 것 같으면 그 상황을 사전에 회피하는 식으로 반응한다. 예를 들어 해변 파티나 에어로빅 수업에 아예 참석하지 않음으로써 타인의 시선을 의식하게 되는 상황을 피한다. 그러나 회피는 일시적으로는 안도감을 줄 수 있지만, 바디이미지와 관련한 문제를 영구적으로 남겨둘 뿐이다. 이 책의 3단계에서는 감정을 회피하지 않고 받아들이는 법을 배운다. 그리고 6단계에서는 회피를 중단하는 법을 배우게 된다.

부정적인 바디이미지를 관리하기 위한 처음 두 가지 전략과 달리, 긍정적·합리적 수용은 건강한 접근법이라고 할 수 있다. 3단계에서 더 자세히 설명하겠지만, 불편함은 위험하거나 숨겨진 끔찍한 진실을 드러내는 것이 아니다. 불편함은 단지 감정에 불과하다. 감정을 부인하거나 피하거나 왜곡하거나 또는 감정이 행동을 좌우하도록 허용하는 대신 그것을 자각하고 받아들이는 법을 배울 것이다. 3단계, 4단계, 5단계에서는 감정을 통해 바디이미지의 경험에 대해 좀 더 솔직하고 확신에 찬 관점을 배우고 개발하게 될 것이다.

바디이미지는 우리 삶에 어떤 영향을 미치는가?

앞에서 논의했듯이, 외모에 대한 불만은 전혀 문제가 되지 않을 수도 있고, 혹은 반대로 심각한 문제가 될 수도 있다. 이 같은 차이는 일상생활에 미치는 바디이미지의 영향이나 중요도에 의해 결정된다(Cash and Fleming 2002b; Cash, Jakatdar, and Williams 2004). 바디이미지가 당신 자신에 대한 감정, 사회적 상호작용, 식습관과 운동, 성생활 등에 영향을 미치는가? 바디이미지가 삶의 질에 어떻게 영향을 미치는지 이해하는 것은 반드시 필요한 과정이다. 바디이미지와 삶의 질 테스트는 두 가지 점수로 측정한다. 먼저 부정적인 영향의 점수가 높다는 것은 바디이미지가 삶을 심하게 흔들고 있다는 것을 의미한다. 긍정적인 영향의 점수가 낮다면, 외모가 즐거움,

만족, 기쁨, 자부심을 주지 못하는 삶을 살고 있다는 뜻이다. 이 책에서 소개하는 프로그램의 궁극적인 목표는 바디이미지를 개선해서 삶의 질을 높이는 것이다.

변화를 위해 바꿔야 할 것들

이제 셀프테스트를 완료하고 결과를 해석했다면 자신의 바디이미지를 명확하게 이해했을 것이다. 당신은 자신을 야단치고 싶을지도 모르겠다. '내 몸에 대한 이미지가 그렇게 나쁘다는 것을 믿을 수 없어요. 저는 완전히 엉망진창이에요!' 하지만 나는 당신에게 자기수용적인 관점을 가지라고 말하고 싶다. 셀프테스트의 결과는 우리가 정확하게 무엇을 바꿔야 할지에 대해 통찰을 준다. 통찰과 새로운 지식이야말로 우리에게 힘이 되어줄 것이다. 이 힘이 없이는 아무것도 변화시킬 수 없다.

무엇이 필요한가?

셀프테스트에서 발견한 결과를 가지고 바디이미지를 개선할 수 있는 구체적인 방법을 찾아보자. 다음에 나오는 변화를 향한 헬프시트를 살펴보자. 셀프테스트 결과를 바탕으로, 변화하는 데 꼭 필요한 두세 가지를 찾아내 적어보자. 헬프시트는 특정한 주제로 구성되어 있어서, 자신에 대해 발견한 것을 변화를 위한 목표로 쉽게 변환할 수 있다. 테스트 페이지로 돌아가서 특정 항목에 대한 자신의 답변을 확인해보라. 변화를 위해 무엇이 필요한지 알 수 있을 것이다. 또한 테스트 결과와 관련은 없으나 자신이 무엇을 바꿔야 할지에 관한 아이디어를 얻을 수도 있다.

나는 결코 변화할 수 없을 거라고 섣불리 결정해버리고 나서 뒤늦게 후회하지 말기 바란다. 내가 무엇을 할 수 있고, 무엇을 할 수 없는지에 관한 판단은 잠시 유보하자. 바디이미지와 삶을 더 나은 방향으로 이끌어줄 거라고 생각되는 변화를 있는 그대로 써보기 바란다. 가능성 여부는 생각하지 말고 변화와 관련해서 마음속에 떠오르는 대로 써내려가라. 헬프시트에는 변화가 필요한 세 가지 사항을 적는 칸이 마련되어 있다. 여백이나 다른 노트에 더 많은 목록을 작성해도 된다.

이 장의 초반에 만났던 에밀리의 이야기를 기억하는가? 그녀가 변화를 위해 필요하다고 작성한 내용 중에서 몇 가지를 소개한다.

- "내 하체를 더 이상 혐오하지 말아야 한다."
- "내 체중에 대해 비판적인 생각을 줄여야 한다."
- "내가 좋아하는 신체부위에 대해서 긍정적인 생각을 더 많이 해야 한다."
- "모임에서 내 모습을 좀 더 편안하게 느낄 필요가 있다(예를 들어 수영장에서)."
- "거울 속의 내 모습을 보고 짜증 내지 말아야 한다."
- "외출하기 전 옷을 고르는 데 쓰는 시간을 줄여야 한다."
- "다른 여성들과 외모를 비교하는 일을 멈춰야 한다(특히 여성지에 나오는 여성들)."
- "어리석게 다이어트에 매달리는 대신 건강하게 먹어야 한다."
- "에어로빅 수업 때 맨 뒷줄에 서려고 애쓰지 말아야 한다."

다음은 앤드류가 작성한 목록 중 일부다.

- "탈모 때문에 나 자신에게 화내는 것을 멈춰야 한다."
- "생각만으로도 두렵지만, 이제 야구모자 밑으로 숨지 말아야 한다."
- "나는 근육질이 아니며 앞으로도 그렇게 될 가능성이 없다는 사실을 받아들여야 한다."
- "거울을 보면서 자신을 비난하는 시간을 줄여야 한다."
- "정기적으로 운동하고 있으며 좋은 체형을 유지하고 있다는 점에서 나 자신에게 후한 점수를 줘야 한다."
- "외모 때문에 여자들이 나를 싫어할 거라는 생각을 그만둬야 한다."
- "피부가 좋고 수염이 매력적이며 옷을 잘 입는다는 사실에 감사해야 한다."
- "근육질 남자들을 친절하게 대하자. 그들이 좋은 몸을 가졌다는 사실은 그들 잘못이 아니다."
- "좀 더 사교적이 되어서 외모를 핑계로 집에 머무르는 시간을 줄여야 한다."
- "모든 여성이 외모 때문에 나를 거절하지는 않을 것이며, 만약 그런 이유로 거절하는 여성이라면 궁극적으로 내가 함께하고픈 사람이 아니라는 점을 인정하자."

다음은 캐틀린이 바꿔야 한다고 적은 목록이다.

- "내 모습이 교통사고 전과 달라졌다는 것을 인정할 필요가 있다."

- "과거 사진을 그만 보자. 사진을 보면 화가 나니까."
- "흉터를 감추려는 노력을 그만두자. 그렇게 해도 흉터를 감추는 것은 불가능하다."
- "사람들이 내 얼굴을 쳐다보는 것에 대해 정말로, 정말로 더 편안해지자."
- "사람은 웃을 때 더 매력적이니 더 많이 웃자."
- "내 흉터를 불편해하는 사람들에게 뭐라고 말해야 할지 생각해볼 필요가 있다."
- "나는 훌륭한 아내이자 엄마이고, 아이들은 나를 정말 사랑한다. 그러니 남편과 아이들이 나를 부끄러워한다는 생각을 그만두어야 한다."
- "내가 허락하지 않는 한 외모가 즐거움을 가로막지 못한다는 것을 깨달아야 한다."

변화를 위한 헬프시트: 변화를 위해 필요한 것들

더 인정해야 할 신체적 특징

나는 _____해야 한다.

나는 _____해야 한다.

나는 _____해야 한다.

줄이거나 없애야 할 부정적인 바디이미지 관련 생각

나는 _____해야 한다.

나는 _____해야 한다.

나는 _____해야 한다.

더 편안하게 느낄 필요가 있는 상황들

나는 _____해야 한다.

나는 _____해야 한다.

나는 _____해야 한다.

외모가 자존감을 높이는 데 중요하다고 여기는 신념과 행동 중에서 변화시킬 필요가 있는 것들

나는 _____해야 한다.

나는 _____해야 한다.

나는 _____해야 한다

바디이미지와 관련한 어려움에 반응하는 방식 중에서 달라질 필요가 있는 것들

나는 _____해야 한다.

나는 _____해야 한다.

나는 _____해야 한다

변화를 위한 헬프시트: 변화를 위해 필요한 것들

바디이미지와 관련한 어려움 때문에 생긴 결과 중에서 특히 변화시킬 필요가 있는(바꾸고 싶은) 것들

나는 _____ 해야 한다.

나는 _____ 해야 한다.

나는 _____ 해야 한다.

다음 장은 바디이미지에 영향을 미치는 긍정적인 요인과 부정적인 요인을 다시 한 번 발견할 수 있는 기회로 가득하다. 이번에도 역시 무엇이 잘못됐는지를 먼저 이해한 후에 그것을 개선하는 방법을 배우게 될 것이다.

바디이미지와 관련해 어떤 점이 위험 수준이고, 어떤 문제가 있는지 자세히 알아가는 과정은, 마치 결코 오를 수 없는 산 아래에 서 있는 듯한 느낌을 줄 것이다. 이해한다. 인간의 자연스러운 감정이다. 언제나 여행은 출발이 가장 힘든 법이다. 산에 오르는 일이 출발 지점에서 보는 것처럼 그리 가파르거나 위험하지 않다는 것을 깨닫기 바란다. 당신이 지금 막 출발하려는 그 길을 이미 많은 사람들이 나섰고, 결국 성공을 거두었다. 모두들 자신의 문제를 정확히 진단하고 해결책을 찾는 데 성공했다. 당신도 원하는 목표에 한 번에 한 단계씩 도달할 수 있다. 첫 번째 중요한 단계를 완수한 것에 박수를 보낸다. 앞으로!

2단계

바디이미지는
어떻게 만들어지는가

멜리사는 곧 서른 살이 된다. 그녀는 오래전부터 바디이미지와 씨름했다. 아기 때 사진을 보면서 "음, 적어도 몇 달 동안은 귀여웠어요"라고 하는 것이 유일하게 자신의 외모에 대해 긍정적으로 말하는 것이다. 유치원 시절, 가족 모임에서 친척 아주머니가 멜리사를 가리키며 "돼지 아가씨"라고 큰 소리로 떠들던 장면을 아직도 기억하고 있다. 지금도 사람들의 웃음소리가 들리는 것만 같고, 특히 엄마 아빠의 웃음소리가 잊히지 않는다. 그녀는 울면서 방으로 들어가 버렸다. 큰오빠는 그때부터 수년간 그녀를 돼지 아가씨라고 불렀다.

초등학교와 중학교 때는 많은 친구를 사귀었다. 친구네 집에서 파자마 파티를 하고 방과후에 축구경기를 즐기기도 했다. 멜리사는 운동신경이 좋다고 느꼈기 때문에 팀에서 가장 뛰어난 선수가 되고 싶었다. 열 살 때 코치는 그녀에게 살을 좀 빼면 더 나은 선수가 될 거라고 말했다. 그래서 살을 빼기로 작심했고, 엄마가 싸준 도시락을 몰래 버리기 시작했다. 엄마에게는 한 번도 말하지 않았지만 이해해주실 거라고 생각했다. 왜냐하면 엄마는 항상 자기 몸무게에 대해 불평하면서 다이어트를 하고 있었기 때문이다. 멜리사는 부모님한테 한 번도 예쁘다는 칭찬을 들은 적이 없다는 사실도 떠올렸다.

열두 살 때 사춘기가 찾아왔고, 반갑지 않은 급격한 성장이 시작되었다. 짓궂은 남학생들은 그녀의 '큰 가슴'을 놀렸고, 멜리사는 몸에 나타나는 변화를 깊이 자각하기 시작했다. 그녀는 풍만한 엉덩이가 싫었고 매달 찾아오는 생리가 두려웠다. 몸매를 감추기 위해 헐렁한 옷을 입기 시작했다. 운동을 그만두었고, 전 과목 A를 받기 위해 학업에 집중했다.

고등학생이 된 후에도 멜리사는 외모 콤플렉스를 떨치지 못했다. 가끔 얼굴과 등에 여드름이 나곤 했는데, 이로 인해 외모에 관한 걱정이 더 심해졌다. 그러던 중 그녀에게 아름답다고 말하는 남자와 데이트를 하기 시작했다. 상대방에게 칭찬을 들으면 기분이 좋으면서도 환심을 사기 위한 수작일 뿐이라고 의심했다. 두 사람은 결국 헤어졌는데, 그의 새로운 여자친구가 날씬하다는 것을 알고 나서 또다시 다이어트를 시작했다.

멜리사는 대학에서 학업 성적이 좋았고, 좋은 친구들을 사귀었으며, 짧은 연애도 했다. 그녀는 자주 다이어트를 시작했고 규칙적으로 운동을 했다. 그녀는 미래의 남편인 크레이그와 사랑에 빠졌다. 그녀는 이때가 자기 인생에서 가장 좋은 시절이었다고 말한다. "아주 즐겁게 생활했고, 컴퓨터과학에 푹 빠졌으며, 크레이그를 만났고, 7킬로그램을 감량했어요."

졸업 후 좋은 직장에 취직하고 결혼을 했다. 멜리사는 새로운 삶에 흥분했다. 그러나 여전히 자기 몸에 대해 자의식을 느끼곤 했다. 다른 여성들과 비교하면서 자신이 뚱뚱하거나 매력적이지 않다고 생각했다. 가끔 외모 때문에 괴로워했지만, '이성적으로는' 자신의 외모가 나쁘지 않다는 사실을 알고 있었다. 남편이 자주 외모를 칭찬하고 확신도 주었지만 그녀의 바디이미지는 개선되지 않았다. 매일 아침 긴장하며 체중을 쟀고, 새 옷을 사느라 많은 돈을 쓰기도 했다. 출근할 때 혹은 모임에 참석할 때는 머리를 만지고 화장하고 옷을 입는 데 한 시간 넘게 걸렸다.

이제 멜리사는 바디이미지 때문에 고군분투하는 데 지쳤다. 외모에 대한 생각이 그녀의 삶에 영향을 미치는 게 싫어졌다. 자신의 바디이미지가 어린 시절부터 현재까지 어떻게 형성되었는지 알고 나서는 작은 변화가 시작되었다. 그녀는 이제 자신을 있는 그대로 받아들이고 싶어 한다.

부정적인 바디이미지를 만드는 네 가지 요인

멜리사의 이야기에서 알 수 있듯이, 사람들은 어느 날 갑자기 자신의 외모를 견딜 수 없다고 생각하면서 잠에서 깨어나는 게 아니다. 그들은 대부분 오랜 기간 그렇게 느껴왔다. 바디이미지는 어린 시절부터 점진적으로 만들어지는 것이다. 삶의 경험에 따라 자기 몸과 긍정적이고 만족스러운 관계를 맺는 사람이 있는가 하면, 유쾌하지 못한 관계를 맺는 사람도 있다. 바디이미지의 발달에 영향을 미치는 요인은 크게 두 가지다.

① 과거의 경험(개인사)이 외모를 바라보는 틀을 형성한다.

② 현재 일상생활에서 일어나는 사건과 경험이 외모에 대한 생각, 느낌, 반응을 결정한다.

바디이미지가 생기는 원인을 제대로 이해하려면 이 두 가지 요인을 더 깊이 탐구해야 한다. 2단계에서는 과거의 경험을, 3단계에서는 현재의 일상적인 경험에 대해 다룬다.

어린 시절부터 내재된 경험이 정체성을 형성하는 데 기본이 된다. 몸은 나와 타인 사이의 경계선이다. 두 살 된 아이는 거울에 비친 모습을 자신의 신체적 자아로 인식한다. 아이의 눈에는 육체적인 존재가 자신의 정체성 자체로 보인다. 자라면서 점차 다른 사람들이 자신의 외모를 어떻게 평가하는지 고려하게 된다.

〈그림 2.1〉은 바디이미지를 형성하는 개인사의 요인을 네 가지로 분류한 것이다. 네 가지란 문화적 사회화, 대인관계 경험, 신체적 특징과 변화, 개인적 특성이다. 이러한 요인은 우리가 외모에 대해 갖게 되는 인식, 신념, 생각, 감정을 결정한다. 바디이미지에 대한 태도가 결정되는 것이다. 자신의 외모에 얼마나 만족하는지 혹은 불만스러워하는지, 더 나아가 자신이 누구이며 어떤 사람이 되고 싶은지를 규정하기 위해 외모에 얼마나 투자했는지도 이러한 태도에 포함된다. 바디이미지와 관련한 태도에는 부정적인 영향을 미치는 사건과 경험이 있고, 긍정적인 영향을 미치는 사건과 경험도 있다.

〈그림 2.1〉 바디이미지의 발달: 개인사의 영향

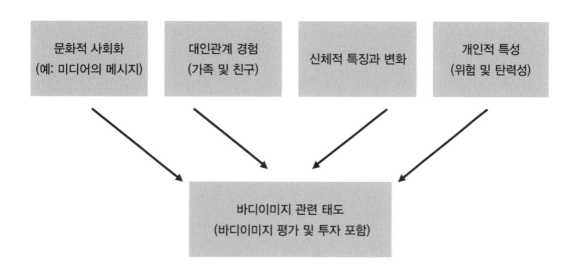

대중매체가 제시하는 기준

유치원에 다닐 때쯤이면 사회가 우리의 외모를 어떻게 바라보는지 배우기 시작한다. 어린 아이들은 사랑스러운 신데렐라가 잘생긴 왕자와 결혼한다는 이야기를 듣는다. 못생기고 성격도 나쁜 의붓자매는 게임에서 지고 만다는 사실도 알게 된다. 아이들은 바비와 켄이 멋진 삶에 어울리는 근사한 몸을 가지고 있다는 것도 안다. 남자 슈퍼히어로와 액션 피규어 인형이 부풀어 오른 근육을 가지고 있다는 것도 알고 있다. 사회가 무엇을 매력적으로 여기는지, 다시 말해 어떻게 보여야 하는지 인식하기 시작하면서 어린아이들의 바디이미지도 형성되기 시작한다. 아이들은 또한 매력적이지 않은 모습, 그러니까 그렇게 보여서는 안 되는 모습이 무엇인지도 알게 된다. 어린이용 애니메이션과 장편 영화에서, '실패자'와 '악당'은 종종 못생기고 뚱뚱하게 묘사된다. 가장 중요한 건, 아이들이 자신의 외모를 판단하기 시작했다는 것이다. '보여주어야 하는 모습'에 자신은 얼마나 부합하는지 스스로를 점검하는 것이다. 자신의 외모에 대한 판단은 아이들의 자존감에 영향을 미친다.

우리 사회에는 외모에 대한 가치와 기준이 정해져 있다. 우리 문화가 가르쳐주는 편향된 교훈을 자세히 살펴보자.

나의 아름다운 여인이여

서구 사회는 날씬함을 찬미하지만 어떤 문화권에서는 전혀 그렇지 않다. 예를 들어 음식이 부족하고 서구 미디어의 영향이 미치지 않는 사회에서는 풍만한 몸을 아름답다고 여긴다. 예전에는 큰 체격이 여성미의 전형적인 기준이었다. 선사시대 여신들의 둥근 엉덩이와 허벅지는 여성의 생식력을 상징했다. 15~18세기 예술작품을 보면 풍만한 여성이 미의 표준이었다. 고대 동양에서는 뚱뚱한 아내가 명예의 상징이었기 때문에 사회적 지위를 높이기 위해 아내에게 억지로 음식을 먹이는 남편들도 있었다.

하지만 20세기 이후 날씬한 체형이 여성적인 매력의 기준이 되었다. 지난 30년 동안 여성들의 몸무게가 대체로 늘었음에도 불구하고, 패션모델, 영화배우, 미인대회 참가자들은 하나같이 늘씬한 몸을 자랑했다. 거식증과 폭식증이 꾸준히 증가하고 있고, '비쩍 마른' 모델이 잡지 표지, 패션쇼, 텔레비전 광고, 뮤직비디오에 등장한다. 이들은 모두 '날씬한 몸이 아름답고 여성스럽다'라는 메시지를 전한다.

『피플』은 해마다 '가장 아름다운 사람들'의 명단을 매년 발표한다. 제시카 알바, 할리 베리, 페넬로페 크루즈, 안젤리나 졸리, 앨리샤 키스, 니콜 키드먼, 줄리아 로버츠, 에바 롱고리아 등등. 이들은 모두 눈에 띄게 날씬한 몸매를 자랑하지만 사실 이런 몸매를 가진 여성은 소수에 지나지 않는다. 또한 유방 확대수술의 성행에서 알 수 있듯이 크고 풍만한 유방은 (20세기 중반에 유행했던 것과 똑같이) 문화적으로 이상적인 기준이 되어 점점 더 중요해지고 있다. 참고로 2006년 한 해 미국에서는 32만 9000건 이상의 수술이 이루어졌다(American Society of Plastic Surgeons 2007).

우리 사회의 여성들은 더 아름다워지기 위해 다리, 겨드랑이, 비키니 부위를 면도하거나 왁싱을 하고, 눈썹을 뽑고, 염색하고, 머리카락에 펌을 하거나 펴고, 귀를 뚫는다. 화장을 하고 손톱과 발톱을 칠하고, 아찔해 보일 만큼 높은 구두를 신고 다닌다. 또한 검버섯, 갈라진 머리카락, 두피를 뚫고 나온 한 가닥의 흰머리, 깨진 손톱, 바지 밖으로 드러난 팬티 선을 신경 써야 한다는 조언을 듣는다. 소녀와 여성들이 대상화되는 사회에서 자신의 외모에서 끊임없이 결점을 발견하는 것은 놀라운 일이 아니다!

잘생긴 왕자님

여성의 외모에 대한 기준보다는 덜 까다롭지만, 남성에게 요구하는 사회적 규범과 기대도 분명히 존재한다. 남자는 키가 크고 어깨가 넓어야 하고, 근육질의 가슴과 이두박근, 작은 엉덩이, 강한 얼굴선과 풍성한 머리카락을 가지고 있어야 한다. 용감한 영웅과 남자 주인공은 조지 클루니, 브래드 피트, 패트릭 뎀시, 콜린 파렐, 주드 로, 덴젤 워싱턴, 올랜도 블룸, 리처드 기어처럼 체격 좋고 잘생긴 섹시한 남자들이다. 한 세대 전에 존 웨인은 남자답고 '당당한' 이미지를 지키려고 가발 없이는 대중 앞에 나서지 않았다.

일부 청소년과 남성들은 남자다운 몸을 만들기 위해 스테로이드를 남용하고 과도하게 운동을 해서 오히려 건강을 해치기도 한다. 『아도니스 콤플렉스—남성 신체 강박의 은밀한 위기 The Adonis Complex: The Secret Crisis of Male Body Obsession』(Pope, Phillips, and Olivardia 2000)라는 멋진 책에는 근육이형증, 즉 자신의 몸이 왜소하고 빈약하다고 느끼는 남성들이 완벽한 근육질 몸을 추구하는 이야기가 실려 있다. 오늘날 많은 남성들이 코 성형, 지방 흡입, 모발 이식, 얼굴 주름 제거와 같은 성형수술을 받고 있다. 2006년 미국 남성들은 25만 회 이상의 수술과 85만 회의 미용시술을 받았다(American Society of Plastic Surgeons 2007). 많은 남성들이 멋진 외모가 인간관계와 인생의 성공 조건이라고 믿는다. 매력적인 외모를 가져야 한다는 압박을 느끼는 것이다. '메트로섹슈얼metrosexual'이라는 신조어까지 등장했는데, 이는 외모를 가꾸는 데 돈을 아끼지 않는 미혼의 도시 남성을 가리킨다.

문화는 균일하지 않다. 모든 문화는 다양한 하위문화들로 구성되어 있다. 예를 들어 미국 내에서 아프리카계 미국인은 주류문화와 다른 규범과 가치를 가지고 있다. 외모에 관해 말해보자면, 아프리카계 미국 여성들은 풍만한 몸매에 찬사를 보내고, 옷을 입는 데 있어서 개인적인 스타일과 '태도'를 중시한다. 이런 문화 덕분에 유럽계 미국 여성들처럼 자신의 바디이미지를 비하하지는 않는다(Roberts et al. 2006).

다른 하위문화는 성적 지향과 관련이 있다. 게이와 레즈비언을 이성애자와 비교한 연구에 대한 최근의 한 리뷰(Morrison, Morrison, and Sager 2004)는 평균적으로 게이 남성이 이성애자 남성보다 외모에 대한 불만족도가 더 높은데, 이는 게이들 사이에서 지나치게 외모를 강조하는 풍조가 원인일 수 있다고 결론 내렸다. 레즈비언의 경우에는 상대적으로 모호하다. 그러나 평균적으로는 비슷한 체중을 가진 이성애자 여성들보다는 자신의 몸을 더 수용하는 것으로 보인다.

사회적인 이미지에서 신체적인 이미지까지

아름다움의 기준은 시대와 문화권마다 달랐다. 매력적으로 보이기 위해 얼굴에 장식용 흉터를 새기고, 머리를 밀고, 온몸에 문신을 새기고, 이에 구멍을 내서 보석을 박고, 입술에 넓은 접시를 삽입하고, 목을 늘이기 위해 고리를 끼우고, 발을 작아 보이게 하려고 불구로 만들었다. 이런 행위는 그 사회가 요구하는 미의 기준을 충족시키기 위해서 행해졌고, 아직도 존재한다. 게다가 사회적 규범은 끊임없이 변화한다. 예를 들어 서구 사회에서 문신과 피어싱은 불과 10여 년 전만해도 남성 폭주족과 갱, 범죄자들에게나 인기를 끌었다. 오늘날 바디아트body art는 젊은 여성들에게 인기가 높다. 한때 금기였던 것이 이제는 사회적으로 수용되고 '쿨해진' 것이다.

다른 문화에서 찬사를 받는 외모가 우리로서는 도무지 이해할 수 없는 경우가 있는 것처럼 당신도 자신의 문화나 하위문화가 요구하는 것에 대해 의문을 가져보라고 조언하고 싶다. 당신이 복종해야 한다고 느끼는 외모의 지배자는 누구인가? 이 책이 당신을 건강하지 못한 메시지로부터 지켜줄 것이다. 다음 두 가지 팩트에 대해 깊이 생각해보기 바란다.

● 팩트 1: 당신이 믿지 않는다면 사회적 기준은 당신을 해칠 수 없다.

사회가 정해놓은 이상적인 기준에 맞춰 살려고 스스로를 압박하지 않아도 된다. 당신이 선택하지 않은 목소리가 당신의 자존감을 결정하도록 허용해서는 안 된다. 자신에게 부족하다고 믿는 어떤 특성을 갖춰야 한다고 생각하면, 자신이 '부적절'하게 여겨져서 스트레스를 받을 것이다.

- 팩트 2: 다른 사람들은 당신이 생각하는 것만큼 당신을 엄격하게 평가하지 않는다.
  타인이 기대하는 것보다 더 '완벽한' 몸매를 자기 자신에게 바란다는 사실이 다수의 연구를 통해 밝혀졌다. 그런 사람들은 현실과 동떨어져 있다고 봐야 한다. 여자들의 생각과 달리 통통한 여자를 좋아하는 남성이 많다. 남자들은 여자들이 상상하는 것만큼 긴 머리를 이상화하지 않는다. 마찬가지로 여자들은 남자들이 흔히 생각하는 것만큼 '마초' 이미지를 선망하지 않는다.

또래집단과 가족의 놀림 혹은 지지

사우스플로리다대학의 저명한 바디이미지 연구자인 케빈 톰슨 박사는 바디이미지 발달에 영향을 미치는 세 가지 요인을 언급했다. 그중 하나는 앞에서 말한 대중매체의 영향이다. 다른 두 요인은 또래집단과 가족과의 관계다.

막대기와 돌멩이: "어이 뚱뚱보!"

가족이 당신의 몸에 대해 많은 것을 알려줬을 것이다. 부모님은 머리를 단정하게 하고, 옷을 깔끔하게 차려 입으라고 강조한다. "너 정말 그렇게 하고 외출하려는 건 아니지?" 하는 말을 얼마나 자주 들었는가? 또한 가족은 심리학자들이 '모델링'이라고 부르는 방식으로 기대치를 전달한다. 예를 들어 자신의 외모에 대해 끊임없이 불평하는 부모 밑에서 자랐다면, 당신은 외모가 걱정거리가 될 수 있다는 것을 배웠을 것이다. 만약 형제나 자매가 매력적인 외모로 사랑받았다면, 당신은 외모 때문에 차별대우를 받는다고 느꼈을 것이다. 언니나 형처럼 멋진 외모를 갖지 못했다는 것에 대해 화내고 질투를 느낄 수도 있다.

어린 시절이나 청소년 시기에 외모 때문에 지적당하고 야단맞고 놀림 받는 것은 바디이미지 형성에 지속적으로 영향을 미친다. 자신의 외모를 싫어하는 사람들은 어릴 때 외모 때문에 놀림당하거나 지적받았던 경험을 떠올린다. 너무 뚱뚱하거나 너무 말라서, 키가 너무 크거나 너무 작아서, 코가 크거나 입이 커서, 옷차림이나 헤어스타일 때문에 혼나거나 비난받은 기억이 깊이 새겨져 있다.

한 연구(Rievers and Cash 1996)에 따르면, 대학생의 72퍼센트가 자라면서 평균 6년간 얼굴이나 몸무게 때문에 반복적으로 놀림이나 비난을 당했다고 밝혔다. 많은 사람들이 오리궁뎅이, 피노키오, 주근깨, 피자 얼굴, 개구리, 키다리, 말대가리, 빼빼와 같은 달갑지 않은 별명이 있었다고 이야기했다. 놀림 받은 사람들 중 71퍼센트는 그럴 때 무척 화가 났다고 대답했고, 나머지 29퍼센트만 대수롭지 않게 넘겼다고 대답했다. 일반적으로 괴롭히는 사람들은 형제나 또래들이다. 이전의 한 연구(Cash 1995a)에서는 외모 때문에 놀림당한 경험이 자신의 바디이미지에 부정적인 영향을 미쳤다고 답한 사람이 65퍼센트에 이르렀다.

놀림 이외에도 외모와 관련한 학대 형태는 다양하다. 과체중인 사람들은 모욕적인 경험을 자주 하게 된다. 예를 들어 사회적인 배제와 노골적인 시선, 비만에 관한 농담, 맞는 옷을 구매할 수 없는 문제 등 다양하다. 한 연구(Annis, Cash, and Hrabosky 2004)에서 밝힌 바에 따르면, 과체중인 여성이 아동기, 사춘기, 성인기에 모욕적인 경험을 하게 되면 신체적으로 더 불만을 느끼고, 외모에 과도하게 투자하며, 더 많은 심리적 문제를 겪게 된다. 신체적인 모욕에는 모순되고 이중적인 이미지가 있다. 즉 그의 외모가 마음에 들지 않는다는 것과, 그럼에도 사회적이고 개인적인 행복에는 외모가 필수적이라는 것이다.

또래들이 모이면 외모에 대한 주제가 꽤 자주 등장한다. 특히 여성들의 경우 더 심하다. 여자아이들과 젊은 여성들이 모여 '비만에 대한 수다fat chat'를 떠는 것은 익숙한 풍경이다. 그들은 몸무게와 다이어트에 대해 이야기함으로써 뚱뚱한 몸에 대해 불평해야 한다는 사회적 기대에 부응한다. 불행하게도 이 습관적인 자기비난은 외모에 대한 불만족을 부추긴다(Nichter 2000; Tucker et al. 2007). 남자들이 모여서 '마른 몸에 대한 대화skinny talk'를 하는 것이 남자아이들에게 유익할지 상상해보라.

연인관계는 외모에 대한 생각과 감정에 강력한 영향을 미친다. 연인의 시선이 나의 가치를 정확하게 평가한다고 생각하기 때문이다. 파트너야말로 나를 제대로 알고 있다고 생각하는 것이다. 게다가 파트너는 내 외모가 어떤지 적나라하게 '진실'을 볼 수 있다. 사랑하는 사람이 칭찬을 자주 해주고, 있는 그대로 받아들여주면 긍정적인 바디이미지를 형성하는 데 도움이 된다. 당연히 그 반대 또한 사실이다. 외모에 대해 비판적이거나 무신경한 파트너는 바디이미지를 수용하는 데 방해가 될 수 있다.

성장하면서 또래나 가족과의 관계가 바디이미지를 형성하는 데 긍정적이거나 부정적인 영향을 미친다는 것은 분명하다. 500여 명의 대학생에게 어린 시절과 10대 시절에 자기 외모에 대해 얼마나 만족했는지 물어보았다(Cash, Rudiger, and Williams 2008). 어린 시절 바디이미지가 긍정적이었던 사람들에게, 자신의 외모를 받아들이는 데 도움이 된 요인을 모두 말해달라고 요청했다. 그들이 멋진 몸이나 귀여운 얼굴을 꼽았을 거라고 짐작할 것이다. 놀랍게도 18퍼센트 이하의 응답자만 신체적인 특징을 가장 중요한 영향으로 꼽았다. 가장 많은 응답은 '사회적 지지'였다. 응답자의 32퍼센트가 자신을 인정해주고 신경 써준 친구들과 가족의 존재를 강조했다. 더 나아가 아동기에는 가족의 지지가 또래의 지지보다 중요하고, 사춘기에는 그 반대라는 것을 설문을 통해 확인할 수 있었다.

사춘기 시절의 불만이 남긴 정서적 잔상

인간의 신체는 사춘기에 극적으로 변한다. 일반적으로 이 시기에는 외모에 지나치게 집착할 수도 있다. '적당한' 체형, 옷, 헤어스타일이 대수학이나 지리보다 더 중요해진다. 몸이 또래보다 일찍 성숙해지는 것도 바디이미지를 형성하는 데 중요할 수 있다. 엉덩이와 가슴이 또래들보다 일찍 발달하는 소녀들은 남의 시선을 의식하게 된다. 그런 변화를 여성이 되어가는 과정으로 받아들이는 게 아니라 기괴하게 뚱뚱하다고 생각할지도 모른다. 갑자기 키가 훌쩍 크거나 근육이 늦게 발달하는 소년들은 왜소한 몸 때문에 걱정할 수도 있다.

바디이미지에 대해서는 10대가 특히 힘든 시기다. 10대가 느끼는 사회적인 적절감은 또래가 내 외모를 어떻게 받아들일지, 이성 교제에 어떤 영향을 미칠 것인지에 어느 정도 달려 있다. 사춘기에 흔하게 생기는 여드름은 바디이미지와 사회적 적응에 막대한 영향을 미칠 수 있다. 여드름으로 고생한 청소년의 74퍼센트가 자신의 바디이미지가 손상되는 데 여드름이 영향을 미쳤으며, 43퍼센트는 사회생활에 부정적인 영향을 미쳤다고 보고한 연구 결과가 있다(Cash 1995b). 그들이 느끼는 불만은 피부에 새겨진 것보다 더 깊었다.

통통한 몸매, 여드름, 울퉁불퉁한 무릎 같은 신체적 불만은 시간이 지나면서 나아지기도 한다. 하지만 정서적인 잔상은 여전히 자기인식에 남아 있다. 당신의 바디이미지는 그것을 기억하고 있다. 예를 들어보겠다.

한 번도 과체중인 적이 없는 평균 체중의 여성들과 과체중 경험이 있는 평균 체중의 여성들, 그리고 현재 과체중인 여성들로 이루어진 세 집단의 바디이미지를 두 개의 연구(Annis, Cash, and Hrabosky 2004; Cash, Counts, and Huffine 1990)에서 비교했다. 여기서 꽤 흥미로운 점이 발견됐는데, 나는 그것을 '유령지방phantom fat'이라고 부른다. 과거나 현재에 과체중 경험이 있는 집단은 유사한 바디이미지를 가지고 있었다. 이전에 과체중이었던 여성들은 체중을 감량했는데도 체중에 대한 불안감을 없애지 못했다. 지금은 전혀 뚱뚱하지 않은데도 여전히 뚱뚱하다고 느끼는 것이다. 한때 자신의 몸을 적대시했으니, 적을 용서하고 잊기란 어려운 일이 아니겠는가.

유령지방 현상은 체중의 문제를 넘어선다. 10대의 여드름 연구에서 나는, 청소년기에 여드름 때문에 고생했던 성인들이 그렇지 않은 사람에 비해 더 부정적인 바디이미지를 가지고 있다는 것을 발견했다(Cash 1996). 신체적 흉터는 사라졌지만, 정서적인 흉터는 남아 있는 것이다. 다시 말하지만, 우리의 바디이미지는 기억한다!

신체는 고정되어 있지 않다. 시간에 따라 계속 변화한다. 외모를 가꾸기 위해 헤어스타일을 바꾸거나 옷을 고르는 정도는 가능하다. 그러나 마음대로 변화시킬 수 없는 부분도 있다. 좋든 싫든 유전적 요인과 인생의 사건들은 당신의 외모에 영향을 미친다. 유전적인 탈모를 예로 들어보자. 과학적 연구(Cash 1999)에 따르면, 어떤 사람들은 점점 듬성듬성해지는 머리숱을 보며 무력한 불쾌감을 느끼지만, 어떤 사람들은 그저 '오늘 있던 머리카락이 내일이면 사라진다'라고 받아들인다.

또한 사람들은 유방절제술이나 얼굴에 난 심각한 화상처럼 트라우마 이후에 달라진 겉모습에 대처하기 위해 고군분투한다(Partridge 2006). 이러한 원치 않은 변화는 분명히 바디이미지를 시험에 빠뜨린다. 고무적인 사실은 많은 사람들이 이 같은 극적인 변화를 받아들이고, 건강한 바디이미지로 통합하면서, 계속 삶을 이어간다는 것이다(Rumsey 2002; Rumsey and Harcourt 2004, 2005).

내가 여기서 말하고자 하는 요점을 잘 기억하기 바란다. 지금 당신의 외모가, 당신이 내적으로 어떻게 느끼는지를 결정하는 것은 아니다. 키가 작든, 몸무게가 많이 나가든, 나이 들어 보이든, 자신이 어떻게 보이는지에 신경 쓰지 않고 충만한 삶을 살고 있는 사람들이 많다. 어떤 여성은 임신 중 신체 변화에 속상해하지만, 또 다른 여성은 그런 변화에 가치를 부여한다.

어떤 사람들은 세월이 가져다주는 주름살에 초조해하며 비싼 크림과 보톡스 시술로 주름을 지우려고 한다. 반면 나이 들면서 나타나는 변화를 인생의 자연스러운 이치로 받아들이는 사람들도 있다. 외모에 손상을 입은 채로 태어나 자신이 '정상적으로' 보이지 않는다는 것을 괴로

위하는 사람이 있는 반면에, 남과 다른 모습에 대해 별 어려움을 느끼지 않는 사람도 있다. 누구나 질투할 만한 외모를 가진 사람들이 자신의 외모를 더 불행하게 느낀다는 것을 아는가? 외모는 당신이 어떻게 느껴야 하는지를 지시하지 않는다. 만약 반갑지 않은 외모의 변화가 찾아온다고 해도 있는 그대로 인정하고 받아들일 수 있다는 점을 기억해야 한다. 이 책은 현실이 어떻든지 간에 자신의 몸을 받아들이는 법을 가르쳐줄 것이다.

애착 형성에 문제가 있을 때

문화나 가족, 또래가 날린 적대적 화살이 모든 사람의 바디이미지에 똑같이 영향을 미치는 것은 아니다. 어떤 사람들은 사회적 기준, 또래의 놀림, 심지어 심각하게 손상된 외모에도 별로 영향을 받지 않는다. 이처럼 회복탄력성이 좋은 사람들의 특징은 무엇일까?

그들은 견고한 자존감을 가진 사람들이다. 그들은 스스로를 믿는다. 자존감은 인생의 어려움에 직면했을 때 이겨낼 수 있는 강력한 동맹군이다. 자신에 대해 안정감을 느끼는 아동, 청소년, 어른들은 유능하고 매력적이며, 자신의 꿈과 인생에 에너지를 쏟기 때문에 사회적 '의무'라든지 외모에 대한 공격의 먹잇감이 되지 않는다. 완벽한 외모를 만드는 게 자기실현이라고 생각하지도 않는다. 반면에 기질적으로 혹은 양육 과정에서 부적절감을 물려받은 사람들은 자신의 흠을 찾으려고 지나치게 열심이다. 내적인 불안정이 '외부적인' 자아까지 감염시키는 것이다.

낮은 자존감이 부정적인 바디이미지를 만들 수 있지만 그것은 경향일 뿐 필연이 아니다. 모든 사람이 바디이미지를 개선하는 법을 배울 수 있다. 자존감이 바디이미지만큼 부정적이라면, 자존감을 개선하기 위해 노력하는 게 바디이미지에도 좋은 영향을 미친다(대니얼 라발리와 내가 1997년 연구에서 밝혀낸 것처럼).

성격은 타인이나 관계에 대한 심리적 지향성과 관계가 있다. 예를 들어 어떤 사람은 인간관계에 열정, 신뢰, 즐거움과 수용 같은 것을 기대하며 스스럼없이 다가간다. 반면 어떤 사람들은 친밀해지는 것을 두려워하고, 적대감이나 거부당할 것을 상상한다. 사실은 그 반대를 원하면서도 말이다. 심리학자들은 이 두 가지 지향성을 안정된 애착과 불안정한 애착이라고 지칭한다. 안정된 애착 지향성은 긍정적인 바디이미지를 촉진할 수 있다. 반면 불안정한 애착은, 불안정한 바디이미지의 촉매제 역할을 하기 때문에 자신의 신체 자아가 거부당할 것을 예상하거나 걱정하게 만든다(Cash, Theriault, and Annis 2004).

바디이미지에 영향을 미칠 수 있는 또 다른 성격적 요소는 완벽주의다. 완벽주의에는 다양한 종류가 있는데, 여기서 중요한 것은 자기과시적 완벽주의다. 다른 사람에게 행동과 외모 면에서 모범적이고 흠 없는 모습을 보여주고 싶어 하는 욕구를 지칭한다. 이 욕구가 너무 강하면 겉모습에 과도하게 집착해서, 완벽하지 못할까 봐 노심초사할 가능성이 크다. 이런 유형의 완벽주의자는 일상에서 바디이미지의 기복이 크다는 것을 최근의 한 연구(Rudiger et al. 2007)가 발견했다. 물론 반대도 성립한다. 자기과시가 덜한 완벽주의는 부정적인 바디이미지를 촉진할 가능성이 낮다.

바디이미지에 위협을 받았을 때 회복탄력성이 큰 사람들의 특징을 정리하면 다음과 같다. 무엇보다 그들은 외모를 정체성이나 자존감과 과도하게 관련시켜 집착하지 않는다. 그들은 외모의 중요도 테스트 중 바디이미지에 대한 집착에서 허용 범위의 점수를 받을 것이다. 그들에게 겉모습은 전부가 아니며 모든 것에 영향을 미치는 것도 아니다. 자신이 어떻게 보이는지 전혀 신경쓰지 않는다는 뜻이 아니다. 그들도 근사하게 보이는 것을 즐긴다. 하지만 인생을 미인대회로 생각하지 않고 완벽한 몸매에 대한 사회적 기준에 순응하지도 않는다. 다만 자신을 위한 단순한 즐거움으로 외모를 꾸민다. 그들은 외모에 대해 균형 잡힌 시각을 유지하고, 자아실현에 더 관심을 갖고 있으며 가족, 친구, 성취, 일, 여가, 취미 등에 시간과 노력을 투자한다.

어린 시절부터 지금까지 나의 바디이미지를 만든 것들

3단계로 넘어가기 전에, 당신의 바디이미지 역사와 만나보기를 권한다. 이를 위해서 아주 중요한 두 가지 활동을 해보자.

과거에 관한 스냅샷

첫째, 앞서 살펴본 개인사적인 원인을 기초로 해서, 자신의 몸과 바디이미지 형성에 영향을 미친 사건과 경험을 잠시 떠올려보기 바란다. 인생에서 특정 기간을 스냅샷으로 찍어볼 수 있도록 자기발견 헬프시트를 준비했다(66쪽). 이 활동을 마무리하고 나면 과거에 관해 좀 더 미세하고 근접한 사진을 찍을 수 있도록 안내할 것이다.

확대 렌즈로 찍은 사진

자기발견 헬프시트에서, 당신은 바디이미지 형성에 결정적인 사건과 관심사를 짚어냈다. 이제 그 영향력이 특별히 컸다고 생각되는 경험을 깊이 있게 살펴봤으면 한다. 이를 위해 당신은 표현적 글쓰기라고 불리는 유익한 작업을 할 것이다. 텍사스대학교의 명망 있는 심리학자 제임스 W. 페니베이커가 고안한 이 혁신적인 접근법은 감정적으로 힘든 경험을 해소할 수 있도록 도와준다(Pennebaker 2004). 표현적 글쓰기가 광범위한 문제를 치료하는 데 효과가 있다는 것은 과학적 연구를 통해서 입증되었다(Lepore and Smyth 2002; Pennebaker 1997; Pennebaker and Chung 2007).

표현적 글쓰기의 전제는 단순하다. 우리는 성장하면서 또는 성인기에 힘들고 혼란스러운 사건을 겪을 수 있다. 그 사건으로 인한 불쾌한 감정을 느끼지 않기 위해서 그 경험을 심리적으로 밀어두고 더 이상 생각하지 않으려고 애쓰거나 잊어버린다. 시간이 흐르면서 자세한 상황은 희미해지거나 왜곡된다. 정서적인 후유증은 지속되지만 그 감정을 만들어낸 원래의 사건에서는 떨어져 나오는 것이다. 이런 경험은 당시 긍정적이고 만족스러웠던 일에 대한 기억에도 그림자를 드리운다. 결과적으로 우리는 그저 살아가면서 그때그때의 감정에 반응할 뿐이다. 그 감정을 만들어낸 과거에서 분리된 채 말이다.

표현적 글쓰기의 목적은 우리의 머릿속을 환기시키거나 비우려는 게 아니다. 과거의 경험에 대한 의미 있는 이야기를 그에 대한 정서와 함께 말하게 함으로써 일관된 서사narrative를 만들어내도록 돕는 것이 목적이다. 당신이 쓰는 서사는 바디이미지나 삶에 영향을 미쳤다고 생각되는 사건과 관련되어 있을 것이다. 글을 쓰는 동안 자신의 바디이미지를 다시 한 번 펼쳐보게 될 것이다. 당신은 바디이미지가 형성되는 데 일조한 경험들을 한데 모아서 개인적으로 의미 있는 서사를 만들어낼 것이다.

자전적인 소설 한 편을 써야 할 것 같다고 걱정할지도 모르겠다. 하지만 안심해도 좋다. 4일 동안 매일 20분씩만 쓰면 된다. 의식의 흐름에 따라 쓰되, 철자나 문법은 신경 쓰지 말고 그저 생각이 흐르도록 해야 한다. 글쓰기 선생님이 채점하는 과제가 아니다. 중요한 것은 글쓰기를 통해 개인적인 이야기를 자신의 관점으로 말하는 것이고, 자기발견 헬프시트의 안내 사항을 따른다는 것이다.

자기발견 헬프시트: 내 몸과 경험의 역사

지시사항: 아래에 열거한 인생의 매 시기마다 당신의 외모는 어땠는가? 외모에 대한 느낌에 영향을 미친 것은 무엇이었나? 문화적으로 그리고 대인관계에서 중요하게 영향을 미친 것에 대해 반드시 언급하라.

아동기 초기 (8세까지)

나의 신체:

영향을 미친 사건과 경험:

아동기 후기 (8세부터 사춘기까지)

나의 신체:

영향을 미친 사건과 경험:

청소년기 초기 (16세까지 사춘기의 신체적 변화가 진행되는 동안)

나의 신체:

영향을 미친 사건과 경험:

청소년기 후기 (16세부터 20세까지)

나의 신체:

영향을 미친 사건과 경험:

성인기부터 지금까지

나의 신체:

영향을 미친 사건과 경험:

- '나'라고 1인칭으로 쓰고 오직 당신만을 위해 쓰도록 한다. 편지가 아니니 당신 말고 그 누구도 읽지 않을 것이다. 스스로를 솔직하게 표현하라.

- 각 회기마다 20분 동안 아무런 방해를 받지 않는 조용한 곳에서 글을 써라. 전화벨 소리도 꺼놓고, 가족이나 친구가 방해하지 않도록 미리 조치를 취해둔다. 쉬지 않고 20분 동안 계속 써라.

- 아직 준비가 되지 않은 주제는 억지로 쓰지 않아도 된다. 나중에 준비가 되었을 때 언제든지 쓸 수 있다.

- 특정한 사건에 대해 쓸 때 그 사건을 묘사하고, 가장 깊은 생각과 느낌을 표현해보자. 부정적인 생각과 감정에만 집중할 필요는 없다. 한 편의 이야기를 완성하기 위해서 긍정적인 감정도 포함시켜라.

- 반드시 연속적으로 4일 동안 써야 하는 것은 아니다. 만약 하루 쉬고 싶다면, 그렇게 해도 된다. 그러나 표현적 글쓰기는 네 회기를 한 주에 모두 완료했을 때 가장 효과적이다.

당신의 표현적 글쓰기를 돕기 위해 각 회기마다 두 장의 헬프시트를 마련했다. 첫 번째 페이지에는 그 회기에 대한 지시사항이 있다. 각 회기의 끝에 글쓰기 경험에 대한 몇 가지 질문에 답하게 될 것이다.

변화를 위한 헬프시트: 표현적 글쓰기 1일차

지시사항: 글쓰기 첫째 날, 아동기(사춘기 이전)에 있었던 주요한 바디이미지의 경험에 대해 써라. 외모와 관련한 당시의 사건과 경험을 떠올릴 때 드는 가장 깊은 생각과 감정을 표현하라. 글을 쓰는 동안 이 경험들이 당시와 지금의 감정, 예를 들어 당신 자신과 또래, 친구, 가족, 혹은 삶의 다른 측면에 대한 감정과 어떻게 연결되어 있는지 자각할 수도 있다.

변화를 위한 헬프시트: 표현적 글쓰기 1일차

오늘의 표현적 글쓰기에 대한 질문을 읽고 0(전혀 아니다)부터 10(아주 많이)까지 점수를 매겨보라.

1. 당신의 가장 깊은 생각과 감정을 얼마나 표현했나? _____

2. 오늘 글쓰기를 한 뒤에 괴로움과 불쾌함을 얼마나 느꼈나? _____

3. 오늘 글쓰기를 한 뒤에 얼마나 행복하고 만족했으며 편안함을 느꼈나? _____

4. 오늘 표현적 글쓰기가 당신에게 얼마나 의미가 있었는가? _____

변화를 위한 헬프시트: 표현적 글쓰기 2일차

지시사항: 글쓰기 둘째 날, 사춘기를 포함해 청소년 초기에 있었던 주요한 바디이미지의 경험에 대해 써라. 외모와 관련한 당시의 사건과 경험을 떠올릴 때 가장 깊은 생각과 감정을 표현하라. 글을 쓰는 동안 이 경험들이 당시와 지금의 감정, 예를 들어 당신 자신과 또래, 친구, 가족, 혹은 삶의 다른 측면에 대한 감정과 어떻게 연결되어 있는지 자각할 수도 있다.

변화를 위한 헬프시트: 표현적 글쓰기 2일차

오늘의 표현적 글쓰기에 대한 질문을 읽고 0(전혀 아니다)부터 10(아주 많이)까지 점수를 매겨보라.

1. 당신의 가장 깊은 생각과 감정을 얼마나 표현했나? _____

2. 오늘 글쓰기를 한 뒤에 괴로움과 불쾌함을 얼마나 느꼈나? _____

3. 오늘 글쓰기를 한 뒤에 얼마나 행복하고 만족했으며 편안함을 느꼈나? _____

4. 오늘 표현적 글쓰기가 당신에게 얼마나 의미가 있었는가? _____

변화를 위한 헬프시트: 표현적 글쓰기 3일차

지시사항: 글쓰기 셋째 날, 청소년 중후반기에 있었던 주요한 바디이미지의 경험에 대해 써라. 외모와 관련한 당시의 사건과 경험을 떠올릴 때 드는 가장 깊은 생각과 감정을 표현하라. 글을 쓰는 동안 이 경험들이 당시와 지금의 감정, 예를 들어 당신 자신과 또래, 친구, 가족, 혹은 삶의 다른 측면에 대한 감정과 어떻게 연결되어 있는지 자각할 수도 있다.

변화를 위한 헬프시트: 표현적 글쓰기 3일차

오늘의 표현적 글쓰기에 대한 질문을 읽고 0(전혀 아니다)부터 10(아주 많이)까지 점수를 매겨보라.

1. 당신의 가장 깊은 생각과 감정을 얼마나 표현했나? _____

2. 오늘 글쓰기를 한 뒤에 괴로움과 불쾌함을 얼마나 느꼈나? _____

3. 오늘 글쓰기를 한 뒤에 얼마나 행복하고 만족했으며 편안함을 느꼈나? _____

4. 오늘 표현적 글쓰기가 당신에게 얼마나 의미가 있었는가? _____

변화를 위한 헬프시트: 표현적 글쓰기 4일차

지시사항: 글쓰기 넷째 날, 최근이나 근래 몇 년 동안 있었던 주요한 바디이미지의 경험에 대해 써라. 외모와 관련한 당시의 사건과 경험을 떠올릴 때 드는 가장 깊은 생각과 감정을 표현하라. 글을 쓰는 동안 이 경험들이 그 당시와 지금의 감정, 예를 들어 당신 자신과 또래, 친구, 가족, 혹은 삶의 다른 측면에 대한 감정과 어떻게 연결되어 있는지 자각할 수도 있다.

변화를 위한 헬프시트: 표현적 글쓰기 4일차

_____

_____

_____

_____

_____

_____

_____

_____

_____

_____

_____

_____

_____

_____

오늘의 표현적 글쓰기에 대한 질문을 읽고 0(전혀 아니다)부터 10(아주 많이)까지 점수를 매겨보라.

1. 당신의 가장 깊은 생각과 감정을 얼마나 표현했나? _____

2. 오늘 글쓰기를 한 뒤에 괴로움과 불쾌함을 얼마나 느꼈나? _____

3. 오늘 글쓰기를 한 뒤에 얼마나 행복하고 만족했으며 편안함을 느꼈나? _____

4. 오늘 표현적 글쓰기가 당신에게 얼마나 의미가 있었는가? _____

바디이미지의 형성 과정에 대해 배우고, 표현적 글쓰기에 참여하면서 당신의 바디이미지가 만들어진 스토리를 더 깊이 있고 일관되게 파악할 수 있을 것이다. 과거의 경험과 사회적 기준은 부정적인 바디이미지를 형성하는 데 영향을 미치는 게 확실하다. 그러나 과거가 전부는 아니다. 지난 시간을 이해하는 것과 비난하는 것은 별개의 문제다. 당신의 과거나 당신이 통제할 수 없는 힘을 비난하는 것은 당신의 문제를 정당화하는 데는 도움을 줄지 모르지만, 문제 해결을 도와주지는 않는다. 자신을 무기력한 희생자라고 결론지어버리면 변화하려고 애쓰지 않게 될 것이다.

　　현재의 원인들, 즉 일상에서 바디이미지에 영향을 미치는 지금 여기의 요인이 특히 중요하다. 이것이 개인적인 바디이미지의 고통을 더 심화시킬 수도 있고, 당신을 과거로부터 구출해낼 수도 있다. 만약 과거의 영향력이 가장 강력한 힘을 가지고 있다면, 긍정적인 바디이미지를 갖는 것은 불가능한 일일 것이다. 그런데 대부분의 사람들은 신체적 결함을 가지고 있음에도 불구하고 불쾌한 과거의 경험을 통해 교훈을 얻었을 뿐만 아니라 그것을 넘어서서 자신의 외모를 전반적으로 수용하는 방법을 알아냈다. 그러니까 당신도 할 수 있다!

　　오늘의 선택에 책임을 지기 시작한다면 변화는 일어날 것이다. 어쨌든 오늘은 내일의 역사이고 당신이 뭔가를 할 수 있는 바로 그 시간이다. 변화를 위해 책임을 지는 것은 두 가지 단순한 인식에서 시작된다. 첫째, 당신은 생각하는 대로 느낀다. 사건 그 자체가 아니라 사건을 어떻게 판단하고 해석하는가에 따라 감정이 달라진다. 둘째, 당신이 생각과 감정에 어떻게 심리적으로 반응하고 행동하느냐에 따라 상황을 개선할 수도, 악화시킬 수도 있다. 다음 3단계는 내면의 경험과 자기 몸을 받아들일 수 있도록 당신에게 힘을 줄 것이다.

3단계

마음챙김과 수용

일상에서 많은 것이 외모와 관련한 생각, 감정, 이미지, 기억, 기대, 의도, 그 밖의 개인적인 경험을 촉발시킬 것이다. 이러한 내면의 경험 중에서 어떤 것은 정신을 산만하게 하고 짜증나게 하며, 심지어는 고통스럽게 한다. 외모에 관한 내면의 목소리를 너무 심각하게 받아들인 나머지 그게 진실이라고 믿을 수도 있다. 그것이 당신의 정체성을 규정한다고 생각할지도 모르겠다. 아마도 당신은 이런 내면의 목소리를 몰아내고 싶을 것이고, 그래서 회피하거나 어떤 식으로든 없애버리려고 할 것이다. 내면의 고통에서 탈출하고 싶어서, 자신이 보는 방식을 바꾸거나 위장하려고 행동을 교정하려는 것이다.

파트너에게조차 내 몸을 보이고 싶지 않다면

바디이미지에 관한 조이스의 경험을 이야기해보자. 그녀는 자신의 외모를 생각할 때마다 마음속 깊이 절망감을 느낀다. 살찐 허벅지와 엉덩이 때문이다. 약혼자가 샤워하고 있는 그녀를 흘끔 보면 강한 자의식을 느낀다. 그러면 당황해서 타월로 몸을 재빨리 가리고, 약혼자를 욕실에서 쫓아내기 위해 변명거리를 만들어낸다. 당황스러움은 곧 수치심으로 바뀌었다가 결국 분노로 바뀐다. 그녀는 약혼자가 자신의 몸을 너무 가까이에서 봤다는 것에 화가 나고, 심지어는 들켰다는 생각 때문에 자신의 몸에 더 화가 난다.

　조이스는 옷을 갈아입을 때도 약혼자가 보지 못하게 문을 잠근다. 엉덩이와 허벅지의 살을 감출 수 있는 겉옷을 찾으면서 완전히 좌절한다. 몸을 숨기기 위한 옷을 고르느라 진땀을 뺄 때마다 그녀의 감정은 롤러코스터를 타곤 한다. 이 같은 고통스러운 경험으로 인해 조이스는 자신을 못생긴 데다 '구제불능'이라고 결론지었다.

내 외모를 바라보는 새로운 시각

　2단계의 마지막에서, 나는 바디이미지가 부정적으로 형성되는 근본적인 원인이 지금 여기에 존재한다고 설명했다. 구체적으로 말하자면, 바디이미지와 관련한 정서는 생각에 의해 좌우된다. 자신에게 보내는 미묘하고 비언어적인 메시지, 즉 가정, 인식, 해석이 외모에 대한 느낌을 좌우하는 게 확실하다. 당신이 자신의 외모에 대해 갖고 있는 가정, 인식, 해석이 부정적인 바디이미지를 만들어낸다. 당신이 자신의 조건을 만들어내는 것이다. 바디이미지의 씨앗을 심은 것이 문화적인 환경이나 대인관계의 역사였는지는 몰라도, 부정적인 바디이미지를 당신의 마음속에서 키운 것은 바로 당신 자신이다.

　자, 지금 여기에서, 뭔가를 시도하라고 당신에게 말하고 싶다. 당신의 외모에서 가장 마음에 안 드는 부분이 어디인가? 마음의 눈으로 그것을 명확하게 그려보자. 그리고 그 부분에 대해 이런 생각을 생각해보자. '이 부분이 끔찍해 보여. 정말 못생겼어. 나는 이게 못마땅해. 모두가 싫어해. 사람들은 나를 못생겼다고 생각해. 나는 정말 못생겼어.' 이런 말을 자신에게 반복하고 1분 동안 당신의 감정을 느껴보라.

　이 작은 실험에서 많은 사람들이 바디이미지에 대해 극단적으로 불행한 감정을 경험한다. 이런 자기비난적인 생각에 단 1분만 빠져 있어도 자신이 매력 없고 절망적이라고 느낀다. 이 연습이 익숙하게 들리는가?

　다트머스대학교 심리학자들이 생각의 힘을 보여주는 놀라운 실험을 실시했다(Kleck and Strenta 1980). 연구자들은 실험 참가자들의 얼굴에 분장으로 흉터를 만든 뒤에 낯선 사람과 대면하게 했다. 낯선 사람들은 연구자들이 고용한 사람들이며, 일반적이고 중립적인 태도로 행동하도록 훈련받았다. 사실 실험 참가자들은 모르고 있었지만, 그들은 낯선 사람과 대화하기 전에 이미 얼굴 흉터가 제거된 상태였다. 대화가 끝난 후에 참가자들에게 낯선 사람과의 만남이 어땠

느지 물었다.

자신의 얼굴에 흉터가 있다고 믿은 실험군은 흉터가 없는 대조군에 비해 낯선 사람의 행동에서 불편함을 더 많이 '목격했다.' 빤히 쳐다보거나 아예 시선을 피하더라고 진술했다. 사실은 존재하지도 않는 얼굴의 '결점' 때문에 자의식을 경험했으며 부정적인 영향을 받았다고 보고한 것이다. 이들은 자신의 현실을 창조해낸 것이 분명하다. 그들의 경험은 객관적인 사실이 아니라 외모에 대한 자신의 신념을 반영했다.

이 놀라운 실험은 중요한 진실을 말해준다. 바디이미지의 부정적인 정서에 결정적으로 영향을 미치는 요인은 당신이 자기 외모를 판단하고 생각하는 방식이라는 점이다. 당신이 가진 생각 패턴은 자동적이고 습관적이어서 패턴이 작동한다는 것을 의식조차 하지 못할 것이다. 구체적인 사건에 의해서 한 번 부정적인 생각이 떠오르면 정서적으로 타격을 받고 자기비난이 심해지며 결국 절망의 나락으로 떨어지고 만다. 우리는 고통을 느끼지 않기 위해 부정적인 생각과 감정의 폭포를 일으키는 사람이나 상황을 피하려고 한다. 혹은 외모의 '결함'을 고치거나 감추려고 습관적 행동을 하게 될지도 모른다. 이처럼 자신을 보호하려는 노력이 바디이미지의 해묵은 문제를 해결해주지 않는다는 것은 분명하다. 그런 노력이 당신을 일시적으로 안심시킬 수는 있지만 문제를 해결해주지는 않기 때문이다.

앞의 2단계에서는 바디이미지에 관한 부정적인 경험을 만들어낸 과거의 사건에 대해서 써보았다. 〈그림 3.1〉은 부정적인 바디이미지의 원인이 되는 지금 여기에서의 흐름을 보여준다. 이것은 자기패배적인 생각, 정서, 행동의 악순환을 보여준다. 이 악순환을 깨는 마음가짐을 가질 때, 부정적인 바디이미지를 극복할 수 있다. 지금 그리고 미래에 생각하고 행동하고 느끼는 방식을 바꾸는 법을 배울 수 있는 것이다.

이 책은 생각과 행동과 느낌을 바꾸는 법을 알려준다. 당신은 이제 몸과 자기 자신을 새롭고 만족스럽게 경험하는 방식을 발견하고, 낡고 고통스러운 패턴을 버릴 수 있을 것이다.

〈그림 3.1〉 바디이미지의 경험: 지금 여기의 영향

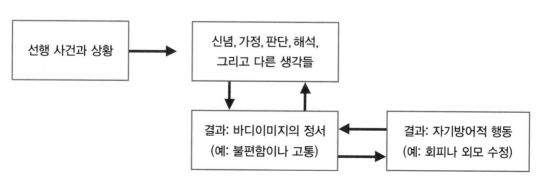

마음챙김, 한 걸음 물러서서 관찰하기

이 책을 통해 현재의 생각이나 감정, 행동과는 다른 새로운 마음가짐을 계발하게 될 것이다. 이 새로운 마음가짐이 일종의 마음챙김mindfulness과 수용이다. 단순하게 말하자면, 마음챙김은 주의나 자각을 유도하는 방법이다. 의식적으로, 그리고 목적성을 가지고 '한 걸음 물러서서', 지금 여기의 내적 경험을 관찰하는 방식이다. 마음챙김은 몇 세기 동안 이어진 동양의 심리학적이고 철학적인(특히 불교적인) 관점이다. 마음챙김은 명상에 대한 많은(전부는 아니지만) 접근법 중에서 핵심이라고 할 수 있다. 마음챙김은 새로운 마음가짐을 훈련하는 것으로, 특정한 종교로 개종할 것을 요구하지 않는다.

최근 몇 년 동안 마음챙김은 서양의 심리치료와 인간의 성장에 혁신적으로 통합되고 있다(예: Baer 2006; Germer, Siegel, and Fulton 2005; Hayes, Follette, and Linehan 2004; Kabat-Zinn 1994; Segal, Williams, and Teasdale 2002). 물론 서양은 과학에 전념해왔기 때문에 마음챙김에 기반한 접근법 역시 과학적으로 검토했으며, 건강 증진과 심리적 고통의 완화에 큰 도움을 준다는 것을 밝혀냈다(예. Hayes, Follette, and Linehan 2004; Marra 2005). 바디이미지의 경험을 마음챙김의 관점에서 바라보는 것은 매우 효과적이다.

수용, 있는 그대로 바라보기

수용은 사물을 있는 그대로, 현재의 순간에서 바라보는 것을 말한다. 복통이 있으면 아프다. 복통 때문에 불안하거나 자의식이 발동하거나 슬프거나 화가 나는 것은 그 순간에 느끼는 감정일 뿐이다. 어떤 상황에서 당신의 몸을 좋아하지 않는 것은 단순히 그 순간의 감정일 뿐, 그 이상도 이하도 아니다. 지금 당신은 바디이미지의 경험이 부정적이라고 판단하고 있다. 2단계에서는 이런 경험과 판단이 어떻게 생겨났는지 알았다. 판단을 하게 되면 네 가지 결론에 이르게 된다.

첫째, 생각이나 감정을 사실과 동일시한다. '못생겼다'거나 '뚱뚱하다'고 생각하거나 느끼는 것이 자신의 몸과 자기가치에 대한 타당한 비난이라고 판단한다. 그것은 단지 생각과 감정일 뿐 진실의 근거가 아니다. 수용이란 그러한 생각과 느낌이 단순히 당신 내면의 사건임을 인지하는 것이다. 그러면 이 사건을 객관적으로 인식할 수 있고, 그 실체가 무엇인지를 바라볼 수 있다. 다시 말하지만, 그것은 내면의 생각과 감정일 뿐이다.

둘째, 내면의 경험을 견딜 수 없는 것으로 여긴다. 당신은 '이런 느낌은 감당할 수 없어'(자의식, 부끄러움, 또는 불안)라고 결론 내리면서 경험을 판단한다. 수용은 당신의 정서적 불쾌감을 마음챙김하면서 자각하고, 그것을 익숙하면서도 그저 불편한 것으로 바라보는 것이다.

셋째, '견딜 수 없는' 경험에서 탈출하거나 회피하기 위해 뭔가를 해야 하거나 하지 말아야 한다고 결론짓는다. 외모를 어떤 방식으로든 바꿈으로써, 그리고/또는 '이것을 고치기' 위해 뭔가를 함으로써 위협적인 상황을 피하라고 자기 자신에게 이야기하는 것이다. 마음챙김에 기반한 수용은 자기를 보호하기 위해 습관적인 충동으로 행동하는 것을 그저 지켜보는 것이며, 어떤 행동을 요구하지 않는다. 대신 충동적인 바람이나 의도를 '내면의 목소리'로 객관적으로 관찰한다. 내면의 목소리가 뭔가를 하거나 하지 말라고 당신에게 명령하는 것을 인식하고 듣지만, 그 명령을 따르지는 않는다. 당신은 내면의 목소리를 단지 자각한다.

넷째, 위에서 묘사한 경험('못생겼다'거나 '뚱뚱하다'고 생각하거나 느끼는 경험-옮긴이) 때문에 당신은 자신을 '망쳤다', '희망이 없다', '가치 없는 사람이다'라고 비난한다. 만약 당신이 그런 경험을 했다면 자신을 받아들일 수 없게 된다. 마음챙김에 의한 수용을 훈련하면서 당신은 힘든 시간을 보내는 것으로 자신을 힘들게 만들고 있다는 사실을 알게 된다. 당신은 자신이 무엇을 하고 있는지 안다. 부정적인 생각과 느낌에 자기혐오를 더하고 있다는 것을 말이다. 자신이 하는 부정적인 생각이 옳아서 스스로를 비난하는 것이 아니다. 자기비난은 단지 추가된 내면의 목소리일 뿐이다.

고통을 포함해 정서를 느끼는 것은 인간의 본능이다. 정서는 중요하고도 유용한 신호 역할을 할 수 있다. 일어난 일에 대한 정보를 처리할 수 있도록 관심을 갖게 만드는 것이다. 정서를 자각하지 못하고, 반사적으로 억누르려고 할 때 문제가 발생한다. 앞으로도 정서를 느끼지 않으려고 자기방어적인 조작을 시도할 때 또 다른 문제가 발생한다. 경험 회피라고 부르는 이런 반응은 내 마음과 나 자신으로부터 등을 돌리게 만든다. 불편함을 방어하고 부인하고 무시하고 회피하려고 하면 궁극적으로 깊은 심리적 고통이 만들어진다. 자신의 본성 때문에 스스로를 혐오할 때 특히 고통이 극심해진다.

마음챙김과 수용을 배우는 세 가지 연습

마음챙김과 수용에 대한 설명이 다소 혼란스럽거나 모호하다고 느낄 수도 있다. 괜찮다. 당신이 지금 느끼는 그 상태를 있는 그대로 받아들여라. 내면의 반응을 자각하라. 혼란스러운가? 회의적인가? '내가 정말 못생긴 건 아니라고 내면의 목소리가 말하고 있다'라고 생각하는가? '더 잘 알아차리고 수용적이었으면 좋겠다'라고 생각하는가? 그 어떤 것에도 반응할 필요가 없다. 단지 그것을 자각하고 그 순간의 반응으로 받아들여라. 마음챙김을 더 알아보기 위해서 마음챙김과 수용 전문가들이 추천한 세 가지 연습을 해보자(Hayes and Smith 2005; Kabat-Zinn 1990, 1994).

자각하기

건포도(또는 팝콘이나 호두) 몇 알을 입 안에 넣고 몇 번 씹어서 삼킨 뒤 다시 입에 넣고 삼키는 과정에 주목해본 적이 있는가? 지금까지는 대화를 하거나 책을 읽거나 텔레비전이나 영화를 보면서 아무 생각 없이 먹었을 것이다. 이제 다른 방법으로 건포도를 먹어보자. 다음 각 단계를 최소 1분 이상 연습해보라.

1. 손바닥에 건포도 한 알을 올려놓고 자세히 본다. 모양과 주름과 틈을 관찰하라. 색깔의 미묘한 차이도 인식하라.
2. 손바닥 위에 있는 첫 번째 건포도 옆에 두 번째 건포도를 놓는다. 두 개가 비슷하게 생겼는지 살펴본다. 두 개가 얼마나 다르게 생겼는지도 인식한다.
3. 건포도 한 알을 엄지와 검지 사이에서 계속 굴린다. 어떤 느낌인지 알아차린다. 부드러움과 딱딱함과 끈적거림을 느껴보라.
4. 건포도를 입 안에 넣되 씹지는 마라. 방금 당신이 손가락으로 느낀 것을 혀로 느끼면서 굴려보라. 질감에 집중해보라. 입 안에서 돌아다닐 때, 위치에 따라 어떻게 다르게 느껴지는지 의식하라.
5. 이제 건포도를 한 번 씹어보자. 그 맛에 집중한 뒤 다시 씹어라. 질감이 바뀌는 것에 집중하라. 건포도를 삼키고 건포도가 목구멍을 미끄러져 내려가는 느낌을 계속 자각하라.
6. 두 번째 건포도를 입에 넣고 아주 천천히 씹어라. 계속 씹으면서 건포도의 밀도가 점점

더 묽어지는 것에 집중하라. 처음과 비교해서 두 번째 건포도가 어떻게 느껴지는지를 기록하라. 삼키고 싶을 때 삼키면 된다.

평소에 건포도를 먹던 경험과 비교해보니 어떻게 다른가?

바디스캔

두 번째 연습은 정말 중요하다. 우리는 몸을 겉에서만 보이는 '미적인 대상물'로 여기며 살아간다. 이제 당신의 몸을 내면에서부터 마음챙김하면서 경험하는 시간을 가져보자. 다음과 같이 연습한다.

1. 혼자 있을 수 있는 조용하고 편안한 공간을 고른다. 휴대전화, 텔레비전, 환한 빛, 친구나 가족의 방해를 받지 않아야 한다. 등을 대고 누워 눈을 부드럽게 감는다.
2. 천천히 숨을 들이마시고 내쉬는 것을 느껴보라. 숨과 함께 배가 부풀어 오르고 꺼지는 것에 집중하라.
3. 몸 전체에서 오는 감각을 자각하라. 몸의 느낌에 집중하라. 옷과 접촉하는 곳이나 바닥과 닿는 지점에서 몸이 어떻게 느껴지는지 주목하라.
4. 왼쪽 발가락에 집중하고 어떻게 느껴지는지 자각하라. 발가락에 집중하면서, 마치 발가락으로 숨을 들이마시고 내쉬는 것처럼 호흡을 발가락으로 이동시켜 느낌을 자각하라. 처음에는 코에서부터 배로, 그다음에는 발가락으로 내려가는 호흡의 감각을 상상하라. 발가락으로 호흡하는 감각에만 집중하라. 이런 경험을 할 수 없다면, 그것을 알아차리기만 하면 된다. 그래도 괜찮다. 이런 감각을 느끼지 못하는 것이 당신의 진짜 경험이다. 판단할 것은 아무것도 없다.
5. 천천히 호흡하면서 머리부터 발끝까지 집중하는 부위를 천천히 옮겨간다.

바디스캔의 목적은, 무엇이든 지금 일어나는 경험을 알아차리는 것이다. 정답이 있는 시험이 아니다. 무엇을 경험하든 판단하지 않으면서 마음챙김하고 수용하는 법을 배울 수 있는 귀중한 기회다. 전체적이거나 부분적인 바디스캔을 최소한 2주 동안 하루에 20~30분 동안 할 것을 권한다. 마음챙김의 능력이 점점 커지는 것을 느끼게 될 것이다. 궁극적으로는 '외적인' 신체를 수용하는 데 이 능력이 어떻게 도움이 되는지 알게 될 것이다.

일상에서 마음챙김하기

일상에서 반복적인 일과 과제를 수행하면서도 마음챙김을 함양할 수 있다. 너무 익숙해서 아무 생각 없이 자동적으로 하게 되는 일을 하면서 마음챙김을 해보자. 다음에 몇 가지 예를 제시하겠다.

- 앉기와 서기
- 무작위 방향으로 방 안을 돌아다니기
- 계단 오르내리기
- 샤워하기
- 이 닦기
- 바닥 닦기
- 물 한 잔 마시기
- 고양이나 강아지 쓰다듬기
- 옷을 입거나 벗기
- 요리하기
- 먹기
- 설거지하기
- 음악 듣기
- 정원 가꾸기
- 빗속을 걷기
- 사랑하기

이런 행동에 대해 마음챙김하는 수련을 하게 되면 정신적이고 감각적인 경험에 집중해서 지금 여기에 머물게 될 것이다. 주의가 다른 곳으로 옮겨가더라도 판단하지 않는다. 이것이 바로 마음이 하는 일이기 때문이다. 마음은 방황한다. 그러니 그저 마음이 움직이는 대로 지켜보고 나서 하던 행동으로 다시 주의를 가져오면 된다.

이 연습은 마음챙김과 수용의 삶을 창조하도록 도와주는 작은 예시일 뿐이다. 이 책의 6단계에서 심신 이완 훈련을 배우고 나면 자신의 경험에 대해 마음챙김과 수용이 더 잘 이루어질 것이다. 마음챙김과 수용을 증진시키는 데 유용한 책을 더 읽어보고 싶으면 이 책 말미에 수록된 추천 자료를 참고하라.

이제 매우 특별한 활동을 소개하려고 한다. 이 활동을 통해 당신의 바디이미지에 마음챙김과 수용을 바로 적용할 수 있을 것이다.

거울 앞에서 더 이상 판단하지 않기

한 번은 설문조사에서 "거울 앞에서 당신은 무엇을 보나요?"라고 물어본 적이 있다. 그러자 다음과 같은 대답이 나왔다.

내가 아주 싫어하는 것만 눈에 들어와요. 난 내 허벅지가 싫어요. 엉덩이도 맘에 안 들어요. 입도 너무 커요. 외모 관리에 시간을 많이 들일 필요가 없으면 좋겠어요. 내일부터 운동을 시작할 거예요. (25세 백인 여성)

거울에 비친 모습이 나라고 말하고 싶지 않아요. 어릴 때도 내 몸을 좋아하지 않았어요. 10대에도 정말 싫어했어요. 어른이 되어서는 못생기고 뚱뚱한 몸을 경멸해왔어요. 누구하고라도 내 몸을 바꾸고 싶어요. (45세 백인 남성)

날씬하고 건강해 보이는 여자를 봐요. 그런데 눈을 보는 순간 기분이 확 나빠져요. 눈 아래에 자라고 있는 이 자루를 어떻게 해야 하죠? 뭐 그래도 서른세 살치고는 괜찮아 보여요. 쉰 살이나 예순 살이 되면 무엇을 보게 될까요? 아, 정말 끔찍해요! (32세 백인 여성)

그냥 평범한 남자가 있어요. 체격이 더 컸으면 좋겠어요. 모발이 더 굵었으면 좋겠고요. 키도 5센티미터 정도 더 컸으면 좋겠어요. 내가 왜 스스로를 속이고 있죠? 저는 평균보다 못난 놈이에요. 저는 평균이면 족해요. (26세 아프리카계 미국인 남성)

늙고 초라한 인간을 봐요. 어째서, 언제 내가 이렇게 변해버린 거죠? (63세 백인 남성)

오른손에 큰 흉터가 있는 키 크고 체격 좋은 젊은 남자를 봐요. 그 흉터만 없었다면, 저는 세상에서 가장 행복한 사람이 됐을 거예요. (19세 백인 남성)

꽤 괜찮아 보이는 여자를 봐요. 단지 옷을 벗으라고는 말하지 말아요. 그럼 이야기가 달라질 거예요. 못생긴 부위는 절대 보여드리지 않을 거예요. (41세 히스패닉계 여성)

소녀처럼 보이는 여자를 봐요. 유두가 크지 않았더라면 아마 가슴이 없었을 거예요. (31세 백인 여성)

꽤 매력적인 젊은 숙녀를 보고 있는데, 나는 그녀가 매력적이지 않은 이유를 끊임없이 찾고 있네요. (28세 백인 여성)

점점 벗어지는 머리와 여드름 자국이 있는 말라빠진 남자를 봐요. 한 마디로 루저인 거죠! (31세 히스패닉계 남성)

내가 되고 싶은 (그러나 될 수 없는) 나를 봐요. 부자! 코를 성형수술하고, 치아 교정을 하고 턱을 깎고, 전문가에게 메이크업과 머리를 맡길 정도로 돈이 많은 부자요. 멋있는 옷도 사 입고요. 계속 꿈꿔요! 그런데 그냥 평범한 인생을 살다가 죽겠죠? (33세 백인 여성)

모래시계와 같은 몸매에 키 작은 소녀를 봐요. 모래가 전부 아래쪽에 있어요. (19세 백인 여성)

내게 보이는 건 휠체어에 앉아 있는 마른 다리의 남자예요. 불운하게도 그게 다른 사람들이 보는 내 모습이라는 걸 알아요. (48세 아시아 남성)

살을 빼야 하는 내 모습을 봐요. 이 두꺼운 팔뚝 살을 어떻게 감추죠? 왜 나는 다른 여자들처럼 날씬하고 예쁘지 않은 거죠? (22세 백인 여성)

거울을 들여다볼 때, 아무것도 보지 않아요. 왜냐하면 눈을 뜨기가 너무 무섭거든요. 죄송해요. (19세 태평양제도의 여성)

여드름과 터질 것 같은 볼을 봐요. 우웩! (19세 백인 여성)

거울아, 거울아, 누가 세상에서 제일 예쁘니? 나는 아니지?! (38세 히스패닉계 여성)

현재 거울에 비친 모습

당신은 거울을 들여다볼 때 무엇을 보는가? 마음챙김과 수용을 어떻게 적용하는지 배우기 전에, 이 질문에 먼저 대답해보라. 5분 정도 혼자 전신거울 앞에 서보자. 목욕이나 샤워를 한 뒤에 속옷만 입고 자신을 보라. 무엇을 보고 있는지, 머릿속을 지나가는 생각은 무엇인지, 어떤 정서를 자각하는지 알아차려보라. 다음 쪽 자기발견 헬프시트에 이 경험을 기록하라.

거울에 비친 내 모습을 마음챙김하기

당신이 앞에 나오는 사람들과 비슷한 점이 많다면, 거울에 비친 자신의 모습을 바라보는 시선이 편견에 차 있거나 비판적이거나 또는 아무 생각이 없을 것이다. 부정적인 바디이미지 때문에 자신의 외모에서 '안 좋은 점', 그러니까 당신이 가장 걱정하는 부위에 꽂혀 있는 것이다. 이것이 바디이미지의 '분쟁 지대'다. 거울에 비친 모습 중에 외면하는 외모의 사각지대가 있다는 것 또한 편견을 가지고 있음을 의미한다.

당신은 자신의 모습을 보며 단순히 관찰만 하는 게 아니라 비판적으로 평가할 것이다. 심한 단어를 떠올릴 수도 있다. '뚱뚱한', '못생긴', '역겨운', 또는 앞에서 인용한 사람들과 비슷한 단어를 사용할 것이다. 이 경험은 당연히 불쾌함, 혐오, 절망을 느끼게 한다. 어쩌면 보고 싶어 하는 몸과 현재 보고 있는 몸을 비교할 수도 있다. 그 결과 당신은 지금 보고 있는 몸을 변화시키거나 특정한 부위를 감추는 식으로 '수정하는' 방법을 생각할 수도 있다. 현재에서 벗어나 과거에 실망스러웠던 몸을 떠올리거나, 외모를 판단하는 방식 때문에 일어날 수 있는 일을 예상할지도 모른다. 이런 판단과 불편한 감정 때문에 자신의 모습을 거울에 비춰보고 싶지 않을 수도 있다.

마지막으로 생각 없이 거울을 들여다볼 수도 있다. 뒤로 물러서서 자신의 생각과 감정을 객

자기발견 헬프시트: 거울에 비친 모습

당신은 거울을 볼 때 무엇을 보는가?

거울에 비친 당신의 모습을 볼 때 어떤 생각이 드는가?

거울에 비친 모습을 볼 때 당신은 어떤 정서적인 반응을 하는가?

관적으로 관찰하는 게 아니라 생각과 감정에 반응하고 있는 것이다. 당신은 자신의 마음 안에 있지 '마음 밖'에 있는 게 아니다. 당신이 마음을 통제하는 게 아니라, 오히려 마음이 당신을 통제하고 있다.

이제 거울에 비친 당신의 모습을 바라보는 데 마음챙김과 수용을 적용할 시간이 되었다. 이것은 바보 같고 사소한 과제가 아니다. 자신의 몸을 경험하는 방식을 변화시킬 수 있는 중요한 기회다. 이 훈련이 바디이미지에 문제를 겪고 있는 사람을 변화시킬 수 있다는 사실은 이미 과학적 연구들이 입증했다(Delinsky and Wilson 2006; Hilbert, Tuschen-Caffier, and Vögele 2002; Key et al. 2002). 이 '거울 노출' 경험이 특히 중요하고 유용하다. 일상생활에서 경험하는 바디이미지의 축소판이기 때문이다. 따라서 마음챙김과 수용을 적용하는 연습은, 거울을 벗어나 어디든 지니고 다닐 수 있는 새로운 마음가짐을 계발하기 위한 뛰어난 훈련 방법이다.

이제 거울에 비친 모습을 단계별로 마음챙김하도록 안내할 것이다. 총 4회기로 구성되어 있는데, 각 회기에 20여 분 정도 할애하는 것이 좋다. 한 회기가 끝나면 변화를 위한 헬프시트에 경험을 적는다.

거울에 비친 모습 마음챙김하기

1회기

- 온전히 혼자 있을 수 있고 방해받지 않는 곳에서 전신거울 앞에 선다. 옷은 평소처럼 입으면 된다.
- 거울 앞에 서서 2분 동안 머리부터 발끝까지 바라본다. '분쟁 지대'를 확대해 보거나 사각지대를 외면하지 말고, 몸의 각 부분을 보도록 하라. 당신의 몸을 앞과 옆, 뒤에서 보라.
- 이제 머리부터 발끝까지 각 부위의 특성을 묘사하라. 이때 큰 소리로 묘사하라. 당신의 생김새를 알고 싶어 하는 시각장애인이나, 당신을 보지 않고 그려야 하는 화가에게 설명하듯이 묘사하라.
- 평가하거나 비판하지 말고 객관적으로 묘사하라. 색, 질감, 크기, 모양, 균형 등에 대해 묘사하라. 주관적인 비판이나 과장하는 단어, 예를 들어 '못생긴 얼굴', '역겨운', '땅딸막한', '앙상한 다리', '거친 머릿결', '작은 눈', '뚱뚱한 엉덩이' 같은 표현은 사용하지 마라. 판단이나 비판이 들어갔다는 사실을 자각하면, 잠시 멈추고 더 객관적이고 사실적인 용어를

사용하라.

- 계속해서 모든 각도에서 몸을 바라보라. 놓친 부위나 특징이 있다는 것을 자각했다면, 판단하지 말고 객관적으로 묘사하라.
- 거울에 비친 당신의 모습을 부분이 아니라 전체적으로 조용히 1분 동안 보는 것으로 회기를 마무리한다.
- 이 회기를 진행하는 동안 특정한 모습을 바라보고 묘사하는 순간에 경험하는 모든 감정을 자각하라. 감정에만 주목해서 큰 소리로 묘사하라. 예를 들어 "나는 행복한 감정을 느껴" 혹은 "나는 불안을 느껴"라고 표현하라. 그런 다음 주의를 다른 부위로 옮겨서 그 부분을 객관적으로 묘사하라.

2회기

- 1회기에서 했던 것을 반복하라. 이번에는 거꾸로 발끝부터 머리까지 이동하고, 다시 자신의 몸을 앞, 옆, 뒤에서 보라. '분쟁 지대'와 사각지대 모두에 주의를 기울이는 걸 잊지 마라.
- 마지막으로, 자신의 몸을 부분이 아니라 전체적으로 3분 동안 조용히 바라보라.

3, 4회기

- 이번에는 옷을 다르게 입는다. 그 외에는 1, 2회기에서 했던 방법과 똑같다. 노출이 더 많은 옷을 입어보자. 속옷만 입는 것이 가장 좋다. 속옷차림이 불편하다면 짧은 바지, 편안하고 가벼운 옷, 민소매 상의를 입어라.
- 3회기는 1회기의 지시사항을 따른다.
- 4회기는 2회기의 지시사항을 따른다.

변화를 위한 헬프시트: 거울에 비친 모습 마음챙김하기

각 회기에서 당신이 경험한 것을 묘사하라. 어떻게 느꼈는가? 무엇을 알았는가?

1회기
_____
_____
_____
_____

2회기
_____
_____
_____
_____

3회기
_____
_____
_____
_____

4회기
_____
_____
_____
_____

외모 때문에 우울한 게 아니다

1단계에서는 바디이미지 개인 분석표를 통해서 자기발견의 내용을 요약해보았다. 개인 분석표는 자신의 바디이미지에 대해서 어떻게 생각하고 느끼고 행동하는지를 보여준다. 그러나 바디이미지의 고통과 관련한 각 사건이나 에피소드에는 특정한 상황이나 사건에 반응할 때 드러나는 구체적인 생각과 감정, 행동이 존재한다. 바디이미지를 변화시키기 위해서는 고통스러운 에피소드를 상세히 검토하고 이해해야 한다. 이렇게 하려면 바디이미지가 드러날 때마다 동영상으로 기록하듯이 구체적으로 일기를 써야 한다.

당신의 경험을 잘 관찰해서 바디이미지 다이어리에 기록하는 방법을 알려줄 것이다. 이 방법에서는 거울에 비친 모습을 마음챙김하는 연습이 기본이 된다. 자기관찰과 다이어리 쓰기의 목적은 바디이미지에 관한 생각과 감정을 정확히 아는 것이고, 그것이 매일 당신에게 어떤 영향을 미치는지 마음챙김에 기반해 이해하고 수용하도록 돕기 위함이다. 이런 종류의 자기발견이 바디이미지를 수용하는 데 유용하다는 것이 연구에서 입증되었다(Cash and Hrabosky 2003).

마음챙김에 기반한 자기관찰

자신의 마음과 행동을 객관적이고 정확하게 관찰하는 법을 배운다면 개인적인 문제를 해결할 수 있다는 게 심리치료의 기본 원칙이다. 부정적인 감정에 더 이상 휘둘리고 싶지 않다면, 주관적인 경험에서 한 걸음 물러나서 아래와 같은 기본적인 질문을 스스로에게 할 수 있어야 한다.

- 나는 무엇을 느끼고 있는가?
- 어떤 일이 있었기에 내가 이런 식으로 느끼나?
- 이 상황에서 나는 나 자신에게 어떤 말을 하고 있는가?
- 나는 이 경험에 대해 어떤 행동으로 반응하고 있는가? (또는 반응하고 싶은가?)

마음챙김에 기반한 자기관찰이란 이렇게 질문하고 대답하는 과정이다. 자기관찰은 스스로를 엿듣는 것과 유사하다. 자신이 경험하고 있는 구체적인 측면에 의식을 집중해서 무슨 일이 일어나는지를 명확하게 관찰한다. 바디이미지에 관련한 감정이 느껴질 때, 자신이 느끼고 있는 정서가 무엇인지 구체화한다. 이렇게 정서를 자극하는 상황에서는 어떤 일이 일어나는지 정확하게 찾아낸다. 마음을 스쳐 지나가는 생각과 지각에 객관적으로 귀를 기울인다. 또한 이런 생각과 정서에 자신이 어떻게 반응하고 행동하는지 관찰한다.

마음챙김에 기반한 자기관찰은 일종의 기술이고, 기술은 연습을 통해서만 발전한다. 부정적인 바디이미지를 가지고 있는 사람은 마음이 상했다는 것과 자신의 불행이 외모 탓이라는 점에만 초점을 맞춘다. 그러면 그동안 해오던 방식으로 느끼고 행동할 뿐이다. 자동 반사적으로 반응하기 때문에 자신의 경험을 객관적으로 해부하기 위해 한 걸음 물러서는 일은 결코 없다.

자기관찰을 하고 있지만 도움이 되지 않는다고 주장하는 사람이 많다. 그들은 "나는 항상 내 외모를 분석하고 있어. 내 몸에 대해 얼마나 형편없는 기분을 느끼는지 내 기분에 집중하고 있어"라고 이야기한다. 외모를 지나치게 의식하거나 감정에 깊게 빠져드는 것은 자기관찰이 아니다. 그것은 사실 바꾸어야 하는 문제 중 하나다.

변화하기 위해서는, 자신의 경험을 좀 더 객관적인 시각으로 바라볼 수 있어야 한다. 오랫동안 자신의 외모를 혐오해왔다면, 외모와 자기혐오를 분리시키기 어렵다. 게다가 자신의 외모가 문제라고 스스로를 설득해왔다면, 바디이미지에 대한 고통이 타당해 보일 것이다. "내 끔찍한 외모 때문에 기분도 끔찍한 거야"라고 주장하게 된다. 시간이 지나면 당신이 틀렸다는 것을 알게 될 테니, 나와 함께 견디자. 시간을 가지고 훈련하면, 개방적이고 지각력 있으며 객관적인 시각으로 현실을 관찰하게 된다. 그러면 자기혐오나 부정적인 바디이미지에서 벗어날 수 있을 것이다.

에피소드

어떤 사람들은 바디이미지에 관한 고통스러운 일화가 없다고 주장한다. 내가 그 개념을 설명하면 '인생이란 거대하고 멈추지 않는 하나의 에피소드'라는 것을 알게 된다. 여기서 말하는 에피소드가 무슨 뜻인지 설명하면 이렇다. 당신이 코, 몸무게, 다리를 '항상' 싫어한다고 말한다 하더라도, 그것에 대해서 끊임없이 생각하는 것도 아니고, 계속 속상해하는 것도 아니다. 잠자고 있는 용처럼, 당신의 불만은 어느 때는 잠들어 있고, 또 어느 때는 불과 연기를 내뿜는다. 어떤 일이 발생하면 불만이 깨어나는 것이다. 당신이 어떤 일을 곱씹으면 정서가 자극되어 기분이 나쁘고 우울해진다. 당신의 의식 속에 들어온 이 골치 아픈 특정 사건을 나는 바디이미지 에피소드라고 부른다.

바디이미지의 ABC 배우기

고장 난 레코드처럼 끝없이 반복되는 에피소드를 경험한 적이 있을 것이다. 그렇다면 잠시 시간을 가지고 반복이 심한 최근의 에피소드를 떠올려보자. 각각의 에피소드에서 세 가지 요소를 가려내 바디이미지 다이어리에 기록할 것이다. 다음 세 가지 요소는 ABC로 구성되어 있다. 이것은 지금 여기의 바디이미지 경험을 묘사한 〈그림 3.1〉을 설명하는 것이다.

1. A는 활성화시키는 선행사건Activator이다. 어떤 사건이 외모에 대한 감정을 일깨우거나 촉발했는가? 다이어리에 그 상황에 대해 그리고 고통을 느끼기 직전에 일어난 일을 간결하고 구체적으로 묘사해보자.

2. B는 신념Belief으로, 그 당시 마음속에 떠오른 사건으로 인해 활성화된 생각과 해석을 의미한다. 자기 자신과 했던 마음의 대화 테이프를 다시 재생시켜라. 당신은 어떻게 그 상황을 바라보고 있었는가? 그 사건에 대해 자신에게 무슨 말을 하고 있었는가? 그 사건의 실제 맥락에서 생각을 떠올리기가 어려울 수 있다. 다음과 같이 빈칸 채우기를 통해 상기시켜보라. "나는 _____를 생각하고 있었어." 또는 "나는 아마 _____를 생각하고 있었을 거야."

3. C는 생각과 신념의 결과Consequence다. 당신은 정서적으로 어떻게 반응했는가? 어떻게 행동했는가?

바디이미지 다이어리의 결과(C) 부분은 다음 네 가지에 의거해 에피소드를 기술한다.

첫째, 그 상황에서 느낀 정서의 유형이다. 자의식, 불안, 화, 우울, 부끄러움, 혐오, 질투, 수치, 뒤엉킨 감정 등으로 자신이 느꼈던 정서를 구분하라.

둘째, 정서의 강도다. 0(전혀 강하지 않았다)부터 10(극도로 강했다)까지 숫자로 점수를 매겨라.

셋째, 에피소드의 지속성이다. 고통이 얼마나 오래 지속되었는가? 감정이 현저하게 괜찮아질 때까지 몇 분 혹은 몇 시간이 걸렸는가?

넷째, 에피소드가 행동에 미친 영향이다. 이쯤에서 우리는 반사적인 행동을 하게 되는데, 느끼고 싶지 않은 정서를 방어하거나 대처하기 위해서다. 당신은 그 상황에서 벗어나려고 노력했는가? 시무룩해져서 물러났는가? 아니면 자신이 불편해하던 신체부위를 수정하거나 감추려고 했는가? 다른 사람이나 자신에게 분풀이를 했는가?

당신이 느낀 정서가 강렬하고 오래 지속될수록, 행동의 여파가 클수록 에피소드는 더 강력해서 마치 요동치는 파도에 휘발려느는 것과 같다.

바디이미지 다이어리 쓰는 법

바디이미지 다이어리는 바디이미지로 인한 어려움을 해결하고 외모를 수용하는 법을 배울 수 있는 중요한 도구다. 이 장의 마지막에 있는 변화를 위한 헬프시트는 바디이미지의 부정적인 에피소드에서 ABC를 관찰해서 분석하고 기록하는 형식을 보여준다. 개인적인 노트에 일기 형식으로 쓰면 된다.

회고적인 자기관찰

바디이미지의 부정적인 정서가 자신을 관찰하는 것을 방해할 수 있기 때문에, 가까운 과거의 경험을 관찰하는 것부터 시작하자. 머지않아 당신은 불편한 에피소드가 일어나는 중에 즉시 새로운 능력을 사용할 수 있게 될 것이다. 자, 당신에게 세 가지를 권한다.

1. 바디이미지 다이어리에 에피소드를 기록하는 방법을 보려면, 빈 양식지 앞에 있는 두 개의 예시를 살펴보라.
2. 1단계로 가서 '바디이미지로 인한 고통 테스트'와 '바디이미지 생각 테스트'에 당신이 기록한 답을 다시 확인해보자. 괴로운 결과(C)를 만들어낸 선행사건(A)과 신념(B)이 무엇이었는지 알게 될 것이다.
3. 바디이미지의 ABC를 찾아내는 데 도움을 받으려면 가까운 과거의 에피소드 다섯 개 이상을 바디이미지 다이어리에 채워라. 각각의 경험을 마음속으로 다시 만들어내라. 눈을 감고 그 상황을 그려보라. 부정적인 바디이미지를 촉발한 사건과 당신의 생각, 감정, 행동에 대해 마음의 테이프를 재생시켜라.

과거 에피소드의 ABC를 분석하고 나면 자기관찰을 위한 준비가 된 것이다.

지금 여기에서 자기관찰하기

최소 나흘이나 닷새 동안 일어난 모든 에피소드를 관찰하라. 이 단계에서 마음챙김과 수용에 관해 배운 것을 적용하라. 에피소드가 전개될 때 ABC를 그저 관찰하라. 외모에 대한 감정을 활성화시킨 사건을 주의 깊게 살펴보라. 에피소드를 변화시키려고 하지 마라. 그저 흘러가게 내버려두면서, 판단하지 말고 관찰하라. 그 경험에 대한 자신의 생각에 귀를 기울여라. 당신의 정서에 주의를 기울여라. 그것은 무엇인가? 얼마나 강한가? 당신의 생각과 감정에 반응해서 무엇을 하고 있는가? 무엇을 하고 싶은가?

이제 가능한 한 빠르게 바디이미지 다이어리를 작성하라.

바디이미지의 경험에 대해서 마음챙김과 수용의 관점을 습득하는 일은 하룻밤 사이에 가능한 게 아니다. 이 장에서 배운 것을 삶에 통합시켜야 한다. 삶의 일부가 될 수 있도록 다양한 연습을 반복하고 훈련해야 한다. 바디이미지 다이어리를 매일 꾸준히 쓰게 되면 이 같은 경험이 어떻게 흘러가고 어떻게 변화하는지 점점 더 많이 알아차릴 수 있다.

3단계를 마무리하면서, 이 단계의 핵심이 담긴 불교의 경구를 당신과 나누고 싶다.

건강한 마음과 몸의 비결은
과거를 애도하거나 미래를 걱정하는 것이 아니며,
문제를 예상하는 것도 아니고,
현재의 순간을 현명하고 성실하게 사는 것이다.

또한 마음챙김과 수용을 기반으로 한 삶과 바디이미지를 일깨우고 도와줄 유용한 책들을 나누고 싶다. 3단계에서 언급한 추가 자료를 보려면 추천 자료 중 마음챙김과 수용 목록에서 참고하기 바란다.

변화를 위한 헬프시트: 캐럴의 바디이미지 다이어리

날짜: 7월 20일

바디이미지 경험의 ABC

A. 선행사건(바디이미지를 자극한 사건과 상황):

수영복을 입어야 하는 수영장 파티에 참석해서 다른 사람들, 특히 남자들 앞에서 점심을 먹었다.

B. 신념(내 외모와 나 자신에 대한 생각과 해석):

거기에 있는 다른 여자들에 비해 나는 뚱뚱하고 축 늘어졌다고 계속 생각했다. 정말이지 투명인간이 되고 싶었다. 수영복 입은 내 모습을 보고 남자들이 어떻게 생각할지 궁금했다. 분명 역겹다고 생각했겠지? 내가 먹는 모습을 봤다면 '저러니 뚱뚱하지'라고 생각했겠지? 내내 살을 빼야겠다는 생각만 했다.

C. 결과

    정서 유형: 불안, 자의식, 절망, 나 자신에 대한 분노

    정서의 강도(0부터 10까지): 9

    에피소드 지속 시간: 거기 있었던 시간 동안(4시간)

    에피소드가 내 행동에 미친 영향: 나는 조용해졌고 가장 친한 친구인 샤론 외에는 다른 사람들과 거의 이야기하지 않았다. 나는 아무것도 먹지 않았다(와인만 너무 많이 마셨다). 수영장 안으로 들어가지도 않았다. 대부분의 시간 동안 몸에 타월을 두르고 있었다. 파티가 끝나기 전에 샤론과 함께 그 자리를 떠났다.

변화를 위한 헬프시트: _____의 바디이미지 다이어리

날짜: 월   일

바디이미지 경험의 ABC

A. 선행사건(바디이미지를 자극한 사건과 상황):

B. 신념(내 외모와 나 자신에 대한 생각과 해석):

C. 결과

정서 유형:

정서의 강도(0부터 10까지):

에피소드 지속 시간:

에피소드가 내 행동에 미친 영향:

4단계

당신을 괴롭히는
은밀한 바디토크

당신은 이번에도 당신 자신에게 이야기하고 있는가? 당연히 그럴 거다! 우리는 모두 마음이라고 하는 사적인 공간 안에서 자신에게 이야기한다. 이것을 내적 대화 또는 마음의 대화라고 부른다. 이 소리 없는 대화는 생각으로 구성되어 있다. 생각은 실제 일어났거나 잠재적인 사건에 대해 당신이 인식하고 해석한 내용이다. 마음의 대화는 자기 진술, 즉 자신에 대한 생각과 추론 또는 결론을 포함한다. 앞의 3단계에서 당신은 내면의 대화에 대해 더욱 민감해지는 연습을 했을 것이다.

내면의 대화는 종종 자기 자신에게 말하고 있다는 것을 의식하지 못한 채 이루어진다. 이 과정은 몸에 배어 있어서 자동적으로 일어난다. 의도적이고 의식적인 생각이 아니다. 습관적으로 일어나는 생각은 그냥 일어나고, 어떤 의미에서는 아무 생각이 없다. 자신이 생각하고 있다는 것을 자각하거나 생각하지 않기 때문이다.

당신이 내면의 대화를 자각하지 못함으로써 저지르게 되는 명백한 잘못은 자신의 마음을 자신이 모른다는 것이다. 소리 없는 추측, 생각, 해석, 느끼고 행동하는 방식 사이의 중요한 연결을 보지 못한다. 보통 당신은 내면의 대화가 일으키는 정서에만 주목한다. 결국 모든 감정이 부정적이고 강렬해진 뒤에야 그것을 처리하게 되는 것이다. 마음의 테이프를 되돌려보면서 길을 잃게 만든 내면의 대화를 면밀하게 객관적으로 듣는 경우는 드물다. 그것이야말로 반드시 해야 하는 일인데도 말이다.

일란성 쌍둥이의 서로 다른 바디토크

부정적인 바디이미지를 극복하기 위해서는 먼저 내적인 대화, 특히 외모에 관한 내면의 대화를 마음챙김함으로써 알아차려야 한다. 나는 내면의 대화를 바디토크Body Talk라고 부른다. 운 좋게도 당신은 이미 훈련을 하고 있다. 3단계를 끝낸 후부터 당신은 바디이미지 경험의 ABC인 선행사건(A), 신념(B), 결과(C)를 관찰하고 기록하고 있었을 것이다. 당신은 생각과 느낌을, 절대적인 진실이나 피해야 할 것으로 대하지 않고, 있는 그대로 관찰하고 받아들이기 시작했다. 신념(B) 단계가 달라지니 선행사건으로 인해 활성화된 정서적 반응도 달라질 것이다. 이것은 또한 당신이 불쾌한 정서를 느낄 때 이에 맞서서 스스로를 방어하는 방식에도 영향을 미칠 것이다. 물론 B는 편향되고 비합리적이고 자기패배적인 바디토크가 일어나는 마음의 한 부분이다.

다양한 유형의 바디토크가 얼마나 결정적인지 설명해보겠다. 케리와 셰리는 일란성 쌍둥이다. 어느 날 그들은 헬스클럽 탈의실에 있었다. 운동을 마친 후라 둘 다 기분이 좋았다. 옷을 갈아입고 그들은 잠시 동안 거울을 들여다보았다. 그때부터 케리는 갑자기 기분이 우울해졌다. 반면 셰리는 자신에 대해 상당히 낙관적이어서 자신감을 느끼며 걸어 나갔다. 두 여성이 똑같이 생겼다는 사실을 고려한다면, 여기서 무슨 일이 일어났는지 궁금할 것이다.

여기서 일어난 일은 쌍둥이가 각자 거울을 보면서 자신과 바디토크를 나눈 것이었다. 케리의 바디토크는 '세상에, 난 너무 못생겼어. 내 모습이 정말 싫어. 5킬로그램을 빼지 않으면 누구도 나를 좋아하지 않을 거야. 저 터질 것 같은 살찐 볼을 봐. 다들 날 역겹다고 생각할 거야'라고 말했다. 케리가 바디토크를 끝내고 거울 앞을 떠나면서 비참한 기분을 느낀 건 결코 놀라운 일이 아니다.

일란성 쌍둥이인데도 셰리의 바디토크는 완전히 달랐다. 그녀의 바디토크는 이렇게 진행됐다. '와, 나 오늘 꽤 괜찮아 보여. 새 립글로스가 정말 맘에 들어. 내 건강한 치아를 드러내고 활짝 미소 짓고 싶은걸. 파란 셔츠는 내 파란 눈을 돋보이게 해주는 것 같아. 난 파란색이 정말 좋아. 좀 더 살을 빼면 좋겠지만, 이대로도 좋아. 오늘 운동할 때 정말 에너지가 넘치는 것 같았고 기분도 최고야.'

당신의 바디토크는 누구와 더 유사한가? 케리처럼 악의적인 말과 무시무시한 예언으로 자신을 괴롭히는가? 당신이 다이어리에 기록한 대화가 자신을 경멸하고 있지는 않은가? 자기비하적인 바디토크를 바꾸기 위해 당신은 또 다른 중요한 질문을 해야 한다. '나는 나에게 왜 이렇게 하고 있나? 왜 이렇게 나를 비하하는 걸까?'

내가 그 이유를 말해주겠다. 자, 쌍둥이 자매에게 돌아가서 이 질문을 해보자. 케리의 바디토크는 처음부터 끝까지 부정적이고 자기비하로 가득한 반면, 셰리는 왜 자신감 넘치고 즐거운 내면의 대화를 했는가? 부모와 친구들이 케리보다는 셰리에게 더 호의적으로 대했을 거라고 추측해볼 수도 있다. 어쩌면 사람들이 셰리를 더 좋아하고 그녀의 외모를 더 칭찬했을지도 모른다. 여섯 살 때 아버지가 그녀에게 '내 작은 다람쥐'라는 별명을 붙여준 것이 시작이었는지도 모른다. 케리가 셰리보다 10대 때 여드름으로 더 고생했을 수도 있다. 어쩌면 케리의 남자친구가 '치어리더 같은 외모'를 좋아해서 그녀에게 살 좀 빼라고 잔소리를 했을 수도 있다.

어쩌면, 어쩌면, 어쩌면… 바디토크가 달라지게 된 쌍둥이의 개인사를 계속 추측해볼 수 있다. 몇 가지 추측은 맞을 수도 있다. 사실 불쾌한 사건이 바디이미지와 스스로에 대한 생각에 지속적으로 영향을 미칠 수 있다. 이 책 2단계에서 소개한 개인적인 경험들이 어쩌면 당신의 이야기일 수도 있다고 생각한다. 그런 불행한 사건이 당신에게 뭔가를 가르쳐줬을 수도 있다. 제 스스로 자라나서 당신 안에 여전히 남아 있는 어떤 것을 말이다. 이 '무엇인가'가 바디토크를 부정적으로 만들고 바디이미지에 관련해 고통을 일으킨다. 이제 이 '무엇인가'가 정확히 무엇이고, 당신이 이에 관해 할 수 있는 일은 무엇인지 설명하겠다.

외모에 대한 잘못된 가정

트라우마가 되는 모욕('이봐, 코끼리녀', '갈비씨 좀 봐')이나 가족 메시지('언니 좀 봐라, 얼마나 예쁘니?', '넌 안색이 형편없구나', '넌 땅딸막해서 다이어트 좀 해야겠어'), 또는 문화적 사회화('날씬한 여자가 인기 있고 여성적이다', '상남자는 근육질이다') 때문이든 아니든, 우리는 살아가면서 자신의 외모에 대해 특정한 신념과 가정을 갖게 된다. 심리학자들은 이 같은 핵심 가정을 스키마라고 부르는데, 스키마를 통해 현실을 해석하는 방법이 결정된다. 스키마는 일종의 지침처럼 작용해서 우리가 무엇에 주목하는지, 인생에서 생기는 일을 어떻게 생각하는지, 자신에 대해 어떻게 생각하는지에 영향을 미친다. 스키마는 우리의 일부가 되어, 더 이상 의식하지 않고 당연한 것으로 받아들임으로써 의심 없이 '자명한 진실'이라고 여기게 된다.

당신 역시 사랑과 인간관계, 성공과 실패, 젠더 또는 인종에 관해 다양한 스키마를 가지고 있다. 또한 자신의 신체 특성을 바라보는 스키마도 가지고 있다. 나는 이런 셀프 스키마self schemas를 '외모에 대한 가정'이라고 부른다. 외모에 대한 가정은 외모가 삶에 미치는 영향력과 관련성에 대한 핵심적인 신념이다. 그것은 당신이 어떻게 생겼는지에 근거해서 당신과 당신의 가치까지 규정하게 된다. 아마도 당신은 그 가정이 얼마나 정확한지 끝없이 의문을 제기할 것이다. 외모에 대한 가정이 근거 없다는 증거들을 무시하거나 거부하면서 말이다. 외모에 대한 가정은 바디이미지의 지배자이면서 눈금자라는 두 가지 의미를 가지고 있다. 바디토크에 대해서는 독재자이면서, 신체에 대한 수용 능력을 측정하는 척도이기도 한 것이다.

아래의 〈그림 4.1〉은 외모에 대한 가정이 어떻게 외모와 관련된 정서로 이어지는지 보여준다.

〈그림 4.1〉가정에서 감정으로

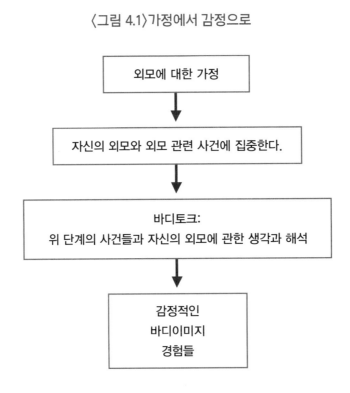

이 책 1단계에서 실시한 셀프테스트 중에 외모의 중요도 평가는, 자존감을 위해서 외모에 투자한다는 외모에 대한 가정의 지표를 제공했다. 바디이미지 분석표로 돌아가서 셀프테스트 결과를 확인해보자. 당신의 점수가 위험 범위나 문제 범위에 속한다면, 4단계에서 많은 도움을 받을 것이다.

외모에 대한 가정이 불만을 유발하는 방식

내 컴퓨터에는 바디이미지 셀프테스트에 응답한 수백여 명의 연구 데이터가 저장돼 있다. 이 사람들을 두 집단으로 나누었다. 첫 번째 집단은 '가정에 동조하는 사람'으로, 외모의 중요도 테스트에서 외모에 대한 대부분의 가정에 동의한 사람들이다. 두 번째 집단은 '가정을 의심하는 사람'으로 대부분의 가정에 동의하지 않는 사람들이다. 나는 또 다른 세 가지 셀프테스트 결과를 분석해서 바디이미지로 인한 괴로움이 각 집단에서 어떤 비율로 나타나는지, 두 집단의 비교를 통해 알아보았다. 〈그림 4.2〉의 결과는 상당히 놀랍다.

〈그림 4.2〉외모에 대한 가정이 어떻게 바디이미지에 영향을 미치나?

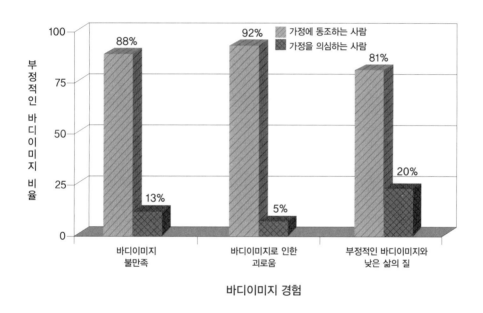

가정에 동조하는 사람들은 가정에 의문을 품는 사람들보다 바디이미지와 관련해서 더 많은 문제를 경험한다는 게 분명하게 드러났다. 가정에 동조하는 집단은 외모와 관련해서 거의 모든 부분을 불만족스러워했다. 그들은 일상에서 바디이미지로 인한 괴로움을 더 자주 느꼈다. 바디이미지와 관련해 훨씬 더 낮은 삶의 질을 경험했으며, 행복지수가 더 낮았다. 외모에 대한 가정을 의심하는 사람은 부정적인 바디이미지를 거의 갖고 있지 않았다. 자신의 외모에 대해 더 긍정적이고 수용적이며, 바디이미지로 인한 괴로움을 드물게 경험했고, 바디이미지가 자신의 생활에 긍정적으로 작용한다고 느꼈다.

가정에 동조하는 사람은 외모에 대해 생각할 때마다 마음의 평화가 깨진 반면, 가정을 의심하는 사람은 자신의 외모에 대해 더 객관적인 태도를 가진다. 4단계를 통해 당신도 가정을 의심하는 사람이 될 수 있을 것이다.

외모와 행복의 관계에 대한 강력한 가정 열 가지

바디이미지에 영향을 미칠 수 있는 외모와 관련한 수많은 가정이 있다. 여기서는 그중에서도 특히 강력한 열 가지 믿음을 살펴보고자 한다. 다음 장으로 가기 전에 먼저 아래의 자기발견 헬프시트를 완성해보자.

자기발견 헬프시트: 외모에 대한 가정 열 가지

당신이 진심으로 사실이라고 믿고 있거나 사실에 가깝다고 믿는 항목에 표시하라.

- [ ] 1. 매력적인 외모를 가진 사람은 모든 것을 다 가진 것이나 마찬가지다.
- [ ] 2. 한 인간으로서 나의 가치는 전적으로 외모에 달려 있다.
- [ ] 3. 최상의 모습을 보이기 위해 항상 할 수 있는 모든 것을 다 해야 한다.
- [ ] 4. 사람들이 나를 만나면 가장 먼저 내 외모의 결점부터 볼 것이다.
- [ ] 5. 사람들이 내 원래 외모가 어떤지 안다면 나를 덜 좋아할 것이다.
- [ ] 6. 외모를 잘 관리해야 사회적·정서적으로 더 잘 살 수 있다.
- [ ] 7. 내 인생의 많은 부분은 외모가 원인으로 작용한 결과다.
- [ ] 8. 괜찮은 외모를 가졌다면 인생이 더 행복해졌을 것이다.
- [ ] 9. 우리 사회의 문화와 미디어가 외모에 대한 불만족을 부추긴다.
- [ ] 10. 외모를 바꿔야만 내 외모를 수용할 수 있다.

가정과 대화하기: 새로운 내면의 목소리

자존감은 자신을 정직하고 정확하게 자각할 수 있는 능력에서 나온다. 자기 자신과 자신의 바디이미지에 대해 왜곡된 관점을 갖게 만드는 두 가지 심리적인 힘이 있다. 이런 힘 때문에 유의미한 변화를 이루기 어렵다.

첫 번째 요인은 자기기만이다. 정직하게 자신을 자각하게 되면 자신의 결점에 불편함을 느낄지도 모르기 때문에, 스스로를 속여 거짓된 자기수용의 느낌을 만들어내는 것이다. 예를 들어 자신의 외모를 매우 비하하는 사람이 그 사실을 얼버무리거나 부인하는데, 그 이유는 자신이 스스로를 비하하는 사람이라고 생각하고 싶지 않기 때문이다.

두 번째 요인은 자기일관성이다. 당신은 자신에 대한 관점이 절대적인 진실이라고 믿어왔기 때문에 자기인식을 일관성 있게 유지해주는 이야기만 받아들인다. 예를 들면 자신의 외모에 대해 내면에서 들리는 끔찍한 소리가 타당하다고 스스로를 설득해왔을 수 있다. 자신은 반드시 부정적인 바디이미지를 가져야 한다고 주장하는 것이다. 이런 상황이라면 자기기만과 자기일관성을 지키느라 변화의 힘을 발휘하지 못한다.

정직하고 수용적으로 자신을 자각할 수 있는 힘을 기르는 데 인지치료cognitive therapy가 도움이 될 수 있다. 이 방식은, 내가 새로운 내면의 목소리New Inner Voice라고 부르는 것을 발견해서 그 소리에 귀 기울이고 성장시키는 법을 가르쳐준다. 이 목소리는 마음챙김을 하고 이해심 있고 관대하고 공정하고 합리적이고 논리적이며 확신을 주는 방식으로 말한다. 새로운 내면의 목소리는 타인의 평가에 신경 쓰지 않는다. 이 목소리는 당신을 존중하며 받아들인다! 오랫동안 당신의 외모를 비난하던 괴로운 목소리와는 완전히 다른 소리다.

오랜 세월 지속된 외모에 대한 가정에서 벗어나기란 쉽지 않다. 새로운 내면의 목소리는 처음에는 외모에 대한 당신의 생각과 감정이 타당하고 가치 있는지 의문을 제기하며 단호하게 도전할 것이다. 새로운 내면의 목소리는 각각의 가정에 대해 '여기서 뭐가 잘못된 거지?'라고 물을 것이다. 모든 가정은 약간의 진실과 거짓을 모두 포함하고 있기 때문에 논쟁의 여지가 있다. 외모에 대한 열 가지 가정을 하나하나씩 따져봄으로써 거짓된 부분을 자각하게 되고, 더 합리적인 사고방식을 가지게 될 것이다. 그런 후에 변화를 위한 헬프시트를 활용해서 각각의 가정에 대항하는 새로운 내면의 목소리를 만들어보자.

가정 1 : 매력적인 외모를 가진 사람은 모든 것을 다 가진 것이나 마찬가지다

외모에 대한 선입견과 마케팅의 영향으로, 멋진 외모가 매우 큰 이익을 준다는 가정이 강화되고 있다. 물론 멋진 외모가 때로 장점으로 작용한다는 것은 부정할 수 없는 사실이다. 1822년 프랑스 작가 스탕달은 사랑에 관한 에세이에서 "아름다움은 행복에 대한 유일한 약속"이라고 말했다. 그럼에도 불구하고 매력은 많은 이유 때문에 그 약속을 대부분 지키지 않는다. 평균 이하의 외모를 가진 사람들이 행복하지 않은 것도 아니다. 외모에 대한 첫 번째 가정에 도전할 수 있도록, 이제부터 외모가 전부가 아닌 이유를 설명해보겠다. 앞으로 소개할 내용은 내가 지어낸 이야기가 아니며, 외모에 관한 과학적인 심리 연구를 통해 밝혀진 사실이다(Cash 1990; Feingold 1992; Jackson 1992).

- **팩트 1: 아름다움은 아름다운 행동이 만들어낸다.** 이것은 사실이다. 행동은 외모보다 더 큰 소리로 말한다. 친근감, 온정, 지성미, 진솔함, 유머 감각, 사회적 민감성은 외모와 상관없이 높이 평가받는 인간적인 장점이다. 당신의 인생에서 중요한 사람을 떠올려보라. 그들의 외모가 10점 만점을 받을 정도인가? 장담하건대 한 사람에 대해 어떤 느낌을 갖는데 외모가 그렇게 중요한 역할을 하지는 않는다.

- **팩트 2: 첫인상이 항상 지속되는 것은 아니다.** 어떤 사람에 대한 첫 반응이 영원히 고정돼 있는 것도 아니다. 어떤 사람이 좋아지면 그 사람의 외모가 점점 더 멋져 보인다. 처음엔 별로 매력적이지 않았으나 관계가 발전할수록 그 사람의 외모가 더 매력적으로 보인 적이 있는가? 반면에 외모에서 나오는 후광이 시간이 지나면서 사라지는 경험을 해본 적이 있는가? 1903년 극작가 조지 버나드 쇼가 날카로운 지적을 했다. "처음 보았을 때는 아름다움에 호감을 느낄 것이다. 그러나 3일 동안 집 안에서 함께 시간을 보내고 나면 누가 외모에 신경이나 쓰겠는가?"

- **팩트 3: 비슷한 사람끼리 만난다.** 우리는 비슷한 사람에게 끌린다. 예를 들어 공통의 관심사를 갖고 있거나 민족적 유산, 종교적 혹은 정치적 지향, 교육수준이 비슷한 사람을 찾아낸다. 때로는 외모도 여기에 해당한다. 제일 친한 친구, 데이트 상대는 매력의 정도가 비슷한 경우가 많다. 매력이 유사한 정도에 따라 짝을 짓기 때문에 결국 아무도 소외되지 않는다.

- **팩트 4: 아름다운 사람은 이기적일 거라는 통념 때문에 손해를 본다.** 외모에 대한 가정 1은 '아름다움이 가진 고약한 측면'을 간과하고 있다. 역설적이게도 매력적인 외모가 가져다줄 거라고 여기는 이점이 오히려 불이익을 초래할 수도 있다. 잘생긴 사람들이 사회적인 혜택을 받고 있다고 여겨진다면, 그들 자신도 자신의 잘생긴 외모와 특권에 대해서 잘 알고 있을 거라고 생각해볼 수 있다. 그러면 우리는 그 사람이 자기 이익에 몰두하는 이기적인 사람이 틀림없다고 가정한다. 결국 잘생긴 사람은 친구나 연애 상대, 부모로서 책임감이 낮거나 신뢰감이 떨어지는 사람일 거라고 가정할 수 있다. 매력적인 외모의 소유자에 대한 이런 부정적인 (그리고 잘못된) 고정관념 때문에 외모가 주는 혜택은 빛이 바래거나 사라질 수 있다.

- **팩트 5: 매력적인 남자와 여자에 대한 성차별적인 편견이 존재한다.** 흔히 예쁜 여성은 수동적이고 '여성적'일 거라고 생각한다. 또한 잘생긴 남자는 주도적이고 감성지수EQ가 낮은 '남성적인' 사람일 거라고 여긴다. 이 같은 성차별적인 편견 때문에 매력적인 외모가 오히려 당사자에겐 손해가 되기도 한다.

- **팩트 6: 아름다움은 부러움과 질투를 불러일으킨다.** 18세기 역사학자 에드워드 기번은 "아름다움은 무시하기 힘든 육체의 선물이다. 아름다움을 거부했던 사람들을 제외한다면"이라고 말했다. 혹은 이렇게 말하는 사람도 있다. "그 사람은 너무 잘생겨서, 몸매가 비현실적이라서 싫어!" 선망하는 외모를 가진 사람과 자신을 비교하면 내 외모가 형편없게 느껴지고, 결국 그런 기분을 느끼게 '만드는' 멋진 외모의 소유자를 싫어하게 된다. 나는 연구를 통해, 외모에 투자를 많이 한 사람일수록, 외모가 멋진 동성의 사람을 폄하하거나 불신하는 경향이 있다는 것을 발견했다.

- **팩트 7: 아름다운 사람은 성적으로 대상화될 수 있다.** 로드 스튜어트Rod Stewart의 노래 가사는 "당신은 내가 섹시하다고 생각하나요?"라고 묻는다. 우리는 연애 상대가 나의 섹시함을 알아봐주기를 바라지만, 모든 사람에게 성적 대상으로만 보이기를 원하는 사람은 거의 없다. 멋진 외모의 소유자, 특히 아름다운 여성은 대체로 자신의 외모를 두고 성적인 언급을 하는 것을 좋아하지 않는다. 이 같은 말은 희롱에 해당한다. 당신은 정말 섹시한 몸이나 예쁜 얼굴로만 보이기를 원하는가?

- **팩트 8: 아름다움은 자기회의감을 조장한다.** 앞서 언급한 팩트 7 때문에 매력적인 외모를 가진 사람은 또 다른 문제를 겪는다. 즉 사람들이 자신에게 친절한 이유가 단지 매력적인 외모 때문일 거라고 생각할 수 있다. 나에게는 낸시라는 오랜 친구가 있다. 어느 날 나는 그녀가 얼마나 아름다운지 이야기하며 찬사를 쏟아냈다. 그런데 놀랍게도 낸시는 몹시 기분이 상해서 말했다. "나는 네가 나를 나 자체로 좋아하는 줄 알았어. 그런데 네가 나를 좋아하는 이유가 어쩌다 이렇게 생긴 내 외모 때문인가, 하는 생각이 들어." 낸시의 말은 중요한 질문을 제기하고 있다. 사람들이 당신을 좋아하는 이유가 단지 멋진 외모 때문이 아니라 당신이 좋은 사람이기 때문이라고 믿고 싶지 않은가? 누군가 당신에게 친절을 베푼다면 단지 당신의 외모에 넋을 잃었기 때문이 아닐까 의심하기보다는 당신이 인정받을 만한 자격이 있어서라고 믿고 싶을 것이다.

- **팩트 9: 아름다운 외모에서 오는 자존감은 기반이 약하다.** '아름다움 은행'에 더 많이 투자할수록 자기가치는 더 취약해진다. '모든 것'이 매력적인 외모에 달려 있다는 믿음과 달리, 외모가 멋진 사람이 모든 것을 다 가지는 것은 아니다. 시간과 삶은 사람의 외모를 어떻게든 바꾸어놓는다. 아름다운 외모 위에 세워진 자기가치는 불안정한 것이어서 한순간에 무너질 수 있다.

- **팩트 10: 모든 사람에게 외모가 중요한 것은 아니다.** 19세기 시인 로버트 사우디Robert Southey는 "겉으로 보이는 것만 가지고 성급하게 판단의 틀을 씌우는 사람은 그것이 무엇인지에 대해 얼마나 아는 게 없는지"라고 썼다. 우리는 외모만으로 타인을 평가하는 '근시안적인' 사람을 한두 명 알고 있다. 뚱뚱하든 말랐든, 격식을 갖춰 차려입었든 대충 입었든 상관하지 않는 사람도 많다. 그런 사람들은 우리에게 완벽해 보이기를 기대하지 않는다. 우리를 있는 그대로 보고, 있는 그대로의 우리를 존중한다. 우리 모두는 외모에 개의치 않는 이런 멋진 사람이 되려고 노력해야 한다. 그런 사람들이 이 세상을 더 공정하고 포용적인 사회로 만든다.

부정적인 바디이미지를 바꾸려면 외모에 대한 가정 1에 심각하게 의문을 제기하면서 균형 잡힌 시각을 견지해야 한다. 아름다움이라는 것은 헛된 약속이 잔뜩 들어 있는 잡동사니 가방이라는 사실을 새로운 내면의 목소리가 다시 한 번 알려줄 것이다. 긍정적인 바디이미지와 견고

한 자존감이 없는 상태에서는 멋진 외모의 가치가 그다지 높지 않다. 고정관념을 버리고 완벽한 외모에 대한 집착을 버린다면, 자신의 진가를 발휘할 수 있는 수많은 기회를 자유롭게 받아들일 수 있을 것이다.

가정 2: 한 인간으로서 나의 가치는 전적으로 외모에 달려 있다

이 중요한 가정은 바디이미지 문제에 매우 뿌리 깊게 자리 잡고 있다. 이 가정에 따르면 당신이 어떤 사람인지 말해주는 유일하고 결정적인 것이 바로 당신의 외모다. 성격이나 행동, 경험의 장점은 다 제쳐두고, 단지 외모에 의해서만 정체성이 규정된다고 믿는 것이다. 따라서 외모와 상관없는 여러 가지 훌륭한 자질은 과소평가된다. 때문에 사회가 요구하는 외모를 만들고 개선하느라 그리고 거울에 비친 모습을 걱정하느라 엄청난 시간을 소모한다. 이것이야말로 당신이 물리쳐야 할 강력한 도전이다. 이를 물리칠 수 있는 방법은 무엇일까?

- 당신이 누구인지 보여주는, 자신의 모든 면모를 담은 목록을 마음챙김하면서 작성해보자. 당신이 가진 자질 중에서 진심으로 만족하는 것은 무엇인가? 주변 사람들이 가치 있다고 여기는 당신의 자질은 무엇인가? 예를 들어 당신은 재미있는 사람인가? 타인에게 친절하고 배려하며 열린 마음을 가지고 있는가? 다른 사람의 이야기를 잘 들어주는가? 특정 주제에 대해 상당한 식견이 있는가? 당신은 자신의 어떤 면을 좋아하는가?

- 새로운 내면의 목소리가 하는 말을 들어보자. '진정한 나의 가치를 보여주는 것은 외모가 아니라 나의 배려하는 태도, 전염성 있는 유머 감각, 가족에 대한 헌신, 업무 능력, 대화의 기술, 윤리성과 도덕성, 신뢰성 등이다.' 다시 말해 당신을 규정할 때 당신이 가지고 있는 다른 속성보다 외모가 덜 중요하다는 것을 인정해야 한다.

가정 3: 최상의 모습을 보이기 위해 항상 할 수 있는 모든 것을 다 해야 한다

'해야 한다'와 '항상' 같은 단어는, 외모를 최상으로 가꾸는 것이 의무이며, 그렇지 못하면 실패자라는 뜻을 내포하고 있다. 이 가정과 관련해서 아래의 질문을 자신에게 해보기 바란다.

우리는 스스로에게 왜 이런 의무를 지우게 된 것일까? 어떤 상황에서든 최상의 외모를 보여줌으로써 어떤 일이 일어날 거라고 기대하는가? 최상의 외모를 보여주지 못할 경우 어떤 일이 생길 것 같은가? 최상의 외모라는 것은 극히 주관적인데, 의무를 다했다는 것을 어떻게 아는가? 어느 누가 항상 최상의 외모를 보일 수 있을까? 우리는 늘 지금보다 더 멋지게 보이는 법을 상상할 수 있기 때문에 가정 3은 불가능한 것이다. 결국 당신은 실패할 수밖에 없다. 당신은 상상할 수 있는 최상의 외모를 갖출 것을 다른 사람에게 항상 요구하는가? 친구가 완벽하게 돋보이는 옷을 입지 않았거나 머리카락이 흐트러지고 여드름이 있다고 해서 매우 엄격한 비판자처럼 굴 것인가? 그러지 않기를 바란다. 반대로 친구들이 당신에게 이런 부담스러운 기대를 하는 것 또한 용인하지 않기를 바란다. 그렇다면 왜 우리는 스스로에게 이 같은 요구를 해야 하는가? 스스로 멋져 보인다고 느낀다면 좋은 일이다. 그러나 항상 멋지게 보여야만 한다고 느끼는 것은 좋지 않다.

새로운 내면의 목소리가 당신의 완벽주의에 맞서는 목소리를 낼 것이다. '내 외모가 멋지게 보이는 것은 즐거운 일이긴 하지만, 조금 느긋하게 굴 필요가 있지. 항상 완벽하게 보일 필요는 없어. 완벽하게 보이지 않는다 하더라도, 아무도 내게 더 멋지게 꾸미라고 종용할 수는 없어. 나 이외에 그 누구도 그럴 수는 없어! 나야말로 나 자신을 압박하는 사람이지. 내가 바로 나 자신을 괴롭히는 그 사람이야. 내 외모를 받아들이는 게 가장 중요해. 내 외모가 특출나지는 않더라도 그런대로 괜찮으면 된 거야.'

가정 4: 사람들이 나를 만나면 가장 먼저 내 외모의 결점부터 볼 것이다

다시 한 번 강조하지만, 이 가정은 일부만 사실이다. 당신이 뾰족하게 솟은 오렌지색 헤어스타일을 하고 있거나 커다란 코걸이를 하고 있거나 이마에 토끼 문신을 하고 있다면 많은 사람들이 고개를 돌려 쳐다볼 것이다. 이런 상황은 스스로 남의 이목을 끌고 싶어 하는 경우에 해당한다. 만약 본인이 선택하지 않은 신체적 특징을 가지고 있다면 어떤가? 다음은 가정 4에 의문을 제기하면서 당신이 알았으면 하는 점이다.

- 만약 당신이 비만이거나 얼굴에 큰 흉터가 있다면, 거의 모든 사람들이 이를 알아차릴 것이다. 이것은 인간의 본성이다. 우리 모두는 다른 사람의 외모에 신경을 쓴다. 그래서 그것이 어떻다는 말인가? 사람들이 그걸 알고 있다고 해서 당신을 무시하지도 않을 테고 당신의 인생이 망가지지도 않는다. 당신 자신의 행동은 바로 당신에게 달려 있다. 당신의 외모에 아무리 '잘못된' 뭔가가 있다 하더라도, 당신의 성격(다정다감함, 유머, 친절,

대화의 기술 등)이 훨씬 큰 영향력을 가지고 있다.

- 가정 4는 대부분의 사람에게 맞지 않는다. 당신의 외모 중 마음에 안 드는 부분을 관찰하는 사람은 바로 당신 자신이다. 대부분의 사람들은 별로 신경 쓰지 않는다. 그들에게는 생각해야 할 일이 너무나 많다. 그들도 당신처럼 부정적인 바디이미지를 가지고 있다면, 당신이 자신의 불완전한 외모를 알아차릴까 봐 걱정하느라 바쁠 것이다.

- 새로운 내면의 목소리는 사물을 전체적인 관점에서 볼 수 있도록 도와줄 것이다. 그 목소리는 이렇게 말할 것이다. '사람들이 작은 키, 과체중, 대머리, 얼굴 흉터를 알아차리면 어때? 그런다고 뭐가 달라지나? 어쨌든 삶은 계속되는 거지! 나는 꽤 호감 가는 사람이야. 사람들은 나를 좋아해. 나는 ○○한 사람이기 때문이야.'

가정 5: 사람들이 내 원래 외모가 어떤지 안다면 나를 덜 좋아할 것이다

가정 5는 가정 4와 유사한데, 사람들이 당신의 외모에 대해 판단할 거라는 당신의 신념을 반영한다는 점에서 그렇다. 가정 5의 경우 '만약 사람들이 진실을 안다면' 당신을 냉정하게 대할 거라고 믿는다. 이 가정은 수치심을 부른다. 이 가정을 믿는다면 다른 사람들이 혐오할 거라고 생각하는 부분을 감추려고 노력할 것이다. 당신은 감춰진 '진실'에 대해 걱정한다. 이 가정의 문제점은 그 진실이 검증되지 않았다는 데 있다. 가정 5에 반박하기 위해서는 그것을 검증해볼 필요가 있다. 감추는 것은 당신의 기분을 더 상하게 할 뿐이다.

대학생 해리엇이 이 프로그램에 참가했다. 그녀는 '굵은 다리'가 콤플렉스였다. 남들이 자신의 다리를 보면 혐오할 거라고 믿었기 때문에 항상 긴 바지를 입었다. 프로그램이 끝나가는 무더운 어느 날, 마침내 해리엇은 용기를 내서 다리가 드러나는 짧은 바지를 입고 학교에 갔다. 그녀는 캠퍼스를 지나가던 나를 발견하고 다가왔다. "선생님, 저 짧은 바지 입었어요!" 해리엇이 소리쳤다. "아직까지 아무도 기겁하며 도망치지 않았어요. 그런데 왜 그렇게 오랫동안 짧은 바지를 못 입었는지 모르겠어요."

- 이와 같은 간접 테스트를 시도해보기 바란다. 다른 사람의 외모에서 결점을 발견하고 그 사람을 좋아하지 않게 된 일이 몇 번이나 있었는지 자문해보라. '매슈에게 맹장수술 상처

가 있는지 몰랐네. 지금부터 그를 피해 다녀야겠어.' '화장하지 않은 샤론을 보고 말았으니, 앞으로는 그녀를 볼 수 없겠는걸.' '생각보다 베키의 가슴이 작은데, 이제 관계를 끝내야 하나?' 이런 생각이나 말을 몇 번이나 해보았는가?

- 6단계에서 나는 당신이 잘못된 가정을 직접 시험해볼 수 있도록 도울 것이다. 일단 이 가정을 시험해보면, 그동안 잘못 생각했다는 것을 알게 된다. 사람들은 결함을 포함해 당신의 모든 것을 받아들인다. 드러내는 것은 숨기는 것보다 훨씬 더 기분 좋고 현실적이다. 새로운 내면의 목소리는 상황을 전체적으로 볼 수 있도록 도울 것이다. 당신의 외모를 불편해하는 사람은 바로 당신 자신이다. 스스로가 부끄러움을 선택했을 뿐 다른 사람이 심판하는 게 아니다. 만일 당신의 외모가 실제로 어떤지 알게 된다 해도, 그들의 생각은 달라지지 않을 것이다. 당신을 제외한 다른 모든 사람들은 당신보다 더 포용적이다.

- 새로운 내면의 목소리는 당신에게 더 이상 숨기지 말라고 할 것이다. 그 목소리에 귀 기울이기를 바란다. 그 목소리는 이렇게 말할 것이다. '내 본모습이 어떤지 사람들이 알게 되면 거부당하고 상처 받을까 봐 걱정했어. 내가 마음에 들어하지 않는 신체부위를 남들이 보게 되면, 나에 대해 거부감을 갖게 될 거라고 생각했어. 결국 이런 걱정 때문에 기분이 나빠졌어. 내 결점을 감추지 않으면 정말 기분이 더 나빠질까? 내가 문제를 실제보다 더 크게 만들고 있는 건 아닐까?'

가정 6: 외모를 잘 관리해야 사회적·정서적으로 더 잘 살 수 있다

어느 정도는 외모 관리가 효과적일 수 있다. 외모를 가꾸는 데 쓸 수 있는 옷, 화장품, 액세서리, 헤어스타일, 염색, 건강한 다이어트, 운동, 적당한 피부관리 등 모든 방법을 생각해보자. 외모를 잘 가꾸면 분명 외모가 나아 보이고, 자신이 매력적이라고 느끼게 해준다. 그러나 이런 방법에 과도하게 의존하거나 선택이 아닌 필수가 되면 문제가 있다.

- 외모가 모든 일을 해결해줄 거라고 기대한다고 해서 자존감과 인생이 효율적으로 관리되는 것은 아니라는 사실을 알아야 한다. 목수가 망치 하나만 가지고 집을 지을 수 없듯이 외모만으로 행복한 삶을 살기란 불가능하다.

- 외모 가꾸기는 바디이미지를 개선해야 효과가 있다. 스타일리시한 옷을 입는다 해도 당신이 마음에 들어하지 않는다면 아무 소용이 없다. 가정 5에서 보았듯이, 옷의 역할이 단지 마음에 들지 않는 신체부위를 가리는 것이라면, 옷은 바디이미지에 실질적으로 도움이 되지 않는다. 결점을 가리기 위해 옷에 의존하는 것은 꾸미지 않은 몸은 불쾌하다는 당신의 믿음을 강화할 뿐이다.

- 가정 6에 반대되는 자신만의 경험을 떠올려보자. 행복해지기 위해서 그토록 열심히 외모를 관리해왔는데도 왜 아직도 부정적인 바디이미지를 가지고 있는가? 가정 6을 다음과 같이 더 진실에 가깝게 바꿀 수 있다. '내 바디이미지를 바꿈으로써 내가 원하는 삶을 살 수 있다.'

- 잘못된 가정을 수정하도록 돕기 위해 새로운 내면의 목소리는 이렇게 말할 것이다. '외모를 '바로잡으려고' 너무 많은 수고를 하는 것은 방향이 잘못된 노력이야. 계속해서 외모를 가꾸는 것은 마치 일회용 반창고를 사용하는 것과 같거든. 나는 여전히 내 외모가 불만족스러워. 기분이 나아지질 않아. 그렇다면 외모가 아니라 내 마음을 바꾸는 데 초점을 맞출 필요가 있어. 그것이야말로 내 인생을 더 잘 관리할 수 있는 변화를 가져다줄 거야.'

가정 7: 내 인생의 많은 부분은 외모가 원인으로 작용한 결과다

그렇다. 외모가 인생의 어떤 부분에는 영향을 미쳤다. 가끔은 도움이 되기도 했고, 때로는 걸림돌이 되기도 했다. 그렇다고 해도 우리 인생에서 일어나는 대부분의 일은 외모와 아무런 상관이 없다. 오히려 성격, 지적 수준, 결정과 행동의 산물이었거나 단순히 기회를 잘 잡았거나 타인의 도움이 만들어준 결과다.

- 배우나 모델 등 특수한 직업을 제외하면, 매력이 성공의 필수조건이 아니라는 것은 역사를 통해 확인할 수 있다. 에이브러햄 링컨, 윈스턴 처칠, 미하일 고르바초프, 헨리 키신저, 전 뉴욕 시장 에드 코흐와 루디 줄리아니도 엄밀히 따지면 외모가 출중한 남성은 아니다. 골다 메이어, 엘리너 루스벨트, 마거릿 대처, 마더 테레사도 미인선발대회 수상자가 아니다. 역사적 인물이거나 예술과 문학에서 널리 존경받는 지도자이지만 당신의 기준에서

외모가 떨어지는 사람을 꼽아보자. 빼어난 외모를 가진 이들이 나오는 영화나 미디어에서 영웅을 고르지는 말기 바란다. 그것은 공정한 선택이 아니다. 개인적으로 알고 있고, 우리 삶에 의미 있는 영향을 미친 사람들의 외모가 반드시 멋진 것은 아니다. 외모와 상관없이 당신이 사랑하거나 존경했던 사람을 떠올려볼 수 있는가? 이 질문은 수사적인 것이 아니다. 이 질문을 진지하게 생각해보기 바란다.

● 당신의 새로운 내면의 목소리는 가정 7에 대해 이렇게 반박할 것이다. '외모가 내 인생의 어떤 부분에 영향을 미쳤을 수는 있어. 하지만 궁극적으로 내 인생에 책임이 있는 것은 나 자신이야. 내 외모를 어떻게 받아들일지 선택하는 사람은 나야. 지나간 역사는 이미 쓰였지만, 현재와 미래는 외모가 아니라 나 자신에게 달려 있어.'

가정 8: 괜찮은 외모를 가졌다면 인생이 더 행복해졌을 것이다

가정 8의 문제점은 그것이 암시하는 바에 있다. 이 가정에 따르면, 내가 바라는 외모(키 크고 날씬하고 근육질이고 주름이 없고 콧날이 오똑한)를 가질 수 없으면 행복해질 수 없다. 그러나 당신의 행복을 가로막는 것은 외모가 아니다. 당신을 불행하게 만든 범인은 자신을 가치 없는 존재로 취급해버리고, 스스로를 수용하는 마음을 빼앗아간 당신의 소망이다. 이 가정에 다음과 같이 도전하라.

● 과학적으로 입증된 진실을 기억하라. 외모가 매력적인 사람이 덜 매력적인 사람보다 반드시 더 행복한 것은 아니다. 멋진 외모를 가진 사람도 자신의 바디이미지에 대한 소망 목록이 있다.

● 무언가를 절실히 바랄수록 이미 가지고 있는 것에 대한 감사함을 덜 느끼게 된다. '새로운 것'을 가지고 싶은 마음을 정당화하기 위해서는 이미 '가지고 있는 것'의 흠을 잡아야 한다. 불타는 욕망은 가진 것을 즐길 수 있는 능력을 파괴한다. 욕망은 당신의 불만을 확대시키며 원하는 것을 얻을 때만 비로소 그 불만이 해결된다.

● 새로운 내면의 목소리는 당신이 현실을 마주할 수 있도록 도와줄 것이다. 즉 당신의 목표

는 다른 외모를 갖는 것이 아니며, 바디이미지를 개선하는 것이라는 사실을 알려줄 것이다. 새로운 내면의 목소리는 이런 이야기를 할 것이다. '내가 행복하지 못한 게 외모 때문이 아니라는 걸 알아. 내가 설정한 이상적인 이미지에 나를 맞추려고 노력하면서 스스로를 불행하게 만들고 있어. 내 바람이 이루어지지 않는다고 나를 학대할수록 절망에 빠진다는 것을 이젠 알아. 내 외모를 일단 받아들이기만 하면 내 인생은 훨씬 행복할거야. 행복은 외모가 아니라 바로 나 자신에게 달려 있어.'

가정 9 : 우리 사회의 문화와 미디어가 외모에 대한 불만족을 부추긴다

이 가정을 들이대며 당신은 자신을 희생자로 만든다. 자신을 동정하며 무력하다고 느낄 것이다. 상황이 이렇다면 부정적인 바디이미지를 바꾸려는 노력이 무슨 소용이 있을까 하고 회의에 빠질 수도 있다. 미디어가 외모에 관한 이미지와 메시지를 실어 나르는 것은 사실이다. 미디어는 행복하고 성공적인 인생을 살기 위해서는 두 가지 방법밖에 없다며 당신을 설득한다. 멋진 외모를 가지고 태어나거나, 완벽한 외모를 만들어내는 데 필요한 제품과 서비스를 사야 한다고. 가정 9를 자세히 살펴보자.

- 이런 메시지가 얼마나 극단적이고 왜곡된 것인지를 알아차리기 위해 특별히 머리가 좋을 필요는 없다. 만약 이런 메시지가 이미 모든 것을 지배하고 있는 상황이라면 어느 누구도 긍정적인 바디이미지를 갖지 못했을 것이다. 하지만 이런 압박에도 불구하고, 어떤 사람은 자신의 외모에 만족한다. 그런 사람은 성취감을 얻기 위해서 외모가 꼭 완벽할 필요는 없다는 것을 알고 있다. 10점이 아닌 것보다 훨씬 나쁜 것이 무엇인지 아는가? 10점이 아니라고 걱정하는 것이다.

- 미디어와 거대한 미용산업이 외모에 대한 불만족을 부추기는 것은 사실이다. 하지만 그렇다고 해서 자신의 외모를 수용하는 것이 불가능한 일은 아니다. 강력해진 미디어와 미용산업이 우리를 세뇌시키기는 하지만, 당신에게 총을 겨누며 '우리가 말하는 대로 다 믿고 실행에 옮겨. 그렇지 않으면 가만두지 않겠어!'라고 명령하는 것은 아니다. 무엇을 믿고 어떻게 행동할지는 전적으로 당신에게 달려 있다.

- 그렇다면 우리는 무엇을 해야 하는가? 영화 〈네트워크〉에서 한 등장인물이 지붕 위에서 이렇게 외치는 장면이 나온다. "화가 나서 미칠 것 같아. 더 이상 참지 않을 거야!" 그는 지붕 아래 있는 수동적인 대중에게 미디어의 부당함을 고발한다. 당신도 더 이상 받아들일 필요가 없다. TV를 치우고 잡지와 뮤직비디오를 끊어야 하나? 외모를 개선하는 제품과 서비스를 구매하지 말아야 하나? 꼭 그래야 하는 것은 아니다. 우리 사회도 분명히 개선되겠지만 변화를 시작하기에 가장 좋은 곳은 당신의 내면이다. 미디어가 부추기는 외모에 대한 불만의 목소리에 공명할 필요는 없다. 당신이 희생자가 될 필요는 없는 것이다. 자신의 몸을 긍정적으로 받아들이는 사람은 이런 왜곡된 메시지를 어떻게 무시해야 하는지 알고 있다.

- 새로운 내면의 목소리는 잘못된 가정을 더 이상 받아들이지 않도록 힘을 줄 것이다. 그 목소리는 이렇게 이야기할 것이다. '미디어에 나오는 완벽한 몸매를 가진 사람처럼 보이고 싶어서 안달하는 데 지쳤어. 나는 그 사람이 아니고 그 사람처럼 보일 필요도 없어. 나 자신을 받아들이기 위해 노력할 거야. 미디어는 내 외모를 받아들이지 못하게 막을 수 없어. 그렇게 만드는 것은 바로 나 자신이야.'

가정 10: 외모를 바꿔야만 내 외모를 수용할 수 있다

이것은 매우 자기패배적인 가정이다! 이 가정은 외모를 바꾸거나 '교정'하는 방향으로 우리를 몰아간다. 나를 처음 찾아온 내담자 중에는 체중 감량을 도와주거나 성형외과 의사를 소개해주기를 바라는 이들이 있다. 체중을 줄이고 외모를 고친 후에야 비로소 긍정적인 바디이미지를 가질 수 있다고 믿는다. 먼저 바디이미지를 바로잡고 나서 체중 감량이나 수술에 대해 어떻게 할지 결정하자고 하면 실망과 불신의 눈으로 나를 쳐다본다. 자신이 행복해지려면 무엇이 필요한지 내가 이해하지 못한다고 생각하는 것이다.

- 외모에 대한 가정 10의 근거와 효과를 나는 이해한다. 무엇이든 고장이 났으면 수리해야 하니까. 그러니까 당신도 다시 다이어트를 하고 운동을 열심히 하고 새 옷을 사고 헤어스타일을 바꾸고 안티에이징 제품을 구입하고 성형수술을 받으라. 아마도 이 중 몇 가지는 이미 했을 테고, 잠시 동안이나마 기분이 꽤 좋았던 적도 있을 것이다. 그러나 외모를 개

선하기 위한 이 모든 노력에도 불구하고 자신의 외모에 대한 느낌이 바뀌지 않았다면, 다음과 같은 질문을 스스로에게 던져보기 바란다. '진짜 고장 난 게 뭐지?' 여기서 제대로 기능하고 있지 않은 것은 당신의 바디이미지이며, 수리가 필요한 것도 바로 그것이다.

● 이 책의 앞부분에서 언급한 연구에 따르면, 외모를 바꾸지 않고도 바디이미지를 개선할 수 있다. 가정 10의 수정 버전은 '외모를 좋아할 수 있는 유일한 방법은 내 바디이미지를 바꾸는 것'이다.

● 가정 10에 정면으로 도전하라! 새로운 내면의 목소리는 초점을 바꾸라고 강력히 촉구한다. 자신에게 이렇게 말해보자. '외모를 바꾸려고 너무 많은 시간을 들였어. 이제 내가 할 일은 진짜 문제와 진짜 해결책에 중점을 두는 거야. 외모를 바꾸면 처음에는 기분이 나아지지만 그 기분이 오래가지는 않아. 그래서 더 나은 외모를 만드는 방법을 또다시 찾게 돼. 내 외모에 만족할 수 있는 가장 좋은 방법은 바디이미지를 완전히 바꾸는 거야. 진짜 문제는 바로 이거야.'

새로운 내면의 목소리 키우기

잘못된 외모 가정에 맞서 합리적인 의문을 제기하려면, 가벼운 노력을 하는 것만으로는 안 된다. 변화는 새로운 태도를 갖기 위해 활발하게 움직일 때만 찾아온다. 새로운 내면의 목소리가 새로운 태도를 만들어낼 것이다. 이 강력한 목소리는 당신이 생각하고 느끼는 방식에 대해 스스로 책임지도록 외모에 관해 현실적으로 조언할 것이다. 당신의 실제 외모가 어떤지는 상관이 없다. 새로운 내면의 목소리는 관용과 이성의 목소리로, 외모가 삶의 질에 미치는 영향보다 바디이미지의 영향이 더 크다는 관점을 갖고 있다.

당신만의 새로운 내면의 목소리를 키우는 것은 더 좋은 바디이미지를 발달시키는 데 있어서 결정적인 역할을 한다. 지금은 내면의 목소리가 작은 속삭임에 불과할 수 있지만, 그래도 괜찮다. 그 목소리가 더 선명하고 힘 있게 말하도록 당신이 언어를 제시할 수 있다. 그렇게 되면 당신은 그 목소리를 귀 기울여 들을 수 있다. 다음에 제시한 변화를 위한 열 개의 헬프시트를 활용하면 가능할 것이다. 외모에 대한 가정에 딴죽을 거는 것은 새로운 내면의 목소리를 키워나가는 데 도움이 된다. 목록에 열거된 가정은 논쟁의 여지가 있는 것들이다. 각각의 가정에 대해서 당신 자신의 언어를 사용해 스스로에게 이야기해보자. 앞에서 소개한 각각의 가정에 반박하는 주장을 다시 읽어보자. 다른 가능한 논거도 열심히 생각해보자. 건강하고 합리적이면서 동시에 자신을 더 수용하는 말을 적어보자.

헬프시트를 작성할 때, 다음과 같은 순서로 진행하자. ① 당신이 관심을 갖는 대상에 그 가정이 어떤 영향을 미치는가? ② 마음속에 떠오르는 자동적인 사고는 무엇인가? ③ 어떤 느낌이 드는가? ④ 외모에 대한 가정을 반박하는 논거는 무엇인가를 적는다.

이전에 작성한 자기발견 헬프시트에서 사실 또는 대부분 사실이라고 체크하지 않았던 항목도 포함한다. 모두 적은 후에 큰 소리로 읽어본다.

다음으로, 당신이 더 긍정적인 바디이미지를 위해 노력하는 것을 지지하는 사람뿐만 아니라 그렇지 않은 사람에게 새로운 내면의 목소리를 표현할 수 있는 방법을 찾아보자. 새롭고 희망적인 신념을 남들에게 전달하면, 그것을 당신의 것으로 만들기가 더 쉽다. 처음에는 새로운 내면의 목소리가 남 이야기처럼 낯설게 느껴질 수 있다. 그래도 괜찮다. 당연한 일이다. 매일 몇 분 동안 소리 내서 다시 읽어보자. 곧 이 목소리가 친숙하게 들리기 시작할 것이고, 새로운 내면의 목소리가 가진 지혜가 힘을 발휘할 것이다.

변화를 위한 헬프시트: 외모에 대한 가정 반박하기

1. '매력적인 외모를 가진 사람은 모든 것을 다 가진 것이나 마찬가지다'라고 가정할 때

나는 다음과 같은 점에 집중한다.

_____

_____

_____

나는 다음과 같이 생각한다.

_____

_____

_____

나는 다음과 같이 느낀다.

_____

_____

_____

나의 새로운 내면의 목소리는 다음과 같이 반박한다.

_____

_____

_____

_____

_____

_____

_____

변화를 위한 헬프시트: 외모에 대한 가정 반박하기

2. '한 인간으로서 나의 가치는 전적으로 외모에 달려 있다'라고 가정할 때

나는 다음과 같은 점에 집중한다.

....

....

....

나는 다음과 같이 생각한다.

....

....

....

나는 다음과 같이 느낀다.

....

....

....

나의 새로운 내면의 목소리는 다음과 같이 반박한다.

....

....

....

....

....

....

....

변화를 위한 헬프시트: 외모에 대한 가정 반박하기

3. '최상의 모습을 보이기 위해 항상 할 수 있는 모든 것을 다 해야 한다'라고 가정할 때

나는 다음과 같은 점에 집중한다.

....

....

....

나는 다음과 같이 생각한다.

....

....

....

나는 다음과 같이 느낀다.

....

....

....

나의 새로운 내면의 목소리는 다음과 같이 반박한다.

....

....

....

....

....

....

....

....

변화를 위한 헬프시트: 외모에 대한 가정 반박하기

4. '사람들이 나를 만나면 가장 먼저 내 외모의 결점부터 볼 것이다'라고 가정할 때

나는 다음과 같은 점에 집중한다.

....

....

....

나는 다음과 같이 생각한다.

....

....

....

나는 다음과 같이 느낀다.

....

....

....

나의 새로운 내면의 목소리는 다음과 같이 반박한다.

....

....

....

....

....

....

....

변화를 위한 헬프시트: 외모에 대한 가정 반박하기

5. '사람들이 원래 내 외모가 어떤지 안다면 나를 덜 좋아할 것이다'라고 가정할 때

나는 다음과 같은 점에 집중한다.

나는 다음과 같이 생각한다.

나는 다음과 같이 느낀다.

나의 새로운 내면의 목소리는 다음과 같이 반박한다.

변화를 위한 헬프시트: 외모에 대한 가정 반박하기

6. '외모를 잘 관리해야 사회적·정서적으로 더 잘 살 수 있다'라고 가정할 때

나는 다음과 같은 점에 집중한다.

....

....

....

나는 다음과 같이 생각한다.

....

....

....

나는 다음과 같이 느낀다.

....

....

....

나의 새로운 내면의 목소리는 다음과 같이 반박한다.

....

....

....

....

....

....

변화를 위한 헬프시트: 외모에 대한 가정 반박하기

7. '내 인생의 많은 부분은 외모가 원인으로 작용한 결과다'라고 가정할 때

나는 다음과 같은 점에 집중한다.

_____

_____

_____

나는 다음과 같이 생각한다.

_____

_____

_____

나는 다음과 같이 느낀다.

_____

_____

_____

나의 새로운 내면의 목소리는 다음과 같이 반박한다.

_____

_____

_____

_____

_____

_____

_____

변화를 위한 헬프시트: 외모에 대한 가정 반박하기

8. '괜찮은 외모를 가졌다면 인생이 더 행복해졌을 것이다'라고 가정할 때

나는 다음과 같은 점에 집중한다.

....

....

....

나는 다음과 같이 생각한다.

....

....

....

나는 다음과 같이 느낀다.

....

....

....

나의 새로운 내면의 목소리는 다음과 같이 반박한다.

....

....

....

....

....

....

....

변화를 위한 헬프시트: 외모에 대한 가정 반박하기

9. '우리 사회의 문화와 미디어가 외모에 대한 불만족을 부추긴다'라고 가정할 때

나는 다음과 같은 점에 집중한다.

_____

_____

_____

나는 다음과 같이 생각한다.

_____

_____

_____

나는 다음과 같이 느낀다.

_____

_____

_____

나의 새로운 내면의 목소리는 다음과 같이 반박한다.

_____

_____

_____

_____

_____

_____

_____

변화를 위한 헬프시트: 외모에 대한 가정 반박하기

10. '외모를 바꿔야만 내 외모를 수용할 수 있다'라고 가정할 때

나는 다음과 같은 점에 집중한다.

....

....

....

나는 다음과 같이 생각한다.

....

....

....

나는 다음과 같이 느낀다.

....

....

....

나의 새로운 내면의 목소리는 다음과 같이 반박한다.

....

....

....

....

....

....

....

많은 사람들이 반드시 바꿔야겠다고 절실하게 여기는 것을 바꾸기로 결심한다. 직업, 인간관계, 주거지, 나쁜 습관 등 다양하다. 친구나 사랑하는 사람에게 변화가 필요하다고 말하기도 한다. 그들은 더 행복해지고 싶어 하고, 어떤 방향으로 가야 할지도 알고 있다. 그리고 새로운 길로 들어선다. 실제로 목적지에 다가가고 있다. 어느 순간 사람들은 목적지에 이미 도착했기를 바란다. '우리 지금 거기 있는 거야?'

나쁜 곳에서 좋은 곳으로 옮겨가는 과정에서 마음이 조급해지는 것은 자연스러운 반응이다. 우리는 모두 이런 식으로 느껴본 적이 있다. 이는 우리가 더 좋은 곳에 있고 싶어 한다는 것을 의미하며, 그런 바람은 바람직한 것이다. 다만 조급해했던 과거의 경험을 기억하기 바란다. 조급함을 느낀다고 해서 자신이나 이 프로그램을 비난하지 말자. 자신의 속도가 원하는 만큼 빠르지 않다는 것을 받아들이기 바란다. 목표를 이루는 데 조급해하는 마음을 잘 활용하기 바란다.

다음 5단계에서는 새로운 내면의 목소리를 강화하도록 도울 것이다. 이 책이 끝날 즈음 당신은 새로운 언어를 유창하게 구사하게 될 것이다. 그리고 마침내 당신이 바라던 목적지에 도착해 있을 것이다.

마음챙김으로 정신적 오류 수정하기

카밀은 자신의 외모에 불만이 많다. 외모가 인생을 망치고 있다고 확신한다. 외모를 바꾸지 않으면 다른 사람들에게 환영받지 못하고 불행해질 것이라고 믿는다. 과거에 일어난 모든 문제가 외모 탓이라고 생각한다.

카밀은 다른 여성들과 외모를 비교하느라 많은 시간과 정신적 에너지를 소비한다. 또한 외모에 자신감이 없어서 사교 활동에도 거의 참석하지 않는다. 업무나 사교에 관한 걱정으로 스트레스를 받을 때마다 그녀의 바디이미지는 점점 더 악화된다.

당신이 카밀을 만나게 된다면 그녀의 얼굴에 주근깨가 조금 있다는 것을 알아챌지도 모르겠다. 아주 가까이에서 관찰할 기회가 있다면 그녀의 코가 완벽하게 일직선이 아니라는 것을 알아차릴 수도 있다. 그녀가 과체중이라고 생각할지도 모른다. 하지만 당신은 그런 것에 그다지 신경 쓰지 않을 것이다. 그런 점은 그녀가 어떤 사람인가를 결정하는 데 있어서 부수적인 요인일 뿐이기 때문이다. 그러나 카밀은 그런 부수적인 특징이 자신의 모든 것이라고 생각한다.

카밀처럼 당신도 외모에 대한 부정적인 관점 때문에 마음과 인생을 어지럽히고 있지는 않은가? 1세기의 철학자 에픽테투스는 다음과 같은 현명한 주장을 했다. "사람의 마음을 어지럽히는 것은 어떤 사건이 아니라 그 사건에 대한 자신의 판단이다." 자신의 경험을 바라보는 관점에 따라 정서가 달라진다는 의미다.

4단계에서 외모에 대한 가정이 바디토크를 어떤 방향으로 이끄는지 알았다. 외모에 대한 당신의 생각은 이 진부한 길을 따라 여행한다. 이 길에 인지왜곡이 합류한다. 외모에 대한 가정과 인지왜곡은 정신적 오류로서, 내면의 대화를 잘못된 길로 안내한다. 그 길은 돌아 나오기 힘든 저 아래 막다른 길이다. 외모에 대한 가정이 이미 만들어놓은 무대 위에서 당신은 외모에 대한 생각과 관심에만 초점을 맞춘다. 인지왜곡은 특정한 정신적 징후이거나 생각의 내용물이다. 외모에 대한 가정은 잘못되고 오류가 생기기 쉬운 바디토크를, 인지왜곡은 정신적 오류를 만들어낸다.

왜곡된 바디이미지 발견하기

인지치료사는 내면의 대화에서 생기는 정신적 오류를 인식하고 제거하는 법을 내담자에게 안내해준다. 5단계에서는 스스로 인지치료사가 되는 법을 알려줄 것이다. 이 단계에서는 좀 더 이성적이고 합리적이며 수용적으로 외모에 관한 내면의 목소리를 만들 수 있도록 도울 것이다. 결과적으로 외모에 대한 부정적인 감정이 줄어들어 일상생활이 편안해질 것이다.

임상치료사이자 연구자로서 나는 부정적인 바디이미지를 가진 사람은 동일한 정신적 오류를 저지르는 경향이 있다는 것을 발견했다. 아래의 자기발견 헬프시트에는 자신의 생각 패턴을 알아내기 위한 셀프테스트 목록이 들어 있다. 먼저 당신이 일반적으로 어떤 생각을 하는지 솔직하게 질문지를 작성하기 바란다. 그 후 바디이미지에 관한 여덟 가지 일반적인 왜곡에 대해 살펴보고, 바디이미지를 경험할 때 왜곡을 다루는 법을 알려줄 것이다.

자기발견 헬프시트: 나의 생각 살펴보기

마음속에서 일어나는 대화, 그중에서도 외모와 관련된 대화를 알아차리도록 해주는 질문지다. 각 질문은 가상의 상황에서 할 수 있는 마음의 대화를 나타낸다. 당신이 그 상황에 처해 있다고 상상해보자. 아래에 묘사된 사고 패턴을 읽고 나는 어떤지 체크해보자.

	대체로 그렇다	대체로 아니다

1. 당신이 원하는 몸무게보다 몇 킬로그램 더 나간다고 상상해보자. 이런 경우 '초과된 무게를 감량하지 않는다면 나는 정말 뚱뚱해 보일 거야'라고 생각할 것인가? ☐ ☐

2. 어느 날 얼굴에 뾰루지가 났다고 상상해보자. '이 뾰루지 때문에 못생겨 보일 거야'라고 생각할 것인가? ☐ ☐

3. 어느 날 헤어스타일이 '이상하게' 보인다고 상상해보자. 당신은 '오늘 내 모습은 엉망이군'이라고 생각할 것인가? ☐ ☐

4. 어느 날 아침 출근하거나 등교하면서 자신의 모습이 평상시보다 못하다고 느꼈다고 상상해보자. 이런 경우 '오늘 내 모습은 끔찍해'라고 생각할 것인가? ☐ ☐

5. 당신이 친구나 지인들과 함께 찍은 사진을 보고 있다고 상상해보자. 사진 속에서 가장 멋지게 보이는 사람과 자신의 외모를 비교하겠는가? ☐ ☐

6. 광고 모델이 입은 수영복을 당신이 입고 있다고 상상해보자. 당신은 '광고에서 본 모델만큼 나한테는 어울리지 않아'라고 생각할 것인가? ☐ ☐

7. TV 광고에 매력적인 모델이 등장했다고 상상해보자. 모델과 자신의 외모를 비교하면서 당신의 외모가 마음에 들지 않는다고 생각할 것인가? ☐ ☐

8. 당신이 헬스장이나 해변 또는 수영장에 갔다고 상상해보자. 그곳에 '완벽한 몸매'의 소유자가 몇 명 있다. 당신은 그들과 자신의 몸을 비교해보고 자신의 몸이 형편없다고 생각할 것인가? ☐ ☐

9. 친구가 특정 인물의 외모에 대해 이야기하는 중이라고 상상해보자. 당신은 자신의 외모 중 '잘못된' 부분이 어디인지 혼자서 생각할 것인가? ☐ ☐

10. 외출 준비를 하면서 거울에 비친 자신의 모습을 보고 있다고 상상해보자. 자신의 외모 중 가장 괜찮은 부분은 무시하거나 관심을 갖지 않을 것인가? ☐ ☐

11. 누군가 당신의 외모를 칭찬했다고 상상해보자. 그 후 당신이 보기에 결코 칭찬받지 못할 것 같은 부분에 관해 생각할 것인가? ☐ ☐

	대체로 그렇다	대체로 아니다

12. 거울 앞에서 벗은 몸을 보고 있다고 상상해보자. 당신의 신체 중에 괜찮은 부분보다 '결점'에 더 중점을 두고 바라볼 것인가? ☐ ☐

13. 소개팅 자리에 나갔다고 상상해보자. 당신과 상대방 모두 꽤 즐거운 시간을 보냈다. 상대방이 '며칠 후에 전화할게요'라고 말했지만 아직 연락을 받지 못했다면 '내 외모가 일을 다 망친 거야'라고 생각할 것인가? ☐ ☐

14. 잘 모르는 사람들과 함께 있는 자리를 상상해보자. 그들 중 몇 명은 다른 사람에게는 친절한데 당신과는 잘 어울리지 않는다는 것을 알아차렸다. 그 이유가 당신의 외모 때문이라고 생각할 것인가? ☐ ☐

15. 파티에서 매력적인 이성을 만났다고 상상해보자. 파티가 끝날 무렵 그 사람은 멋진 외모를 가진 사람과 함께 그 자리를 떠났다. 당신은 '내 외모가 마음에 들지 않았을 거야'라고 생각할 것인가? ☐ ☐

16. 지금 당신은 살면서 몇 가지 불만족스러웠던 일을 생각하고 있다. 만일 당신의 외모가 더 괜찮았다면 일이 더 잘 풀렸을 거라고 생각할 것인가? ☐ ☐

17. 당신은 자신의 불만스러운 외모에 대해 생각하고 있다. 다른 사람들도 그 부분을 싫어할 거라고 생각할 것인가? ☐ ☐

18. 에어로빅 수업에 참가하고 있다고 상상해보자. 사람들이 당신을 쳐다본다면, 당신의 몸에서 결점을 발견했기 때문이라고 생각할 것인가? ☐ ☐

19. 새로 산 옷을 입었는데 아무도 그 옷에 대해 언급하지 않는다고 상상해보자. 그 옷이 당신에게 어울리지 않기 때문이라고 추측할 것인가? ☐ ☐

20. 애인이 몇 주째 잠자리에 흥미를 보이지 않는다고 상상해보자. 그 이유가 당신의 몸이 매력적이지 않아서라고 생각할 것인가? ☐ ☐

21. 당신의 외모 중에서 지금과 다르게 생겼더라면 하는 부분을 생각해보자. 당신의 미래가 외모 때문에 그다지 밝지 않을 것이라고 생각해본 적이 있는가? ☐ ☐

22. 데이트할 기회가 없다고 상상해보자. 당신은 '이런 외모로는 아무도 나를 사랑하지 않을 거야'라고 생각할 것인가? ☐ ☐

	대체로 그렇다	대체로 아니다
23. 다른 지역으로 이사해서 새로운 친구들을 만나고 싶어 한다고 상상해보자. 외모 때문에 사람들이 당신과 친구가 되는 것을 거부할지 모른다고 생각할 것인가?	☐	☐
24. 해변에서 열리는 파티에 초대받았다고 상상해보자. 외모 때문에 파티에 어울리거나 즐기지 못할 것이라고 생각할 것인가?	☐	☐
25. 새 옷을 사기 위해 쇼핑을 하고 있다고 상상해보자. 마음에 드는 옷이 있어도 그 옷을 입으면 감추고 싶어 하는 신체부위에 사람들의 시선이 쏠릴까 봐 구매를 망설일 것인가?	☐	☐
26. 정말로 좋아하는 사람과 데이트 중이라고 상상해보자. 당신의 신체 중 '바람직하지 못한' 부위가 있다고 생각하면서 그 부위를 파트너가 보지 못하도록 숨겨야 한다고 생각할 것인가?	☐	☐
27. 헬스장에 가서 운동하고 싶어 한다고 상상해보자. 다른 사람들의 시선이 있으니 좀 더 몸을 가꾸고 나서 헬스장에 가겠다고 생각할 것인가?	☐	☐
28. 이웃이 찾아와 초인종을 누르는데 당신은 아직 단장을 하지 못한 상태라고 상상해보자. 당신은 '이웃에게 이런 모습을 보여줄 수 없어'라고 생각할 것인가?	☐	☐
29. 유독 스트레스를 많이 받은 날이라고 상상해보자. 이런 경우 자신의 외모에 대해 더 부정적인 생각을 할 가능성이 높은가?	☐	☐
30. 당신은 자신의 모습이 뭔가 잘못되었다고 느낀다. 그래서 친구에게 물어본다. 친구는 괜찮아 보인다고 안심시켜준다. 당신은 자신의 느낌이 진실이라고 생각해서 친구의 말을 믿지 않을 것인가?	☐	☐
31. 방금 많이 먹어서 배가 부른 상태다. 포만감 때문에 당신은 자신이 뚱뚱하다고 생각할 것인가?	☐	☐
32. 새로운 헤어스타일을 시도했는데 그다지 마음에 들지 않는다고 상상해보자. 당신의 외모 중 다른 부분에 대해서도 비판적인 생각을 할 것인가?	☐	☐

각 왜곡 유형마다 몇 개의 항목(0~4)에 '대체로 그렇다'에 체크했는가?

미녀 아니면 야수 왜곡(1~4번 항목)　　＿＿＿＿＿＿＿＿＿＿

부당한 비교 왜곡(5~8번 항목)　　＿＿＿＿＿＿＿＿＿＿

돋보기 왜곡(9~12번 항목)　　＿＿＿＿＿＿＿＿＿＿

비난 게임 왜곡(13~16번 항목)　　＿＿＿＿＿＿＿＿＿＿

마음 오해하기 왜곡(17~20번 항목)　　＿＿＿＿＿＿＿＿＿＿

불행 예언 왜곡(21~24번 항목)　　＿＿＿＿＿＿＿＿＿＿

외모 탓 왜곡(25~28번 항목)　　＿＿＿＿＿＿＿＿＿＿

우울함의 반영 왜곡(29~32번 항목)　　＿＿＿＿＿＿＿＿＿＿

바디토크의 여덟 가지 오류

바디이미지 오류나 왜곡에 관해 읽기 전에, 먼저 셀프테스트를 끝까지 완성할 것을 권한다. 왜곡 점수는 0~4 범위 안에 들어가며, 점수가 높을수록 특정한 유형의 왜곡이 두드러지게 나타난다는 것을 의미한다.

왜곡 1: 미녀 아니면 야수

'미녀 아니면 야수Beauty-or-Beast' 왜곡은 자신의 외모에 대해 극단적으로 생각할 때 일어난다. 많은 사람들이 자신의 몸무게에 대해 이렇게 생각한다. '완벽한 몸무게가 아니라면 나는 뚱뚱한 거야.' 뚱뚱해지는 것을 두려워하는 사람은 체중이 몇 킬로그램만 늘어도 "나 진짜 코끼리 같아"라고 단정한다. 반면 너무 마를까 봐 신경 쓰는 사람은 몸무게가 조금만 내려가도 "완전히 해골이야"라고 선언한다. '미녀 아니면 야수'보다 덜 극단적인 경우는 자신의 외모에 대해 '이 정도면 괜찮아' 아니면 '못생겼어'라고 생각하는 경우다. 중립적일 때 바디토크는 좀 더 조용해진다. 즉 '외모에 대해 그렇게까지 신경 쓸 필요는 없어'라고.

현실은 결코 양자택일의 문제가 아니다. 이것이 왜곡되지 않은 진실이다. 현실은 연속선상에서 존재한다. 검은색과 흰색 사이에 여러 단계의 회색 그늘이 있다. 당신이 알 수 있듯이 '미녀 아니면 야수'라는 이분법적 사고는 회색이라는 그늘을 무시하고 외모에 대해 과장된 결론을 내리고 만다.

왜곡 2: 부당한 비교

부당한 비교Unfair-to-Compare 왜곡은 당신의 외모를 비현실적인 기준과 겨루는 것이다. 비현실적인 기준을 들이댈 때, 당신은 패배자가 될 수밖에 없다. 잡지, 신문, 영화, TV, 뮤직비디오, 인터넷 같은 매체가 '이상적인' 이미지를 들이대며 강한 충격을 가하기 때문에, 실체를 알아채고 거기에서 벗어나기란 어려운 일이다. 단순히 자각하는 것만으로는 충분하지 않다. 외모에 대한 사회적 기준을 받아들이면 비현실적으로 이상화된 모습과 자신을 비교하게 된다. 비교는 절망감을 불러일으킬 뿐이다.

비현실적인 이상을 가지고 자신을 평가할 경우 자신감이 떨어질 수밖에 없다. 특별한 외모를 가진 사람을 부러워하면서 마음에 들지 않는 부분에 더욱 집착하게 된다. 당신은 '머리카락이 좀 더 두꺼웠으면', '살이 빠졌으면', '가슴이 떡 벌어졌으면' 하는 갈망에 사로잡히게 된다. 당신의 내면은 '나는 너무 ○○해'라는 생각으로 가득할 것이다. '난 키가 너무 작아', '난 너무 뚱뚱해' 등등.

잡지를 넘겨보고, TV 광고를 보고, 비디오를 보면서 마음속으로 모델의 외모와 자신의 외모를 비교할 수도 있다. 디지털 작업을 통해 완벽에 가깝게 보정한다 해도, 자신은 결코 모델처럼 될 수 없다는 결론을 내릴 것이다.

부당한 비교 왜곡은, 미디어에 나오는 완벽한 외모와 자신을 비교하는 데서 그치지 않는다. 매일 일상에서 만나는 사람들과 자신의 외모를 비교할 수도 있다. 하지만 당신의 비교는 불공정하다. 당신이 원하는 외모를 가진 사람만 비교 대상으로 삼으니 말이다. 당신은 이미 불리한 출발선에 서 있는 것이다. 이렇듯 당신이 선택한 규칙으로 비교 게임을 한다면 당신은 항상 질 수

밖에 없다. 항상 더 높은 기준과 자신을 비교하면 한없이 초라해진다.

부당한 비교 왜곡은 다른 면에서도 불공정하다. 사람들은 자신에게 유리한 것은 남과 비교하지 않는다. 가장 마음에 안 들고 신경 쓰이는 부분을 비교한다. 이런 식으로 불안감을 키운다.

4단계에서 발견한 외모에 대한 가정 중에서 어떤 것이 왜곡을 부추겼는가? '매력적인 외모를 가진 사람은 모든 것을 다 가진 것이나 마찬가지다'라는 가정 1은 외모가 멋진 사람을 승자라고 말하고 있기 때문에, 그런 사람을 평가 기준으로 삼게 된다. 가정 8도 '괜찮은 외모를 가졌다면 인생이 더 행복해졌을 것이다'라고 말한다. 이 같은 믿음은 저 높은 곳에 있는 이상향을 바라보면서, 자신이 이제 행복해도 되는지 여부를 판단하게 만든다. 이와 비슷하게 가정 3에 따라서 당신은 항상 최상의 모습을 추구하게 되는데, 최상이라 여기는 모습과 자신을 비교한 후, 아직 그 기준에 도달하지 못했다는 것을 발견한다. 드디어 가정 9에서는 '우리 사회의 문화와 미디어가 외모에 대한 불만족을 부추긴다'라고 불평한다. 대중매체가 보여주는 이미지와 자신의 모습을 비교하고는 대중매체의 이미지에 힘을 실어준다.

이 같은 정신적 오류에 빠지면 지나치게 자기비난적이고, '~되어야 해', '꼭 ~해야 해', '~여야 돼'라는 단어를 많이 사용하게 된다. 예를 들면 '내 피부는 더 맑아야 돼', '내 허리는 더 날씬해야 해'라고 말하는 식이다.

더 나아가 주변 인물과 자신을 비교하면, 자신의 외모에 대해 부정적인 감정을 느낄 뿐 아니라, 비교 대상이 된 사람에게 부러움과 질투를 느낀다. '그 사람 옆에 있으면 내가 못생겨 보여'라는 생각이 든다면 당신은 자신감을 잃고 위축될 것이다. 결과적으로 그 사람을 피하거나, 그 사람에 대해 험담하거나 곤란하게 만들어 앙갚음할 수도 있다. 하지만 비교 대상의 등급을 한두 단계 낮춘다면, 자신을 좀 더 적절하다고 느낄 수도 있다. 분명한 것은, 부당한 비교 왜곡은 누구에게나 불공평하다는 것이다.

왜곡 3: 돋보기

심리학자들은 돋보기Magnifying Glass 왜곡을 '선택적 주의집중'이라고 부른다. 이 왜곡은 자신의 외모 중 싫어하는 부분에 집중하고 그 부분을 과장해서 생각하는 것이다. 마치 돋보기를 그 부위에 대고 들여다보는 것처럼 말이다. 마음에 들지 않는 신체부위를 확대해 보면서 그것만이 자신의 외모라고 생각하는 것은 명백한 오류다. 당신의 눈에는 아주 큰 흠결만 보일 뿐이다. '사시 눈', '처진 볼', '무다리'나 '오리엉덩이'를 자신의 전체 외모와 동급으로 취급하는 것이다. 우리가 외모에 대해 갖고 있는 내면의 생각은 온갖 결점에 집중돼 있다. 내면의 목소리는 마치 고장 난 레코드처럼 같은 이야기를 반복한다. 당신은 이 소리가 신물 나지만, 여전히 반복 재생하고 있다.

돋보기 왜곡은 결점을 지나치게 강조할 뿐 아니라, 긍정적인 면은 무시하거나 아주 미미한 것으로 치부한다. 또한 다른 사람의 칭찬조차 인정하지 못한다. 예를 들어 잘생긴 남성은 누군가 잘생겼다고 칭찬할 때면 내면에서 이런 목소리를 듣는다. '네, 맞아요. 얼굴은 괜찮아요. 하지만 요즘은 얼굴보다 몸이 중요하죠. 늘어진 살 좀 보라고요!'

사람들은 자신의 외모에 만족하는 것이 자만심이 아닐까 하고 걱정한다. 그런 걱정 때문에 왜곡에 빠지기도 한다. 자신의 외모를 긍정적으로 인식하고 있었다는 것을 알게 되면, 바디토크는 죄책감을 느끼게 해 주제를 바꾸라고 명령한다. 하지만 왜곡이 일어나는 가장 중요한 이유는 바디이미지를 악화시키는 데 초점을 맞추는 나쁜 습관 때문이다.

왜곡 4: 비난 게임

비난 게임Blame Game 왜곡은 어떤 신체적인 특징 때문에 자신이 실망감과 괴로움을 겪고 있다는 잘못된 결론으로 이어질 때 발생한다. 이런 심리적 현상을 '희생양 삼기'라고 한다. 우리가 겪고 있는 어려움과 관련해서 뭔가 비난할 거리가 필요하기 때문에, 또 이미 자신의 외모를 공격 대상으로 보고 있기 때문에, 마음에 들지 않는 외모는 손쉽게 비난의 대상이 된다.

왜곡된 비난 게임은 다음과 같이 전개된다. '내 외모가 이렇게까지 _____ 하지 않았다면, 그 (나쁜) 일이 일어나지 않았을 거야.' 취업이나 연애에 실패하거나, 예의를 갖춘 대접을 받고 싶었으나 그렇지 못했을 때, 쉽사리 비난의 화살을 자신의 외모로 돌린다. 외모 때문에 고대하던 것을 도둑맞았다는 내면의 목소리가 힘을 얻는다. 확실한 증거라고는 눈곱만큼도 없는데 외모에 혐의를 씌우는 것이다.

살다 보면 외모가 때로 이런저런 영향을 미친다. 농구 골대 아래에서 슛을 시도한다면 신장 207센티미터인 사람이 174센티미터인 사람보다 유리할 것이다. 홍보와 관련된 직업을 구할 때 금발의 미녀가 더 좋은 점수를 받을 수도 있다. 안타깝지만 우리 사회에서 비만한 사람과 신체적 기형이 있는 사람은 종종 부당한 대우를 받는 것이 사실이다. 그러나 비난 게임에서는, 증거가 없는 상황에서도 문제가 생기면 자신의 외모를 희생양으로 삼는다. 사회생활에서 기대에 어긋나는 일이 생기면 왜 그런 일이 생겼는지 자신을 돌아보는 것이 당연하다. 하지만 외모 때문에 실망스러운 일이 생겼다고 결론 내리는 것은 분명 잘못된 일이다.

우리는 왜 이처럼 자신의 외모를 비난하는 데 익숙한가? 당신은 삶에서 일어난 많은 일이 외모 때문이라고 주장하는 가정 7을 믿는가? 만약 그렇다면 비난 게임을 자주 가동할 가능성이 높다. 이 가정은 외모에 대해 잘못된 혐의를 씌우고 손쉽게 외모를 희생양으로 삼는다.

앞에서 나는 당신에게 파티에서 매력적인 이성을 만났다고 상상해보라고 말했다. 테리는 '꿈의 이상형'이 다른 여성과 파티장을 떠나는 것을 보았을 때 기분이 상했다. '내 납작한 가슴과 곱슬머리 때문이야. 누가 나한테 관심을 갖겠어? 난 브로콜리 줄기처럼 보여'라며 자신의 외모를 비난했다. 그녀는 '그 남자가 다른 여자와 나간 것은 내 몸매 탓이야. 내 외모는 그를 사로잡을 만큼 매력적이지 않아'라고 결론 내렸다. 그때 테리가 몰랐던 사실이 있다. 그녀가 '홀딱 반한' 그 남자와 함께 나간 여자는 사실 그의 여동생이었다.

왜곡 5: 마음 오해하기

마음 오해하기Mind Misreading 왜곡은 '내 눈에 내 외모가 별로라면, 다른 사람도 틀림없이 별로라고 생각할 거야. 사람 보는 눈은 다 똑같아'라고 생각하는 것이다. 다른 사람의 생각은 나와 완전히 다를 수 있는데 말이다. 심리학자들은 이런 잘못된 마음의 과정을 투사라고 한다. 우리는 우리의 믿음이나 생각을 다른 사람의 마음에 투사한다.

앞에서 테리 역시 파티에서 본 남자가 자신의 외모를 마음에 들어하지 않았을 것이라고 추측하는 마음 오해하기에 빠지게 되었다. 그것은 그녀 자신의 평가일 뿐이다. 자신의 평가를 그 남자의 마음에 투사한 것이다. 마음 오해하기와 비난 게임 왜곡은 동시에 작동하는 경우가 많다. 사람들이 어떤 식으로 반응하거나 반응하지 않을 때 자신의 외모를 탓하기 위해서는, 그 사람들이 틀림없이 이런 생각을 하고 있을 것이라고 추측해야 한다.

외모에 대한 가정 2가 이 과정을 부채질할 수 있다. 만일 당신의 가치를 결정하는 것이 외모라고 생각한다면 남들이 당신의 외모를 어떻게 평가할지 지나치게 신경 쓸 것이다. 사람들이 당신의 외모를 볼 때 결함에 먼저 주목할 거라는 가정 4도 믿고 있다면, 당신은 사람들의 마음을 오해할 준비가 되어 있는 셈이다. 예를 들어 몸무게를 걱정하고 있다면, '사람들은 나를 뚱뚱한 게으름뱅이라고 생각할 거야'라고 속삭일 것이다.

왜곡 6: 불행 예언

비난 게임과 마음 오해하기는 과거와 현재의 일을 추정하는 것과 연관이 있다. 불행 예언 Misfortune Telling 왜곡은 외모가 미래에 어떤 영향을 미칠까 예상할 때 작동한다. 당신은 신체적인 단점이 인생에 부당한 영향을 끼치리라고 추측한다. 이것은 단기적('헬스장에 있는 사람들이 나를 보고 비웃을 거야'), 장기적으로('이런 외모로는 직장에서 결코 인정받지 못할 거야') 영향력을 행사한다. 불행 예언은 외모가 어떻게 걸림돌이 될지 추측하면서 '결코', '절대' 같은 극단적인 단어를 사용한다. 예를 들면 '이 못생긴 얼굴 때문에 나는 결코 사랑받지 못할 거야' 혹은 '나는 주름이 많고 노안이라 절대로 승진하지 못할 거야'라고 생각할 수 있다. 이와 같이 다른 사람이 당신에 대해 어떻게 생각하고 행동할지 예단한다. 하지만 인생과 타인을 예측하기란 어려운 일이라는 사실을 직시하라.

어떤 외모 가정이 불행 예언을 부채질하는가? 가정 8은 '괜찮은 외모를 가졌다면 인생이 더 행복해졌을 것이다'라고 이야기한다. 따라서 가정 8의 반대는, '내가 원하는 만큼 잘생기지 않으면, 내 인생은 절대로 행복할 수 없을 것'이라는 불행 예언 왜곡으로 이어진다. 외모가 과거에 나쁜 영향을 미쳤다고 주장하는 가정 7은 외모 때문에 미래도 망칠 것이라고 암시한다. 불행 예언은 우울하고 비관적인 예측을 내면에서 속삭인다.

왜곡 7: 외모 탓

외모 탓Beauty Bound 왜곡은, 외모 때문에 어떤 종류의 일은 할 수 없다고 믿게 한다. 이 왜곡은 당신을 감옥에 가둔다. 부정적인 바디이미지로 인해 활동과 포부가 제한될 때, 당신은 바로 그 안에 갇힌 죄수가 된다. 외모 탓 왜곡의 전형적인 사고는 '나는 못해'라는 말로 시작한다. 외모에 자신감이 없기 때문에 어디에 가거나 뭔가를 하거나 누군가와 함께하는 것을 피한다. 당신은 특정 스타일이나 색깔의 옷을 입을 수 없다고 말한다. 어떤 사회활동이나 취미활동을 거부한다. '나는 못해' 사고는 대개 '나는 너무 _____처럼 보여서 그런 일은 할 수 없어'와 같은 패턴을 보인다. 일시적인 제약인 경우는 다음과 같다. '태닝을 하지 않으면 해변에 못 가.' '5킬로그램을 빼지 않으면 춤추러 못 가.' 제약이 영구적일 때도 있다. '팔에 털이 많아서 절대로 짧은 셔츠를 입을 수 없어.' '형편없는 몸매로는 절대 섹스를 하지 말아야 해.'

이처럼 다양한 바디이미지 왜곡이 얼마나 자주 등장하는지 주목하길 바란다. 외모 탓 왜곡이 혼자 작동하는 경우는 거의 없다. 예를 들어 어떤 여성이 '헤어스타일이 이상해서 회사 야유회에 갈 수가 없어'라고 결심하는 것은 자신의 활동을 제한하는 것이다(외모 탓 사고). 이것은 그녀가 외모 때문에 사람들에게 무시당할 거라고 자기 자신에게 말했기 때문이다(불행 예언). 어떤 남자가 외모 탓 사고 때문에 '나는 너무 뚱뚱해서 다른 사람 앞에서는 먹을 수 없어'라고 선언하는 것 역시 마음 오해하기로, 사람들이 자신을 음식에 탐닉하는 뚱뚱한 사람으로 볼 거라고 결론을 내렸기 때문이다.

외모 탓 왜곡에서 비롯된 신념을 부채질하는 몇 가지 가정이 있다. 4단계로 돌아가서 가정 5, 가정 6, 가정 8, 가정 9를 다시 읽어보라. 이런 잘못된 가정 때문에 더 풍요로운 삶을 살 수 있는 기회가 얼마나 제한되는지 알 수 있을 것이다.

왜곡 8: 우울한 거울

우울한 거울Moody Mirror 왜곡은 심리학자들이 말하는 이른바 감정적 추론이 작동되는 것이다. 이 왜곡의 특징은 순전히 느낌만으로 추론하는 것이다. 추론은 정당화하고 싶은 강한 감정에서 시작된다. 결국에는 그 감정을 정당화하고 강화하는 잘못된 결론으로 마무리한다.

우울한 거울에는 세 가지 변형이 있다. 첫 번째 형태를 보자. 당신은 외모에 대한 부정적인 느낌을 알아차리고 자신에게 다음과 같이 묻는다. '왜 이렇게 내가 매력 없다고 느껴지지?' 그러고는 더 이상 깊이 생각하지 않고 즉각적으로 '내가 정말 매력이 없기 때문이야'라고 답한다. 여기서 우울한 거울 왜곡은 '내가 못생겼다고 느끼기 때문에 나는 못생긴 게 틀림없어'라는 그리 똑똑하지 않은 논리를 따라간다.

비유를 해보자. 당신은 친구와 함께 공원을 산책하고 있다. 친구가 뱀이 나올지도 모른다고 말하기 전까지는 모든 것이 평화로웠다. 당신은 뱀을 무서워하기 때문에 심장이 요동치는 것을 느낀다. 공원에는 뱀이 출몰할 만한 곳이 많다는 점도 신경 쓰인다. 뱀이 안에서 당신을 기다리고 있음직한 통나무도 눈에 들어온다. 뱀이 공중에서 공격할 수 있을 정도로 낮게 드리워진 나뭇가지도 있다. 결국 당신은 '이 공원에는 뱀이 득실대고 있어'라고 결론을 내린다. '슬금슬금 기어다니는 뱀이 수백 마리는 있을 거야. 여기서 나가자!' 당신의 두려움은 뱀이 어딘가에 반드시 있다는 확신으로 이어진다. 아무런 증거가 없는데도 말이다! 당신은 자신의 공포에 근거해 추론하고, 자신의 감정을 판단의 근거로 삼아 진실이 아닌 결론을 추측하고 있다.

이 비유를 우울한 거울 왜곡에 적용해볼 수 있다. 내면의 목소리는 사실과 감정을 혼동한

채 이렇게 말한다. '내가 지지리도 못생겼다고 느끼는 건 너무나 당연해. 내 꼴을 보라고! 내가 얼마나 못생기고 _____ 한지를(뚱뚱한지, 키가 작은지, 배가 나왔는지, 대머리인지, 피부가 엉망인지 등)!'

우울한 거울 왜곡의 또 다른 형태는 신체의 한 부분이 매력 없게 느껴지면 그 느낌이 곧 다른 신체부위로까지 확대되는 것이다. 내면의 목소리는 연좌제를 동원해 범인 색출에 나선다. 스스로 수용하기 어려운 부위에 초점을 맞추게 되면 당신은 매력 없고, 불만족스럽다고 느낀다. 그런 뒤 감정이 실린 유도 질문을 하게 된다. '도대체 나는 얼마나 못생긴 거지?' '내 외모에서 또 어디가 문제인 거야?' 이런 질문에 대답할 때 당신의 마음은 마치 눈에 보이는 모든 것을 없애버리려는 살충제가 된다. 자신을 못생겼다고 느낄수록, 그러한 느낌을 합리화하기 위해 더 많은 결점을 찾아내게 된다.

스트레스를 받거나 기분이 좋지 않을 때 우울한 거울 왜곡의 세 번째 징후가 나타난다. 나쁜 기분은 들불처럼 번져나가 바디이미지의 경험에 점화된다. 이런 일은 어떤 방식으로 전개될까? 우리의 뇌는 다양한 목소리를 저장하고 있으며, 예측 가능한 정서를 만들어내면서 이 목소리를 반복 재생한다. 어떤 사건이 스위치를 켜기 전까지 이 목소리는 조용하다. 부정적인 정서는 수치심이나 불안이 가득한 대화를 일깨운다. 그 결과 당신은 고약한 기분이 되어 이미 준비된 공격 대상을 찾아 나서고, 부당하게도 자신의 외모를 비난하게 된다. 우울한 거울 왜곡은 분란거리를 찾고 실제로 문제를 일으킨다.

왜곡이 심하면 고통도 크다

바디이미지 왜곡은 바디이미지의 경험과 관련 있다는 것이 연구를 통해 확인되었다. '자기발견 헬프시트: 나의 생각 살펴보기'와 비슷한 과학적인 테스트를 이용해 수백 명의 바디이미지 왜곡을 분석한 두 개의 연구 결과를 소개하려고 한다. 첫 번째 연구(Jakatdar, Cash, and Engle 2006)에서는 외모에 대한 내면의 목소리가 왜곡될수록 불만과 고통을 더 심각하게 느끼며, 자기 가치를 높이려고 외모에 더 많이 투자하지만 바디이미지에는 더 해롭다는 것을 알아냈다.

두 번째 연구(Rudiger et al. 2007)에서 참가자들은 광범위한 바디이미지 조사에 참여했다. 열흘 동안 매일 온라인 질문지에 기록하는 방식으로 각자의 바디이미지를 모니터했다. 우리는 첫 번째 조사에서 내면의 목소리가 더 많이 왜곡되어 있는 참가자들이 이후 열흘 동안 부정적인 바디이미지를 더 많이 경험한다는 것을 발견했다.

이런 연구 결과를 통해, 왜곡된 사고방식이 부정적인 바디이미지를 갖게 하는 결정적인 요인이라는 것을 확실히 알 수 있었다. 이런 발견은 또한 우리에게 희망을 준다. 내면의 목소리에 이 같은 정신적 오류가 반영되지 않는다면 당신은 더 긍정적이고 만족스러운 바디이미지를 갖게 될 것이다. 그러니 왜곡된 내면의 목소리를 개선하기 위한 노력을 시작하기를 권한다.

잘못된 생각 바로잡기

4단계에서 외모에 대한 잘못된 가정을 살펴보면서, 당신은 이미 새로운 내면의 목소리를 만들기 시작했다. 이제 이 목소리는 당신의 왜곡된 바디이미지에 말을 걸 것이고, 결국 자신의 외모를 부당하게 공격하는 사고방식을 바꿀 수 있을 것이다.

인지치료사는 경험에 대한 사람들의 사고방식을 변화시키는 데 매우 효율적인 전략을 개발해왔다. 이런 전략을 인지 재구성cognitive restructuring 혹은 생각 바로잡기corrective thinking라고 부른다. 생각 바로잡기는 스트레스가 많은 상황에서는 익히기 어려울 수 있으므로 사전에 습득할 필요가 있다. 그다음 약간의 연습을 통해 일상생활에서 내면의 목소리를 변화시키기 위해 학습한 것을 적용하게 될 것이다.

다음에서는 여덟 가지 왜곡된 바디이미지를 각각 비판할 것이다. 왜곡된 내면의 목소리에 어떻게 반박해야 할지에 대해서도 다양한 예를 제시할 것이다.

다음은 당신이 할 일이다.

- 먼저 이 장에 있는 '나의 생각 살펴보기' 셀프테스트로 돌아가자. 만약 당신의 점수가 특정 왜곡에 대해 1과 4 사이의 어디쯤에 있다면, 자신의 사고방식으로 보이는 특정한 항목을 읽어보라.

- 그런 다음 각 왜곡에 대한 반박을 읽어보기 바란다. 각각의 왜곡은 바로 당신이 생각하는 방식의 특성이다.

- 특정 왜곡 항목에서 점수가 2와 4 사이라면, 그 항목에 관한 작업이 필요하다는 것을 의미한다. 어떤 항목이든 가슴에 와닿거나 도움이 될 만한 내용에 밑줄을 긋거나 노트에 별

도로 기록한다. 이후 헬프시트를 이용해서 각각의 왜곡에 대해 비판하게 될 것이다.

- 셀프테스트 결과를 검토한 후 이를 바탕으로 대부분의 문제를 야기하는 시나리오를 하나 고른다. 이것은 특정한 바디이미지 왜곡을 반영한 익숙한 시나리오다. 바디이미지로 인해 고통을 일으키는 전형적인 선행사건을 헬프시트에 적는다. 이 같은 정신적 오류를 범하는 바디토크를 적는다. 왜곡이 반영된 각자의 신념, 자기 진술, 해석도 함께 적어보자.

- 마지막으로 반박하자. 왜곡을 반박한 논쟁과 사례를 기초로, 생각을 바로잡기 위한 자신만의 서사를 구성해 당신이 가진 왜곡에 이의를 제기해보자.

자신의 목소리를 찾는 데 있어서 내 조언을 그저 흡수하면 될 거라고 생각해서는 안 된다. 이 치료법은 그와 같은 삼투압 방식이 아니다. 새로운 내면의 목소리는 당신이 선택한 언어로 이야기해야 하기 때문에 잠깐 시간을 내서 자신의 언어를 종이에 적어야 한다. 이렇게 함으로써 바디이미지의 어려움을 야기하는 내적인 원인을 마음챙김으로 발견하고 분석하고 맞서 싸우게 될 것이다.

미녀 아니면 야수 왜곡 바로잡기

미녀 아니면 야수 왜곡은 이분법적 사고임을 기억하라. '나는 못생겼으니까 매력적이지 않아.' '5킬로그램을 감량하지 못하면 뚱뚱한 거야.' '어떤 사람은 가졌고 어떤 사람은 못 가졌어. 그런데 나는 못 가졌어.' 이러한 이분법적인 사고에 반박하고 싶다면 다음과 같은 방법을 사용해보자.

- 사물을 연속선상에 두고 보는 훈련을 해보자. 회색빛의 그늘을 떠올려보라. 매력 점수 10점 만점을 받지 못한다고 당신이 반드시 0점이 되는 건 아니라는 사실을 기억하라. '좋아, 내가 완벽한 건 아니지만 그렇다고 최악도 아니야. 꽤 괜찮은 부분도 있어'라고 말해보자. 그리고 괜찮아 보이는 부위를 스스로 상기시켜보자.

- 다른 사람의 외모에 대해 어떻게 생각하는지 곰곰이 떠올려보자. '타인을 두 개의 극단적인 범주로만 판단하는가? 아니면 연속선상에 두고 보는가?' 후자라면 '나는 왜 나 자신에

변화를 위한 헬프시트: 미녀 아니면 야수 왜곡 반박하기

이런 왜곡이 일어나는 사건이나 상황은?

....

....

....

....

....

왜곡된 나의 바디토크가 종종 말하는 것은?

....

....

....

....

....

....

왜곡된 생각을 바로잡기 위해 새로운 내면의 목소리가 반박하고 말하는 것은?

....

....

....

....

....

....

게 더 엄격한 기준을 가져야 하는가?'라고 자문해보자.

- 좀 더 객관적으로, 생각 속에 자리 잡고 있는 극단적인 어휘를 제거해보자. '내 얼굴은 말 상이야' 대신에 '나는 얼굴이 길어'라고 해보자. '내 피부는 울퉁불퉁해' 대신에 '내 피부는 매끄럽지 않아'라고 말하자. '내 몸은 부지깽이야' 대신에 '난 마른 체형이야'라고 말하자. '하마 궁둥이' 대신 '둥근 엉덩이'로, '난 대머리야' 대신 '머리카락이 빠졌어'로 대체하는 식이다.

- '솔직히 내가 내린 냉혹한 심판이 문제인 거지, 그것 말고 내가 정말 못생겼다는 증거는 뭐지?'라고 자문해보자. '반대의 증거는?'이라고도 물어본다. 외모에 대해 칭찬을 받았던 순간을 떠올려보라.

부당한 비교 왜곡 바로잡기

부당한 비교 왜곡이 일어나는 원인은 주로 세 가지다. 첫째, 당신이 스스로 만들어낸 이상형에 자신을 맞추려 하기 때문이다. 둘째, 미디어에 나오는 완벽한 외모에 비추어 자신의 외모를 평가하기 때문이다. 셋째, 주변에서 마주치는, 외모가 멋진 사람과 자신의 외모를 비교하기 때문이다. 이처럼 당신은 늘 자신을 이상적인 외모와 비교한다. 결과적으로 더 나은 외모를 가진 사람에게 신경 쓰는 데 많은 시간을 보낸다. 그러니 자신은 매력이 없다고 결론 내리는 것도 놀랍지 않은 일이다.

이 때문에 내면의 목소리는 '꼭 ~해야 돼', '~가 돼야 해' 같은 문장으로 채워진다. 수치심, 질투심, 압박감은 부적절한 비교에서 기인한다. 여기서 다루는 그릇된 내면의 목소리는 다음과 같다. '나는 더 매력적이어야 해', '저 사람처럼 나도 잘생겼으면 좋겠다', '저 사람 때문에 내가 너무 못생겨 보여' 등이다.

이 왜곡을 바로잡기 위해서는 우선 당신의 마음 상태를 인식해야 한다. 당신은 끊임없이 남과 비교하느라 기분이 엉망이 되었다. 당신의 생각을 바로잡을 수 있도록 아래의 제안을 활용해보자.

- '~해야 한다'를 느슨하게 표현한다. '난 외모가 더 멋져야 해', '키가 더 커야 해', '더 날씬해야 해'라고 말하는 대신 이렇게 말해보자. '몇 킬로그램 빠지면 좋겠지만, 지금의 나도

꽤 멋져. 잡지 모델처럼 보이지 않는다고 나를 폄하하는 건 사양하겠어.'

- 자신에게 다음과 같이 말하는 것도 도움이 된다. '매력적인 사람이 되기 위해서 외모가 완벽할 필요는 없어.' '그 누구도 완벽하지 않아. 완벽해 보이는 모델도 실은 디지털 보정을 한 거잖아.' '나만 빼면 아무도 내 외모를 가지고 이러쿵저러쿵 말하지 않아.' (당신의 외모에 대해서 부정적인 말을 하는 사람이 있다면, 그런 사람들에게 효과적으로 대처하는 법이 있다. 이 책의 후기 부분을 보라.)

- '사회가 요구하는 외모 기준을 더 이상 받아들이지 않겠어. 그것은 성차별적이야. 나 자신을 그런 방식으로 대하지 않을 거야'라고 단호하게 말하라.

- 멋진 외모를 자랑하는 사람도 또 다른 누군가에 비하면 그렇게 매력적이지 않을 수 있다. '내가 부러워하는 것을 다른 사람이 갖고 있다고 해서, 내 외모의 어떤 부분이 마음에 안 든다고 해서 위축될 필요는 없어'라고 자신에게 이야기해보자.

- 다른 사람을 부러워하는 것이 자기비난으로 이어질 필요는 없다는 점을 인식하자. '내가 누군가의 외모를 부러워하는 것과 내가 어떻게 생겼는지는 아무런 상관이 없어. 그 사람이 나에게 뭘 강요한 것도 아니잖아.'

- 새로운 내면의 목소리가 말한다. '좋아, 꼭 비교해야 한다면 좀 더 공정할 필요가 있어. 그렇다면 나는 누구보다 더 매력적이지?'

마지막으로, '이제 내가 가진 재능이나 꿈을 생각하는 데 시간을 쓰겠어'라고 자신에게 말하자.

변화를 위한 헬프시트: 부당한 비교 왜곡 반박하기

이런 왜곡이 일어나는 사건이나 상황은?

왜곡된 나의 바디토크가 종종 말하는 것은?

왜곡된 생각을 바로잡기 위해 새로운 내면의 목소리가 반박하고 말하는 것은?

돋보기 왜곡 바로잡기

왜곡된 돋보기로 자신의 외모를 들여다보면, 마음에 안 드는 부분만 크게 보이고 괜찮은 부분은 보이지 않는다. 즉 자신에게 편협한 잣대를 들이대는 것이다. 사랑하는 사람을 생각할 때 몸무게, 사마귀, 주름 같은 것만 생각하는가? 물론 그렇지 않을 것이다. 당신은 그 사람의 외모뿐 아니라 인간적인 면모까지 포함해서 좀 더 공정하고 균형 잡힌 전체 그림을 가지고 있다. 이 왜곡에서 자유로워지면, 내면의 목소리는 당신에 대해 더 균형 잡힌 관점을 갖게 될 것이다.

- '내 결점에만 집착하면서 괜찮은 부분은 잊고 있는 건 아닌가?'라고 자신에게 먼저 물어보자. 왜곡의 돋보기를 들이댈 때는, '마음에 안 드는 부분이 있긴 하지만, 그건 일부일 뿐 내 전체 모습은 아니야. 내 입으로 말하긴 좀 그렇지만 나는 표정이 풍부한 눈과 따뜻한 미소가 매력적이야. 머리칼도 정말 멋져'라는 말로 마음의 시력을 교정할 수 있다.

- '나는 나의 _____(머리, 엉덩이, 근육 등)을 싫어할 수도 있지만, 다른 사람들은 나에게서 결점보다는 좋은 면을 보고 있어'라고 말해보자.

- 미녀 아니면 야수 왜곡을 바로잡기 위해 시도한 것처럼, 작은 결점을 돋보기로 확대해 보면서 자기를 비하하는 말을 좀 더 중립적인 표현으로 바꿔보자. '다리미판처럼 납작하잖아!' 대신 '가슴이 좀 작아'라고 표현하는 것이다.

- 거울을 볼 때 자기비난의 말이 나오려고 하면, 생각을 차단하고 말하라. '또 나를 괴롭히려는 거야? 딱 걸렸어. 나는 비난을 멈추고, 나 자신에게 미소를 지어주고 거울에서 멀어질 거야. 그리고 나를 수용하는 말을 할 거야'라고 이야기해보자.

- 마음에 안 드는 부분에 대해 계속 불평하는 자신을 발견했다면, 불평한 시간만큼 외모를 칭찬하는 시간을 반드시 갖기 바란다.

변화를 위한 헬프시트: 돋보기 왜곡에 반박하기

이런 왜곡이 일어나는 사건이나 상황은?

왜곡된 나의 바디토크가 종종 말하는 것은?

왜곡된 생각을 바로잡기 위해 새로운 내면의 목소리가 반박하고 말하는 것은?

비난 게임 왜곡 바로잡기

비난 게임은 책임 전가라는 오류를 범한다. 실망스럽거나 불쾌한 일이 외모 때문에 일어났다고 섣불리 추측할 때 작동한다. 비난 게임에 해당하는 바디토크의 예를 들어보자. '내가 매력적이지 않아서 남자친구가 없는 거야.' '내가 대머리라서 사람들이 나에게 불친절한 거야.'

비난 게임 왜곡을 바로잡으려면 불행한 일이 일어났다고 자신의 외모를 비난하는 것은 추측성 편견이라는 사실을 깨달아야 한다. 진짜 증거는 무엇인가? 이유를 객관적으로 살펴보면, 자기 외모에 대한 불만 때문에 자신을 비난하는 것이다. 이것이야말로 꽤 설득력 있는 증거다.

비난 게임 왜곡에 어떻게 반박할 수 있을까?

- 당신이 가장 먼저 해야 할 일은 외모를 비난한다는 것을 알아채고, 당신이 내린 결론이 전혀 터무니없음을 인식하는 것이다. 스스로에게 '비난을 멈춰!'라고 말하고는 당신이 좋아하거나 재미있어 하는 일로 넘어가야 한다. 혹은 스스로에게 '외모 때문에 다 망쳤다고 투덜거리다니, 또 시작이군! 외모는 신경 쓰지 말고, 내가 잘하는 것에 더 집중할 거야!'라고 말할 수도 있다.

- 새로운 내면의 목소리는 합리적으로 이렇게 말한다. '그저 뭔가 비난할 대상이 필요한 것일지도 몰라. 정말로 내 외모 때문에 나쁜 일이 일어난다고 생각하는 건 아니야.'

- 비난이 신념을 정당화하는 충분한 증거가 될 수는 없다. 자신에게 물어보라. '좋아, 이렇게 된 게 외모 탓이라는 확실한 증거는 뭐지? 또 다른 설명은 뭐가 있을까?'

- 당신의 외모가 정말로 문제를 일으키는 원인이라고 가정해보자. 예를 들어 당신이 데이트 신청을 했는데, 외모 때문에 거절당했다. 그래서 뭐? 모든 사람이 당신의 외모를 좋아할 수는 없다. 마찬가지로 당신이 만나는 사람들이 모두 당신이 가진 자동차, 옷, 정치관, 종교적 신념을 좋아하는 것은 아니다. 만약 몇몇 사람이 이런 이유로 당신을 거절했다면, 그것은 그들의 문제이고, 그들의 손해다. 세상에는 편견을 가지고 성급하게 판단하는 사람들이 있다. 비만을 혐오하는 사람이 있다면, 그 사람은 과체중이라고 당신만 거부하지는 않을 것이다. 그는 비만한 사람을 모두 거부한다. 그렇다면 편견이 아주 심한 사람이

변화를 위한 헬프시트: 비난 게임 왜곡 반박하기

이런 왜곡이 일어나는 사건이나 상황은?

_____

_____

_____

_____

_____

왜곡된 나의 바디토크가 종종 말하는 것은?

_____

_____

_____

_____

_____

_____

왜곡된 생각을 바로잡기 위해 새로운 내면의 목소리가 반박하고 말하는 것은?

_____

_____

_____

_____

_____

당신에 대해 어떻게 생각하는지 염려할 필요가 있을까? '안녕!'이라고 말하고 당신의 길을 가라.

마음 오해하기 왜곡 바로잡기

마음 오해하기는 외모에 대한 자신의 생각을 다른 사람의 마음에 투사할 때 일어난다. 다른 사람도 당신과 똑같은 방식으로 당신의 외모를 판단할 것이라고 잘못 추론하는 것이다. '나를 보는 사람들은 모두 내 ＿＿＿＿＿(납작한 코, 여드름, 작은 가슴, 작은 키 등등)에 대해 생각하고 있다'라고 예단한다.

앞서 언급했듯이, 마음 오해하기는 종종 왜곡된 비난 게임과 동시에 일어난다. 예를 들어 당신의 바디토크가 '지난주에 그 사람은 내 늘어진 뱃살을 보고는 섹스를 원하지 않았어'라고 비난한다고 있다고 가정해보자. 섹스를 거절당했다는 이유만으로 자신의 외모를 비난하고 있는 것이다. 당신의 외모 때문에 파트너가 섹스에 흥미를 잃었다는 것을 당신은 어떻게 알 수 있는가? 파트너가 단순히 기분이 내키지 않았거나, 다른 일에 몰두하고 있었을 수도 있지 않은가? 당신의 욕구를 그에게 정확하게 표현했는가? 왜 당신의 욕구를 분명하게 표현하지 않으면서, 파트너가 알아주기만을 바라고 있었는가?

비난 게임을 다루는 전략은 마음 오해하기 왜곡을 다루는 데도 유용할 수 있다. 여기 자신의 생각을 돌아보는 방법을 소개한다.

- 첫째, 당신이 무슨 일을 하고 있는지 살펴보자. 당신은 다른 사람들이 당신에 대해 어떻게 평가할지 생각하고 있다. 다른 사람들이 당신의 외모에 대해 갖고 있을 생각이나 의견이 당신과 똑같다고 생각하는가? 이처럼 경솔하게 굴었다면, 당신이 사람들의 마음을 잘못 읽고 있다는 것을 인정하라.

- 현실을 받아들여라. '나는 굉장히 똑똑해. 하지만 다른 사람의 마음까지 읽을 수는 없어. 내가 읽을 수 있는 것은 오로지 내 마음뿐이야'라고 스스로에게 말하라.

- 다른 사람들이 당신에 대해 이러쿵저러쿵 평가할 것이라는 추측을 반박할 만한 증거를 갖고 있는가? 당신이 잘 아는 어떤 사람이 당신의 외모에 대해 긍정적이거나 지지하는

변화를 위한 헬프시트: 마음 오해하기 왜곡 반박하기

이런 왜곡이 일어나는 사건이나 상황은?

왜곡된 나의 바디토크가 종종 말하는 것은?

왜곡된 생각을 바로잡기 위해 새로운 내면의 목소리가 반박하고 말하는 것은?

말을 한 적이 있는가? 당신이 자기 외모에 대해 불평할 때 동의하지 않고, 당신을 안심시킨 남자나 여자는 없는가?

- 자신에게 물어보라. '내 외모가 아니라 다른 무엇인가가 다른 사람들을 괴롭히고 있는 것이 아닐까?' 이 질문에 대답이 될 만한 몇 가지를 고려해보자. 만약 당신이 친절하지 않다면 다른 사람들도 당신을 따뜻하고 상냥하게 대하지 않을 것이다. 다른 사람들이 당신을 좋아하지 않을 거라는 걱정 때문에 당신은 차갑게 거리를 두며 행동하고 있지 않은가? 또 상대가 내향적인 사람일 수도 있고, 힘든 하루를 보내는 중일지도 모른다. 그들의 행동이 당신의 마음을 상하게 했다면, 당신이 아니라 그들에게 문제가 있는 게 아닐까?

- 바디토크가 당신을 비난하고 있다면, 적극적으로 반박하라. '다른 사람들이 나를 어떻게 볼까 하는 생각을 멈출 필요가 있어. 대신 내 생각을 바꿔보자!'라고 스스로에게 말하라.

불행 예언 왜곡 바로잡기

비난 게임이 과거와 현재의 불쾌감을 외모 탓으로 떠넘기는 것이라면, 불행 예언은 외모 때문에 나쁜 일이 일어날 것이라고 비관적으로 예측하는 것이다. 바디토크는 '항상' 또는 '결코 아니다'라는 단어를 사용한다. 예를 들어 '나는 외모 때문에 항상 부적응자가 될 거야'라고 생각하는 것이다. 불행 예언은 구체적인 상황을 왜곡해서 예상하기도 한다. '만약 내가 해변에서 수영복을 입는다면 끔찍한 시간을 보내게 될 거야' 또는 '남자친구가 내 알몸을 본다면, 우리 관계는 끝장날 거야' 같은 것들이다. 여기서 일어나고 있는 마음 오해하기를 감지할 수 있겠는가?

이런 잘못된 생각을 바로잡으려면 당신이 아무런 증거 없이 섣부른 결론을 내리고 있다는 것부터 깨달아야 한다. 최악의 두려움이 현실이 된다고 어떻게 믿는가? 미래를 판단할 때 감정을 분리해야 한다. 여기에 도움이 되는 몇 가지 방법이 있다.

- 어떤 상황에서 자의식을 느끼게 될 거라고 예상할 때 비관적인 생각이 든다는 것을 깨달아야 한다. 당신이 걱정하는 일은 실제로 일어나지 않을 가능성이 높다. 따라서 불길한 생각을 멈추고, 자의식을 받아들이는 법을 배우면 된다.

변화를 위한 헬프시트: 불행 예언 왜곡 반박하기

이런 왜곡이 일어나는 사건이나 상황은?

....

....

....

....

....

왜곡된 나의 바디토크가 종종 말하는 것은?

....

....

....

....

....

왜곡된 생각을 바로잡기 위해 새로운 내면의 목소리가 반박하고 말하는 것은?

....

....

....

....

....

- '외모 때문에 결코 사랑받지 못할 거야'라는 생각이 들 때, 당신이 진짜 느끼는 것은 '사랑받지 못할까 봐 두렵다'라는 미래에 대한 걱정이라는 것을 깨달아야 한다. 하지만 분명한 것은, 미래는 아직 오지 않았으며, 당신은 오지도 않은 미래 때문에 절망하고 걱정하고 있다는 사실이다. 외모를 수용하는 느낌에 좀 더 초점을 맞춘다면, 불안감을 덜 느끼게 될 것이다. 다른 고민은 분리해서 다뤄야 한다.

- 증거를 분석하라. 당신의 비관적인 예상은 항상 맞아떨어졌는가? 예상했던 것보다 일이 더 순조롭게 풀린 경우를 떠올려보자.

- '미래에 대한 걱정을 멈추고, 현재에 집중할 거야! 예상이 잘못됐다는 걸 증명하기 위해 내가 할 수 있는 게 뭐지?'라고 말하는 새로운 내면의 목소리를 들어보자. 물론 그 대답은, 이전과 완전히 다른 생각으로 사는 것이다. '내 미래는 나에게 달려 있다!'

외모 탓 왜곡 바로잡기

'난 외모 때문에 안 돼'라고 생각한다면 외모 탓 왜곡에 말려든 것이다. 이것은 자기충족적인 예언을 작동시키기 때문에 위험하다. 예를 들어 살이 쪄서 수영장에 갈 수 없다고 자신에게 말하고 있다고 치자. 불행 예언과 마음 오해하기는 외모 탓 왜곡에 빠지도록 유도한다. 그래서 당신은 '혐오스러운 외모' 때문에 아무것도 할 수 없다고 짜증내며 집에서 자기연민에 빠져 있다. 물론 당신의 외모는 아무것도 방해하지 않았다. 단지 당신의 정서가 그렇게 결정한 것이다. 외모 탓은 또한 '살을 뺄 때까지 헬스장에 가지 않을 거야'와 같은 22가지 상황catch-22 situations을 만들어낸다.

다음의 6단계에서는 외모만 탓하는 사고방식의 한계를 극복하는 몇 가지 행동 기법을 가르쳐줄 것이다. 그 전에 이 왜곡에 반박할 수 있는 몇 가지 방법을 살펴보자.

- 자신에게 '내가 왜 이러저러한 것들을 할 수 없지?'라고 물어보자. '왜 10킬로그램을 빼지 못하면 동창회에 갈 수 없는 건데?' 왜 안 되겠는가? '살찐 사람 입장 금지'라는 표지판이 있기라도 한가? '내 몸무게에 대한 자의식이 있어서 다른 사람들의 시선을 신경 쓰게 될 거야'라고 대답할지도 모른다. 불행 예언과 마음 오해하기에 이의를 제기하라. 당신을

가로막은 것은 외모나 남들의 시선이 아니라 바로 당신 자신의 불안이다.

- '나는 할 수 없어'에 질문으로 반박하라. '내가 어떻게 하면 될까? 어떻게 하면 더 쉽게 할 수 있을까?' 예를 들어 '이 헤어스타일로는 쇼핑몰에 갈 수 없어'는 '좋아하는 모자를 쓰면 돼'가 된다. '살을 빼기 전에는 헬스장에 갈 수 없어'는 '불안에 맞서는 것이 용기 있는 행동이라는 사실을 나 자신에게 상기시키면 돼'로 대체하라.

- 완벽한 외모와 거리가 먼 사람들도 당신이 자제하고 있는 바로 그 활동을 하고 있다. 그들이 정말 당신보다 더 잘생겨서일까? 외모가 완벽하지 못하면 삶을 적극적으로 살 수 없다는 생각을 거부한 것일까? 헬스장이나 수영장 파티에서 당신만 유일하게 완벽하지 못한 몸매를 갖고 있는가?

- 처음에는 자신 없었지만 자신을 격려하고 도전해서 마침내 성취했던 일들을 떠올려보자. 장애물을 극복하고 뭔가를 성취했을 때, 어떤 기분을 느꼈는가? 그 순간들을 다시 떠올리고 자신에게 할 수 있다고 말해보라.

- 외모 탓 왜곡에 지배당할 때 어떤 느낌이 드는가? 좌절하는가? 화가 나는가? 낙담하는가? '그래, 난 할 수 있어'라는 말에 '난 할 수 없어'라고 맞선다면 기분이 어떨지 상상해보라. 두려움에 직면하고 어떻게든 그것을 해내는 모습을 상상해보라. 어떤 감정이 느껴지는가? 좀 더 자신감이 생기는가? 좀 더 통제력이 생기는가?

- 외모 탓을 하는 비관적 생각에서 벗어나 의욕을 가져보자. 어른들에게도 영감을 주는 동화책 『넌 할 수 있어 꼬마 기관차 The little engine that could』가 알려주는 지혜를 활용해보자. 스스로를 긍정하라. "난 내가 할 수 있다는 걸 알아! 내가 할 수 있다는 걸 알아!"

변화를 위한 헬프시트: 외모 탓 왜곡 반박하기

이런 일이 일어나는 사건이나 상황은?

....

....

....

....

....

왜곡된 나의 바디토크가 종종 말하는 것은?

....

....

....

....

....

왜곡된 생각을 바로잡기 위해 새로운 내면의 목소리가 반박하고 말하는 것은?

....

....

....

....

....

우울한 거울 왜곡 바로잡기

마지막으로 우울한 거울 왜곡에는 감정적 추론이 포함되어 있다. 이것은 몇 가지 방식으로 일어날 수 있다. '못생겼다고 느껴질' 때, 자신이 못생겼다는 증거로 부정적인 정서를 취한다. 부정적인 감정을 정당화할 수 있는 특징을 모두 찾아낸다. 외모가 아닌 다른 이유로 기분이 언짢거나 혼란스러울 때도 이 왜곡이 일어난다. 강력한 기분은 바디토크를 전염시키기 때문이다. 우울한 생각은 다른 정신적 오류를 자극해서 왜곡된 생각이 꼬리에 꼬리를 물고 일어난다. 하나의 비판이 또 다른 비판으로 이어지는 것이다.

생각 바로잡기는 부정적인 생각에 전염되지 않도록 치료한다. 기분이 나빠졌고, 그 기분을 합리화하기 위해 외모 탓을 했다는 것을 아는 것이 관건이다. 당신과 똑같은 신체적 '결함'을 가진 사람들이 모두 당신과 똑같은 기분을 느끼지는 않는다. 열등감은 작은 키, 숱이 적어지는 머리칼, 엉덩이의 살집을 결정하는 유전적 물질에는 존재하지 않는다.

당신이 보기에는 괜찮은 외모를 가진 사람들이 스스로 외모를 비하하는 소리를 자주 들었을 것이다. 친구가 "내 헤어스타일은 엉망이야"라고 말할 때 당신이 보기에는 괜찮았던 적이 있을 것이다. 또 어떤 여성이 "내 엉덩이는 버팔로 엉덩이처럼 커!"라고 푸념하지만 실제로는 과장이라는 걸 알 것이다. 당사자가 아니기 때문에 당신은 객관적일 수 있다. 심지어 친구의 헤어스타일이 더 좋아 보이거나 그녀의 엉덩이가 더 작아 보일 수도 있다. 문제는 우리가 무엇을 믿고 느끼는가에 달려 있다.

다음에 나오는 생각 바로잡기 전략이 우울한 거울의 오류를 수정할 수 있다.

- 편견 없이 객관적인 관찰자가 되어 우울한 거울 왜곡에 접근하라. 당신의 기분을 알아차리는 즉시 불만이 커지기 전에 왜곡을 포착하라. 눈덩이가 언덕을 내려가면서 점점 커지는 것처럼, 왜곡도 시간이 갈수록 더 크고 강력해진다. 그것을 멈추게 하려면 언덕을 내려가기 전에 행동해야 한다. 신체적 결함에 대한 당신의 집착이, 잘못된 생각을 바로잡지 못하게 하는 걸림돌임을 깨달아야 한다. 그 집착이 잘못된 것이다.

- 자신에게 이렇게 물어라. '내 몸을 비난하기 전부터 이미 나를 괴롭히는 어떤 문제가 있었던 게 아닐까?' '그래, 진짜 문제는 외모가 아니야. 오늘 일진이 사나웠다는 것을 받아들여야 해. 이 일과 외모 문제를 분리할 거야.'

- 바디토크를 중단시키기 위해 심리적인 멈춤 신호를 사용하라. '지금은 내가 별로 매력적이라고 느껴지지 않네. 지금은 내 외모를 생각할 때가 아니야. 더 기분만 나빠질 뿐이야. 여기서 생각을 멈출 거야'라는 내면의 소리를 들어라. (당신의 몸을 비난한 것에 대해 간단히 사과한 후) 부정적인 바디토크에서 벗어나라. 그리고 비난한 시간만큼 자신을 칭찬하는 시간을 가져라.

- 헤어스타일 때문에 짜증이 나 있다고 가정해보자. 당신은 몸무게에 대해서도 불평하기 시작했다. 거기서 당장 멈춰라! 마음챙김으로 자신의 상태를 깨닫고 이렇게 말해보자. '그래, 또 그 상황이네. 헤어스타일이 마음에 안 든다고 다른 부분까지 확대 해석할 필요는 없어.'

- '나는 ~이다'라는 생각을 '나는 ~라고 느끼고 있다'로 대체하라. 예를 들어 '나는 이 스웨터를 입으면 끔찍해 보여'라고 말하는 대신 '이 스웨터가 마음에 안 든다고 느껴지네'라고 말하라.

- 두통에 신경을 쓰다 보면 통증이 더 심해지는 것처럼, 감정에 집착하면 그 감정이 더 강화될 뿐이다. 따라서 마음챙김으로 자신의 감정을 지켜보고, 받아들일 필요가 있다. 자신을 정서적 늪에서 끌어내 다른 감정을 느끼도록 주의를 돌려라. 재미있는 비디오를 보거나, 좋아하는 웹사이트를 방문하거나, 신나는 음악을 듣거나, 활기차게 산책하라.

- 새로운 내면의 목소리는 속담을 이렇게 변형한다. '나 자신에 대해 좋은 말을 할 수 없다면, 나는 아무 말도 하지 않을 것이다.'

변화를 위한 헬프시트: 우울한 거울 왜곡 반박하기

이런 일이 일어나는 사건이나 상황은?

왜곡된 나의 바디토크가 종종 말하는 것은?

왜곡된 생각을 바로잡기 위해 새로운 내면의 목소리가 반박하고 말하는 것은?

새로운 내면의 목소리로 반박하기

헬프시트는 왜곡되지 않은 새로운 내면의 목소리를 찾는 데 도움을 주었다. 이것은 바디토크를 수용하는 큰 변화의 시작이다. 물론 중요한 것은 당신이 지금 여기에서 일어나는 일상의 사건에 대해 생각 바로잡기를 할 수 있다는 것이다.

3단계에서는 생각과 감정이라고 하는 내면의 경험에 대해 어떻게 마음챙김하면서 주의를 기울이고 수용할 수 있는지 배웠다. 4단계와 5단계에서는 일상생활에서 문제가 되는 바디토크를 변화시키는 방법을 배웠다. 이제 외모에 대해 부정적인 감정을 느낄 때마다 어떻게 멈추고, 보고, 들어야 하는지 안다. 첫째, 반응하고, 판단하고, 조바심치는 것을 멈춘다. 둘째, 내면의 경험을 마음챙김을 통해 바라본다. 즉 생각과 정서를 객관적으로 바라보면서 그것이 존재하며, 단지 그뿐이라는 사실을 받아들이는 것이다. 마지막으로 더 합리적이고, 현실적이며, 판단을 보류하는 관점으로 내면의 목소리를 듣는다. 이제 새로운 내면의 목소리로 잘못된 마음에 반박하고, 스스로를 괴롭히던 생각들을 바로잡을 수 있게 됐다. 비판적이고 부당한 말을 하는 친구에게 말하듯이 당신 자신에게 말할 수 있는 것이다. 당신은 그 비난이 진실이 아니라는 것을 알기 때문이다.

새로운 바디이미지 다이어리

3단계에서 시작한 바디이미지 다이어리를 새롭고 확장된 형태로 바꿀 시간이다. 이전과 같이 ABC로 시작할 것이다. 즉 바디이미지에 대한 불만이나 고통을 활성화하는 선행사건activators, 바디토크에 내재된 신념belief, 그로 인한 감정과 행동이라는 결과consequence다. 새로운 바디이미지 다이어리에는 D와 E가 더해질 것이다. D는 새로운 내면의 목소리가 들려주는 대화dialogue를 상징한다. 바디토크에서 감지되는 왜곡과 외모에 대한 가정을 올바르게 반박하는 것이다. E는 새로운 내면의 목소리가 정서와 행동에 미치는 효과effect를 말한다. 바디토크를 변화시킴으로써 결과가 개선되는 것을 확인하게 될 것이다. 지금부터 새로운 바디이미지 다이어리를 활용해서 바디이미지의 경험을 A, B, C, D, E 순서로 기록해보자.

이 장의 마지막에 있는 새로운 바디이미지 다이어리를 복사하거나 사용 중인 노트에 이 형식을 활용하라. 지금부터 바디이미지와 관련해 도전적인 경험과 함께 새로운 내면의 목소리가 어떻게 문제를 다루는지 매일 글로 적어보자.

변화를 위한 헬프시트: 새로운 바디이미지 다이어리

A. 선행사건

....

....

....

B. 신념

....

....

....

C. 결과

....

....

....

D. 새로운 내면의 목소리와의 대화

....

....

....

E. 새로운 내면의 목소리의 효과

....

....

....

....

일상에서 새로운 내면의 목소리를 강화할 때 유의할 점이 몇 가지 있다. 생각을 바로잡으려는 시도가 처음에는 새 신발처럼 불편하게 느껴질 수 있다. 충분히 이해한다. 새로운 내면의 목소리는 당신답지 않을 것이다. 하지만 걱정하지 마시라. 곧 잘 어울리게 될 것이다.

인간의 변화는 점진적으로 이루어진다. 생각을 바로잡는 즉시 바디이미지의 어려움이 완전히 사라질 거라고 기대하지 말자. 초기에는 고통이 심해지지 않도록 새로운 생각이 최대한 막아줄 것이기 때문에 '더 나빠지지 않는' 것이 최선이라는 사실을 인식해야 한다. 새로운 사건이나 상황에는 새로운 내면의 목소리에 맞는 언어를 찾을 필요가 있으므로, 유연하고 혁신적인 사람이 돼라. 생각을 바로잡고 나서 며칠 후에도 여전히 자신의 외모가 싫다고 불평했던 내담자가 있다. 그는 '이 프로그램이 효과가 없으며 자신은 가망이 없다'라고 결론지었다. 하지만 인내심을 갖고 좀 더 지속하자 결국 변화가 나타났다. 프로그램은 유용했고 그도 가망 없는 사람이 아니었던 것이다. 어떤 시련이라도 예상했던 장애물이라고 여기고 담대하게 받아들여라. 힘든 시간을 보낸다고 자신을 괴롭히지 마라. 그러면 상황은 더 악화될 뿐이다. 그저 당신이 있는 곳을 인정하라. 그것을 판단하지 마라.

사람은 보상받는 쪽으로 행동하는 경향이 있다. 그건 삶의 진리다. 바디이미지의 경험을 알아차리면서 관찰하고, 생각을 바로잡은 자신에게 보상을 주는 것은 중요하다. 당신의 노력을 인정하고 성공을 칭찬하라. 바디이미지와 삶의 질을 향상시키기 위한 탐색의 과정에서 의식적으로 자신을 긍정하는 특별한 경험을 해보자. 자신을 위해 싱싱한 꽃을 사고, 영화를 보고, 산책으로 활기를 찾아라. 뒤의 8단계에서는 당신의 성장을 위해 더 많은 긍정적인 방법을 보여줄 것이다.

회피행동에
직면하기

말레나는 비참한 기분이 든다. 자신이 너무 뚱뚱하다고 생각하고 있고, 그 때문에 사람들이 쳐다보는 것만 같다. 그녀는 불편한 감정에서 회피하고 도망치느라 시달리고 있다. 친구가 수영장 파티나 헬스장에 같이 가자고 말해도 항상 뿌리친다. 그녀는 엉덩이와 허벅지를 가리는 길고 어두운 옷만 입는다. 약혼자가 그녀의 몸을 보는 게 너무 걱정돼서 잠자리를 갖는 것도 무척 꺼려진다. 그래서 침실을 늘 어둡게 해놓고, 항상 헐렁한 잠옷을 입는다. 그녀는 '모든 시련'을 피하고 싶어 한다. 또 얼굴에 난 주근깨를 감추기 위해 외출할 때마다 화장을 두껍게 한다. '남들이 볼 수 없는 것은 나에게 상처를 주지 않는다'고 믿고 있는 것 같다. 무엇이 그녀를 그렇게 힘들게 만드는가?

자기방어의 부작용

앞의 4단계와 5단계에서, 바디이미지를 고통스럽게 만드는 잘못된 심리적 가정과 왜곡을 변화시키기 시작했다. 6단계와 7단계에서는 문제가 있는 행동방식을 변화시키는 법을 배울 것이다. 사람들은 외모를 관리하고, 혼란스러운 바디토크를 해결하기 위해 온갖 노력을 쏟는다. 바디이미지의 경험을 ABC 순으로 관찰하면서, 불편함을 유발하는 특정 선행사건(A)를 피하기 위해 애쓰고 있는 자신의 모습을 발견할 것이다. 고통에서 벗어나 자신을 보호하려는 특정한 행동 방식을 결과(C)에서 발견할 수도 있다.

바디이미지의 고통은 그것이 실제 경험이든 그저 혼자만의 속단이든 자기보호를 위한 행동방식을 강화한다. 이런 전략은 외모에 문제가 있다는 생각을 바꾸거나 은폐 또는 보완하기 위한 노력이다. 하지만 이런 습관적인 행동방식은 또 다른 문제를 만들어낸다. 역설적이게도 고통을 자극하고, 그로 인해 발생한 어려움에 대처하는 데 사용된다. 불행히도 이렇게 잘 학습된 패턴은 당신의 외모에 결함이 있다는 신념을 어떻게든 강화한다. 간단히 말해서 자기방어가 스스로를 파멸시키는 것이다.

왜 이런 행동을 계속하는가? 자기보호를 위해서다. 외모에 대한 나쁜 감정에서 벗어나거나 회피하고 싶은 것이다. 이런 행동을 해서 나쁜 일이 일어나지 않게 하거나, 만약 일어나더라도 가능한 한 불쾌감을 느끼지 않으려는 것이다. 심리학자들은 이것을 부정적 강화negative reinforcement 에 의한 학습이라고 부른다. 긍정적인 결과와 즐거운 감정을 얻기 위해 뭔가를 하는 긍정적 강화 positive reinforcement와는 전적으로 다른 것이다.

따라서 자기방어적 행동은 기쁨을 얻기 위해서보다는 불쾌함과 정서적인 고통을 차단하기 위한 것이다. 이런 행동 때문에 당신은 '그 문제'를 (피하거나 위장하거나 도망치는 식으로) 감추려 하거나 또는 없앨 방법을 강박적으로 찾는다. 이런 두 가지 자기패배적 행동패턴(감추기와 찾기) 을 각각 회피행동Evasive Actions과 외모에 집착하는 습관적 행동Appearance-Preoccupied Rituals이라 고 부른다.

이제, 1단계에서 실시한 바디이미지 테스트 결과를 살펴보자. 두 가지 점수는 바디이미지 에 대한 위협이나 도전에 대처하기 위해 자기패배적인 행동방식을 사용하는 정도를 나타낸다. 당신의 외모 수정 점수와 경험 회피 점수는 얼마나 높은가?

〈그림 6.1〉은 자기방어 패턴이 바디이미지를 경험하는 과정에서 어떻게 나타나는지 보여 준다. 외모에 대한 가정을 갖고 있으면, 선행사건이 왜곡된 바디토크로 인해 생긴 불쾌감과 고통을 촉발한다. 부정적인 생각과 감정을 관리하기 위해 방어적인 행동을 한다. 이런 자기방어적 패턴이야말로 자기거부 행위라는 것을 이해해야 한다. 자신의 몸을 거부함으로써 바디이미지와 자존감 모두를 악화시키는 것이다.

6단계에서는 먼저 자신의 회피행동을 발견하고 나서, 회피행동에서 어떻게 벗어날 수 있는지 배울 것이다. 7단계에서는 외모에 집착하는 습관적 행동을 알아보고, 이런 문제 행동을 어떻게 제거할 것인지 배우게 될 것이다. 이제 당신 자신을 발견하는 시간을 가져보자.

도망치기와 감추기

부정적인 바디이미지를 가진 사람은 타인뿐 아니라 자기 자신에게조차 '결함'을 감추려고 애를 쓴다. 기본적으로 회피행동에는 도망치기와 감추기가 있다.

도망치기

앞으로 돌아가서 바디이미지 고통 테스트와 바디이미지 다이어리 항목을 찾아보면, 당신이 도망쳤던 상황을 발견할 수 있을 것이다. 외모 탓 왜곡에 사로잡혀 있을 때는, 외모 때문에 어떤 일을 하기가 어렵다. 자의식, 수치심, 불안, 당혹감 같은 감정에 압도되기 때문에 회피하는 것이다.

당신이 피하는 것은 4P, 즉 행위practice, 장소place, 사람people, 태도pose 중 하나 이상에 해당할 것이다. 다음에 제시하는 네 가지는 사람들이 회피하는 목록이다. 당신에게 해당하는 항목이 있다면, 표시하기 바란다.

〈그림 6.1〉바디이미지의 경험 중에서 자기패배적 행동의 역할

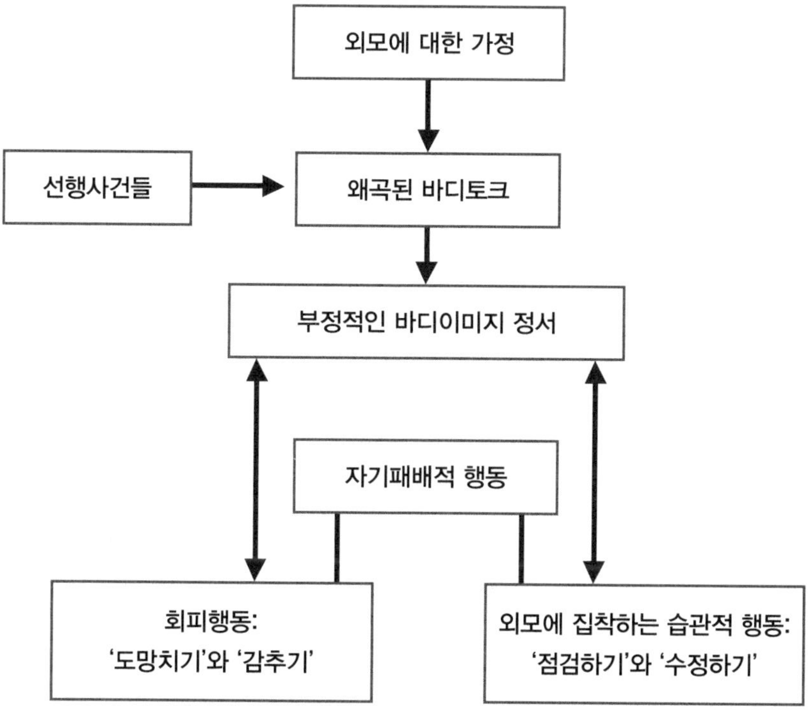

자기발견 헬프시트에 당신이 개인적으로 회피하는 것을 적어보라. 아래에 회피행동 목록이 있다. 체크리스트에 없는 회피행동도 자유롭게 써보라.

어떤 행위를 피하고 있나?

☐ 자신의 '단점'이 드러날 수 있는 스타일, 색깔, 질감의 옷

☐ 자신의 외모에 주의가 집중되는 신체활동. 예를 들어 운동, 댄스, 레크리에이션 스포츠

☐ '꾸미지' 않은 모습으로 하는 일상적인 활동, 즉 땀을 흘린 채 마트에 가거나 화장이나 머리 손질을 하지 않고 외출하는 일 등

☐ 외모를 '흐트러트릴' 수 있는 활동. 예를 들어 머리가 젖고 메이크업이 지워지는 수영

☐ 자신의 몸에 집중하게 되는 행위. 예를 들어 몸무게를 재거나 거울에 비친 모습이나 사진을 보는 것

☐ 자신의 알몸을 파트너에게 보여주는 것

☐ 몸의 결점을 남에게 드러낼 수 있는 신체 접촉. 포옹 등

☐ 사진에 찍히거나 동영상으로 촬영되는 것

☐ 사람들이 있는 곳에서 많이 먹는 것(사람들이 당신을 뚱뚱하다고 생각할까 봐)

어떤 장소를 피하고 있나?

☐ 몸이 노출될 수 있는 장소. 즉 수영장이나 해변 또는 탈의실이나 대중목욕탕

☐ 외모가 강조되는 장소. 예를 들어 옷차림에 신경 써야 하는 공식적인 행사나 독신들의 모임 등

☐ 자신의 외모가 점원이나 다른 손님에게 드러나는 옷가게

☐ 눈에 잘 띄는 거울이 있는 장소. 즉 백화점 피팅룸이나 거울로 둘러싸인 방에서 이루어지는 운동 수업

어떤 사람들을 피하고 있나?

☐ 당신이 닮고 싶은 외모를 가진 사람들

☐ 성적 매력이 넘치는 멋진 사람들

☐ 외모를 가꾸는 데 신경을 많이 쓰는 사람들. 예를 들어 다이어트를 하거나, 규칙적으로 운동을 하거나, 유행에 따라 옷을 입는 사람들

☐ 외모에 대한 이야기를 많이 하는 사람들

☐ 당신의 외모를 평가하는 사람들. 당신의 몸무게, 옷 입는 스타일 등에 대해 항상 부정적으로 말하는 친구나 친척들

어떤 태도를 피하고 있나?

☐ 사람을 만날 때 앉거나 서 있는 위치와 방식. 예를 들어 몸매나 자세, 모발 또는 얼굴의 특징 등 마음에 안 드는 부분이 남의 눈에 띌 수 있는 자세나 옆모습

☐ 자신의 '단점'이 두드러지는 몸짓. 보기 흉한 치아, 주름살이 잡히게 웃는 것. 또는 짤막한 손가락, 깨지거나 물어뜯은 손톱이 드러나는 손짓 등

☐ 섹스할 때 특정한 자세. 특히 당신이 혐오하는 부위가 파트너에게 보이는 자세

감추기

감추기는 바디이미지에 관한 부정적인 생각과 감정으로부터 자신을 보호하기 위한 회피 행동으로, 자신이 싫어하는 외모를 숨기거나 위장하기 위해서 치장하는 행위를 말한다. 4단계에 나오는 외모에 대한 잘못된 가정으로 인해 자신이 경멸하는 부분을 감추게 된다. 가꾸지 않은 외모가 내 가치를 떨어뜨린다고 가정한다면 원래 모습을 감추고 싶을 것이다.

외모를 가꾸면 기분 전환이 된다. 사람들은 매력적으로 보이기 위해서(긍정적 강화), 혹은 단점을 가리기 위해서도(부정적 강화) 옷과 액세서리, 화장품, 헤어스타일을 선택한다. 물론 후자는 감추기 위해 꾸미는 자기방어적 방식이다. '결점'을 감추기 위해서 어떻게 꾸밀까?

아마도 마른 남자는 팔과 다리를 감추기 위해 1년 내내 긴 셔츠와 긴 바지를 입을 것이다. 큰 엉덩이가 콤플렉스인 여자는 엉덩이를 완전히 덮는 긴 셔츠를 입는다. 나이 든 여자는 진한 화장으로 주름진 얼굴을 감춘다. 머리가 벗겨진 남자는 모자를 써서 숨긴다. 귀가 튀어나온 남자는 긴 머리로 가린다. 가슴이 작은 여자는 쿠션이 있는 브래지어를 착용한다. 얼굴이나 팔에 털이 많은 여자는 제모를 한다. 새치가 많은 여성은 염색을 해서 감춘다. 이 목록은 끝없이 이어질 수 있다.

자, 당신에게 문제가 되는 신체적인 특징을 떠올려보자. 그것이 남들 눈에 띄지 않게 하려고 당신은 무엇을 하는가? 이런 회피행동을 자기발견 헬프시트에 기록하라.

회피 마주하기

이제 자기패배적이고 회피적인 행동방식을 확인해보고, 그것에 지배당하지 않고 다루는 법을 배울 시간이다. 불안감을 주는 대상에 오히려 자신을 점차 노출시킴으로써 불안을 극복할 수 있다는 과학적인 증거가 많다. 두려움을 회피하는 행동을 다루는 가장 효율적인 방법은 '직면하기'다.

당신은 회피행동을 다루는 데 필요한 기술을 이미 대부분 가지고 있다. 판단하거나 반응하지 않으면서, 마음챙김으로 내면을 관찰하고 수용하는 법을 앞에서 배웠다. 또 직면을 위해 꼭 필요한 협력자인 새로운 내면의 목소리도 키웠다.

이제 직면하기 과정에서 나타나기 쉬운 긴장이나 불편감을 다루는 데 도움이 되는 몇 가지 기술을 가르쳐줄 것이다.

몸과 마음을 이완하는 법

몸과 마음을 진정시키기 위한 몇 가지 간단한 기법을 익혀보자. 더 이상 회피하지 않고 직면하도록 도와줄 것이다. 이 기법은 마음챙김과 수용의 능력을 향상시킨다. 이완이 생리적·심리적 고통을 줄여준다는 것은 논쟁의 여지가 없는 사실이다. 긴장하거나 혼란스러우면서 동시에 '차분하고 평온하고 침착할' 수는 없다. 심신이완법은 당신을 좀 더 편안하게 해주고, 바디이미지에 대한 부정적인 생각과 감정이 폭주하지 않도록 도와줄 것이다. 필요할 때 언제라도 실행할

자기발견 헬프시트: 나의 회피행동

외모에 대한 부정적인 생각과 감정을 피하기 위해 당신이 하는 일을 적어보라. 회피행동을 얼마나 자주 하는지 1에서 3까지 숫자로 평가해보자.
1=때때로, 2=자주, 3=항상

얼마나 자주	행위
	장소
	사람
	태도
	감추기 위해 치장하기

수 있도록 며칠 동안 다음 세 가지를 배우고 훈련해보자.

긴장 풀기

문제가 있거나 고통스러울 때 뇌는 근육을 수축시키라는 메시지를 보낸다. 이 메시지는 근육에 저장되기 때문에 근육의 긴장 상태가 오래 지속될 수 있다. 메시지를 무력화하는 방법이 있다.

- 긴장된 근육을 풀어준다. 시간을 정해서 다음 네 부분을 충분히 풀어준다.
  ① 얼굴, 목, 어깨 ② 손, 팔뚝, 이두박근 ③ 가슴, 복부, 등 아래 부분
  ④ 엉덩이, 허벅지, 종아리, 발

- 약 3초 동안 각 근육을 긴장시키면서 숨을 들이마신다. 긴장을 풀면서 천천히 숨을 내뱉는다.

- 긴장이 어떻게 느껴지는지, 긴장을 풀 때는 몸이 어떻게 느끼는지 마음챙김으로 정확히 알아차려라.

- 긴장을 이완할 때마다 마음속으로 '놓아줘'라고 반복하라.

- 반복적으로 수련하면, 긴장과 이완의 순서를 거치지 않고도 세부적인 근육의 긴장을 알아차릴 때마다 '내려놓아'라고 몸에게 말할 수 있다.

횡격막 호흡

스트레스를 받으면 호흡이 불규칙해지고 신체 조절 능력이나 만족감이 떨어진다. 깊고 리듬감 있는 횡격막 호흡으로 이완과 만족감을 향상시킬 수 있다.

- 조용한 공간에서 편안하게 비스듬히 기대거나 누워서 부드럽게 눈을 감는다.

- 천천히 깊게 숨을 다섯 번 쉰다. 가급적 코로 들이마시고, 입으로 내뱉는다. 복부의 가장 위, 가슴의 가장 낮은 부위에 있는 횡격막에서 고르게 숨을 내쉰다. 가슴을 약간만 움직여 복부가 천천히 올라갔다 내려가도록 숨을 쉰다. 한 손은 복부에, 다른 손은 가슴에 올려놓고 호흡을 느껴보라.

- 공기가 몸으로 들어오고 나갈 때 느껴지는 감각을 알아차려라. 복부가 올라가고 내려가는 것을 알아차려라. 호흡이 흐르는 소리를 알아차려라.

- 약 10분 동안 연습한다. 좀 더 길게 해도 좋다. 며칠 동안 하루에 몇 번씩 횡격막 호흡을 수련하라.

심상화 Mental Imagery

외모 때문에 초조해질 때, 마음속에서 절망적이거나 혼란한 상태를 떠올릴 수 있다. 이런 정신적 이미지는 부정적인 정서를 일깨운다. 고통스러운 이미지에서 벗어나 즐거운 생각으로 주의를 이동해 평정심을 유지할 수 있다.

- 눈을 감고 마음속으로 기분 좋은 풍경을 상상하라. 봄날의 풍경, 해변, 산, 교외 등 좋아하는 장소에 있는 자신의 모습을 그려보라.

- 이미지가 생생하게 그려지면 정말로 그곳에 있는 것처럼 즐거운 장면을 떠올려본다. 당신은 감미로운 새들의 노랫소리를 듣는다. 당신을 둘러싼 자연의 색깔을 바라본다. 태양의 따스함과 온화함을 느낀다. 당신의 피부는 몸을 어루만지는 부드러운 산들바람을 느낄 수 있다.

- 마음챙김을 하면서 기분 좋은 장면을 즐겨라. 약 10분 동안 구체적인 이미지를 떠올림으로써 만족감과 평화로움이 당신을 에워싸도록 하라.

직면하기를 위한 성공 사다리 만들기

직면하기 위해 당신이 준비해야 할 것들이 있다.

- 자기발견 헬프시트에 당신의 회피행동 목록을 적었다. 불쾌한 경험 때문에 회피하는 행동, 장소, 사람, 태도를 검토해보라. '감추기 위해 꾸미기' 항목은 나중에 다룰 것이다.

- 당신이 회피하는 상황이나 행동에 대해서만 판단하라. 이것은 심리학자들이 '자기효능감 self-efficacy'이라고 부르는 판단이다. 자기효능감은 어떤 상황에 직면하거나 행동할 수 있는 자신감의 정도다. 예를 들어 수영복을 입은 모습에 대해 자의식을 느끼고, 젖은 머리가 매력적으로 보이지 않을 것이라고 여겨 수영장을 피한다고 가정하자. 스스로에게 '내가 실제로 수영장에서 수영을 할 수 있을 만큼 자신 있는가?'라고 물어보라. 당신의 대답이 이 활동에 대한 자기효능감의 정도라고 할 수 있다.

- 회피행동 목록에서 각 항목에 자기효능감의 등급을 0부터 100까지 표시해보라. 0은 '절대 안 돼. 아무리 시간이 지나도 난 할 수 없어'라고 말하는 것이다. 100은 '할 수 있다고 100퍼센트 확신'하는 것이다. 50은 반반의 가능성이 있음을 의미한다. 회피하는 행위, 장소, 사람, 태도란에 당신의 자기효능감 점수를 적어라.

- 다음으로 성공 사다리를 설계할 것이다. 각 항목과 자기효능감 등급을 변화를 위한 헬프시트, 직면하기를 위한 성공 사다리에 기록하라. 가장 어려운 항목(자기효능감 점수가 가장 낮은 항목)을 사다리의 맨 위에, 가장 쉬운 항목(자기효능감 점수가 가장 높은 항목)을 맨 아래에 둔다.

- 절반이 50 이하 등급이겠지만, 당신이 작성한 등급이 합리적인 범위인지 확인하라. 만약 같은 등급이 두 개 이상이라면, 그중 더 어려운 것을 더 높은 단계에 배열하라. 만약 어떤 행동이나 상황이 너무 일반적이라면 좀 더 구체화하라. 예를 들어 '다른 사람들 앞에서 먹는 것'은 '패디가 운영하는 술집에서 친구와 전채요리를 먹는 것'이 된다. 현실적으로 실행할 수 없는 항목은 제외하라. 예를 들어 지금 바깥이 영하의 추위라면 해변에 갈 수 없을 것이다.

- 만약 모두 또는 거의 모든 항목이 50 이하라면 실행하기 어려울 것이다. 대부분 50 이상의 등급을 갖고 있다면 실행하기 쉬울 것이다. 쉽든 어렵든 회피행동을 몇 개 더 추가하거나, 기존 항목의 난이도를 조금 수정해서 한쪽으로 치우친 목록을 바로잡으라.

변화를 위한 헬프시트: 직면하기 위한 성공 사다리

자기효능감 점수는 자신감이 없는 상태인 0부터 완벽한 자신감을 나타내는 100까지다.

자기효능감 점수   **나는 무엇에 직면하려고 하는가?** (행위, 장소, 사람, 태도)

직면하기의 네 단계

이제 당신은 회피하던 행동을 시도하고, 회피하던 장소에 가고, 피하던 사람들과 함께하게 될 것이다. 한 번에 한 단계씩 점진적으로 나아갈 것이다. 사다리의 가장 낮은 단계, 그러니까 가장 하기 쉬운 것부터 시작할 것이다. 하나씩 성공의 경험을 쌓아가면서 자신감을 갖고 계속 사다리를 오르게 될 것이다.

불편한 상황을 마주하게 되면 당연히 불안하다. 그렇지 않았다면 애초에 피하지도 않았을 것이다. 그래서 당신은 자신이 하지 않을 일에 대해 미리 스스로에게 말하고 있었을지도 모른다. 저항을 알아차리되 물러서지는 마라! 긍정적인 실천 계획을 수립해서 당신이 회피행동을 극복할 수 있도록 도울 것이다.

직면하기에는 네 단계가 있다. ① 준비, ② 행동, ③ 대처, ④ 즐기기다. 이 네 단계는 다음과 같이 작동한다.

준비

자신의 전략을 미리 글로 적어봄으로써 직면하기를 준비한다. 첫 번째 단계는 나머지 세 단계를 계획하고, 예행연습을 하는 것이기 때문에 중요하다. 무엇을 할 것인지, 언제 할 것인지를 정확하게 결정해야 한다. '안 돼, 난 할 수 없어. 지금은 아니야. 나중에, 언젠가 할 거야'라며 회피하는 내면의 목소리에 어떻게 반박할지 생각해보라. 어떤 비관적인 생각이 마음에 떠오르고, 어떤 감정을 느끼게 될지 예측해보면 어떻게 다룰지 결정할 수 있다. 마지막으로 직면하려는 노력에 대한 보상을 자신에게 약속할 수 있다. 특별한 간식, 갖고 싶던 액세서리, 맛있는 아이스 요거트콘, 가장 좋아하는 음악과 함께하는 편안한 순간 등 어떤 보상을 해줄지 미리 결정해보라. 먼저 변화를 위한 헬프시트, 직면하기를 위한 성공 사다리를 사용해 구체적인 계획을 꼼꼼히 살펴본 다음에 마음속으로 예행연습을 해보라.

행동

직면하기를 실행할 시간이 되었다. 준비한 격려의 말을 스스로에게 해주어 언 발을 녹이고, 몸과 마음을 이완하라. 당신은 불안감과 회피하려는 충동을 마음챙김으로 알아차릴 수 있고, 불안과 회피 충동에 휘둘리지 않으면서 수용할 수 있다. 이제 나아가라! 당신이 그토록 자주 회피했던 것을 직면하면서, 자신을 격려하고 칭찬하라.

대처

불편한 생각이나 기분이 엄습할 때가 있다. 이미 예상했고, 어떻게 수용해야 할지도 안다. 당신이 배운 대처 기술을 활용해 불안함을 유연하게 다뤄라. 예를 들어 새로운 내면의 목소리와 함께 차분하게 해주는 심상화나 호흡법 같은 심신이완법을 활용할 수 있다. 잘 해낼 수 있다고 스스로를 격려하라. 이미 그렇게 하고 있다는 것을 명심하라. 그렇게 하고 있는 그 순간에 머물러라.

즐기기

직면했다! 거래를 잊어서는 안 된다. 이제 자신에게 보상할 차례다. 당신이 성취한 것을 칭찬하라. 비판하는 것은 금물이다. '그래, 난 해냈어. 그렇지만…'이라는 조건부 허락은 금물이다. 그저 성공을 즐겨라. 보상을 누려라. 당신은 그럴 만한 자격이 있다.

직면하기를 위한 준비

다음에 나오는 '변화를 위한 헬프시트: 직면하기를 위한 나의 계획'은 사다리에 있는 각각의 항목에 대한 실행 계획을 돕기 위한 것이다. 헬프시트를 복사해서 직면하기를 위한 사다리를 한 칸씩 오를 때마다 빈칸을 채워라.

- 첫 번째, 계획을 세워라. 사다리의 맨 아래 칸, 즉 당신이 좀 더 쉽게 직면할 수 있는 것부터 시작하라. 그에 맞설 계획을 짜서 준비하라.

- 어떻게 실천할지 결정하라. 장소, 날짜, 시간, 빈도를 구체적으로 정한다. 예를 들어 '뒤에서 다른 사람이 내 엉덩이를 보는 것'이 당신의 회피행동이라고 가정하자. 그렇다면 '앞으로 회사에서 5일 동안, 오전 10시와 오후 4시에 동료들이 내 뒷모습을 볼 수 있는 캐비닛 앞에서 최소 2분을 보낼 것'이 행동 계획이다.

- 이제 대처하기 위한 계획을 써보자(181쪽). 여기서 유의할 점이 있다. 평소에 회피하던 행동에 직면해 불편감에서 완전히 벗어나는 게 목표가 아니라는 점을 명심하자. 당신의 목표는 단지 행동을 수행하는 것, 어떤 불편감도 자연스럽게 받아들이는 것, 편안하게 느끼는 것이다. 따라서 캐비닛 앞에 서 있을 때 자의식과 싸우지 말고 느낌을 받아들이고, 기분 좋은 이미지를 떠올리면서 그 상황을 다르게 경험해본다.

- 당신이 즐길 수 있는 보상은 무엇인가?

직면 실행하기

자, 헬프시트에 쓰는 것으로 계획을 준비했다. 이제 무엇을 해야 하는가?

- 계획을 글로 써서 준비한 뒤 예행연습을 하라. 구체적으로 어떻게 행동하고, 대처하고, 즐길지 마음속으로 검토하라. 각 단계를 실행하는 과정을 마음속에 그려보라. 그리고… 제자리에… 준비… 출발! 계획을 실행하라. 행동하고 대처하고 즐겨라!

- 사다리를 오르면서 수행하기에 너무 어려운 항목이 있다면, 더 단순하게 단계를 나눠라. 예를 들어 '애인에게 벗은 몸을 보게 한다'는 상황은 속옷 입은 모습을 보게 하는 것으로 시작할 수 있다. 준비가 안 되었다면 완전히 벗을 필요가 없다.

- 사다리에서 현재 내가 있는 위치에 집중하라. 아직 준비되지 않은 단계는 걱정하지 마라. 그곳에 이르게 되면 대처할 수 있을 것이다. 대학 미적분을 이해하지 못할 거라는 걱정 때문에 고등학교 기하학 공부를 피하는 것은 어리석은 일이다.

- 각 단계를 달성한 후에, 가장 성공적이었던 내용(점수가 낮아도 상관없다)을 쓰고, 그 결과를 헬프시트에 기록하라.

앞으로, 또 위로 가보자!

변화를 위한 헬프시트: 직면하기를 위한 나의 계획

회피했던 행위, 장소, 사람, 태도

....

직면하기를 위한 단계별 계획

준비: 구체적으로 무엇을 할 것인가?

....

....

....

행동: 언제? 어디서? 얼마 동안?

....

....

....

대처: 예상되는 불편한 생각과 감정은 무엇이며, 어떻게 그것을 받아들이고 대처할 것인가?

....

....

....

즐기기: 내 노력을 어떻게 보상해줄까?

....

....

....

직면하기의 결과는 무엇이었는가?

....

....

'결점'을 감추기 위한 눈물겨운 노력

두 번째 회피행동은 자신의 외모에서 싫어하는 부분을 감추기 위해 치장하는 것이다. 당신이 하는 '은폐'는 부정적인 생각과 감정을 회피하려는 자기방어 전략이다. 이 행동을 변화시키기 위한 '직면하기'는 피하고 싶은 활동이나 상황에 맞서는 데 사용되는 전략과 동일하다.

감추기 위해 치장하는 것에 직면하기 위한 사다리 만들기

앞서 '자기발견 헬프시트: 나의 회피행동' 맨 아랫부분에, 마음에 들지 않는 외모를 감추기 위한 전략을 열거했다. 이제는 무엇을 해야 할지 알 것이다. 다음 헬프시트에 있는 직면하기를 위한 성공 사다리를 작성할 때 아래의 목록을 참고하라.

- 먼저, 외모를 숨기는 행동을 자제할 수 있는 능력에 대한 자신감(자기효능감)을 평가하라.

- 당신의 사다리를 아래에서부터(가장 높은 수준의 자기효능감을 가진 가장 쉬운 항목) 꼭대기까지(가장 낮은 수준의 자기효능감을 가진 가장 어려운 항목) 정리하고 세밀하게 조정하라.

- 숨기기 위해서 꾸미는 것은 다양한 맥락에서 이루어지기 때문에 특정한 상황을 선택해야 한다. 예를 들어 '창백한 얼굴을 감추기 위해 항상 파운데이션을 두껍게 바른다', '뱃살을 감추기 위해 길고 헐렁한 상의를 입는다', '탈모를 감추기 위해 늘 모자를 쓴다'라고 목록을 작성했다고 가정하자. 이 같은 행동을 하지 않을 수 있는 몇 가지 상황을 생각해보자. 쇼핑몰에서 돌아다니기, 수업에 참석하기, 동네 카페에서 커피 마시기 등 일상적인 상황을 고른다. 감추기 위한 몸단장을 하지 않는 게 자연스럽게 받아들여지는 상황을 선택하라. 운동복을 입고 결혼식에 참석하라고 요구하는 것이 아니다.

변화를 위한 헬프시트: 직면하기를 위한 성공 사다리

자기효능감 점수는 자신감이 없는 상태인 0부터 완벽한 자신감을 나타내는 100까지다.

자기효능감 점수   **감추기 위해 외모 꾸미기를 하지 않아도 될 상황**

감추기에서 벗어나는 법

성공 사다리를 만들었다면, '껍데기를 벗어버리고' 감추기에서 벗어날 방법이 여기에 있다.

1. 성공 사다리의 아래 항목부터 시작해서 직면하기를 위한 네 단계를 적용하라. 어떻게 준비하고, 행동하고, 대처하고, 성공을 즐길지 다음에 나오는 '변화를 위한 헬프시트: 직면하기 위한 나의 계획'을 써내려가라. 계획을 마음속으로 예행연습하라.

2. 그다음 계획을 실행하고, 결과에 대해 인식하고 적어보라.

3. 앞에서와 같이 다음 단계, 그다음 단계… 그렇게 사다리 꼭대기까지 올라가라.

머지않아 자기효능감과 직면하기를 위한 네 단계를 적용하는 능력이 훨씬 더 좋아졌다는 사실을 발견할 것이다. 회피하고 감추는 것은 옛날 일이 되어가고 있다. 이제 직면하기는 확률에 기대는 위험한 게임이 아니라 도전과 기술의 게임처럼 보인다. 결국 당신은 승자가 될 것이다!

승자에 대한 이야기라면, 샬럿의 경험을 들려주고 싶다. 샬럿은 사춘기 시절부터 여러 겹의 화장을 하지 않고서는 절대 집을 나서지 않았다. 그녀는 다른 사람들이 자신을 못생겼다고 생각할까 봐 늘 전전긍긍했다. 매일 아침 화장을 하는 데 시간이 너무나 많이 걸렸다. 마침내 그 문제에 직면하기 위한 계획을 만들었다. 그녀는 자신이 할 수 있다고 느끼는 것, 예를 들어 화장하지 않은 채 집 앞 우편함에 가서 우편물을 찾아오는 일부터 시작했다. 닷새 동안 매일 그렇게 했다. 그다음에는 평소보다 화장을 엷게 하고 근처 공원을 산책했다. 화장은 점점 더 엷어졌고, 다섯 차례나 자전거를 타고 편의점에 갔다 올 수 있었다. 물론 그때마다 다소 긴장해서 자의식을 느꼈다.

샬럿은 불편한 감정을 받아들였고, 그 감정이 일상생활을 방해하는 것을 더 이상 방관하지 않기로 했다. 계획을 실행할수록 점점 더 불편함이 줄어들었다. 그러다가도 가끔 불안이 엄습할 때는 마음을 안정시키기 위해 심상화 기법과 새로운 내면의 목소리를 활용했다. 샬럿은 운동을 좋아하므로 산책과 자전거 타기로 활력을 되찾았다. 외출에서 돌아온 후에는 모차르트 음악을 듣는 것으로 자신에게 보상해주었다. 결과적으로 샬럿은 화장이라는 가면 뒤에 숨던 회피행동에서 벗어나게 되었다. 나 자신으로 존재할 수 있다는 것은 아주 기분 좋은 일이다!

변화를 위한 헬프시트: 직면하기를 위한 나의 계획

내가 감추기 위해서 외모를 꾸미는 방식은

....

직면하기를 위한 단계별 계획

준비: 구체적으로 무엇을 할 것인가?

....

....

....

행동: 언제? 어디서? 얼마 동안?

....

....

....

대처: 예상되는 불편한 생각과 감정은 무엇이며, 어떻게 그것을 받아들이고 대처할 것인가?

....

....

....

즐기기: 내 노력을 어떻게 보상할까?

....

....

....

직면하기의 결과는 무엇이었는가?

....

....

....

회피행동을 변화시키는 데는 용기, 헌신, 일시적인 불편함을 수용하는 자세가 필요하다. 이 같은 변화는 인생을 변화시키는 최고의 성취로 이어질 수 있다. 왜곡된 생각과 정서로 자신을 방어하려는 자기패배적인 습관을 버리면 자신을 수용할 수 있게 된다. 직면하기에는 시간이 필요하고, 계획을 수립해야 하고, 위험을 감수해야 하고, 인내해야 한다. 이 같은 변화를 추구하는 과정에서 자신의 불완전함을 수용해야 한다. 포기하지 않기를 바란다. 포기하면 실패도 없겠지만, 아무것도 달라지지 않는다. 아무것도 나아지지 않는 것이다. 작은 성공일지라도 만끽하라. 작은 변화가 그다음의 변화를 가능하게 해주기 때문이다! 다음 단계에서는 외모에 집착하는 습관적 행동을 어떻게 변화시킬지 배울 것이다.

7단계

습관적 행동
없애기

그렉은 유전적 탈모증으로 고통 받고 있다. 죽음에 이르는 질병은 아니니 걱정하지 마시라. 많은 남성들이 일반적으로 겪는 일이다. 그런데 그는 탈모 때문에 미칠 것 같다. 샤워하면서 배수구로 빠지는, 영원히 잃어버리게 된 머리카락을 센다. 아직 남아 있는 가닥을 무스를 발라 휑하게 비어 있는 부분으로 넘겨 가린다. 두피를 정밀하게 분석한다. 탈모 방지를 장담하는 온갖 종류의 샴푸는 다 써보았다. 외출해서는 머리가 괜찮아 보이는지 확인하려고 거울이 있는 공중 화장실에 가서 점검하거나, 건물 유리에 자신의 모습을 비춰본다. 운전 중에도 자주 (그리고 위험하게) 백미러를 보며 머리카락을 점검한다. 정장 차림을 하지 않아도 되는 날에는 하루 종일 야구모자를 쓰고 있다.

데니스는 요즘 유행하는 옷을 입는다. 세련되게 옷을 입고 머리와 화장도 흠잡을 데 없다. 친구들도 그녀를 보고 예쁘다고 칭찬한다. 사람들은 데니스가 자신의 매력적인 외모에 만족할 거라고 추측할 것이다. 그러나 그렇지가 않다. 사실 그녀는 자신이 '괜찮게' 보이지 않는다고 자주 불평한다. 아침마다 치장하는 데 두어 시간이 걸린다. 사교 모임이 있는 날에는 세 번, 네 번, 심지어 다섯 번씩 옷을 갈아입는다. 어떤 옷을 입어도 감추고 싶은 부분이 드러나는 것 같다. 굵은 허벅지와 나온 배를 들키지 않을 옷을 찾아야만 한다. 종종 예전에 입었던 작아진 옷이 다시 마법처럼 맞지 않을까 하는 기대를 갖기도 한다. 몸무게가 늘까 봐 걱정하면서 지속적으로 다이어트를 하고, 하루에도 몇 번씩 몸무게를 재고 뱃살을 꼬집어 '지방을 점검'한다.

외모에 집착하는 습관적 행동 발견하기

외모에 집착하는 습관적 행동은 6단계에 소개되었고 〈그림 6.1〉에서 볼 수 있다. 이것은 회피행동에 이어 바디이미지의 두 번째 자기패배적인 행동방식이다. 습관적 행동은 바디이미지를 해결하려는 반복적인 노력이다. 이것이 습관이 되면 강박적으로 외모를 점검하고, 수시로 확인하면서 잘못된 부분은 어떻게든 고치려고 한다. 그러한 습관에 갇힌 사람들은 '괜찮아 보이기' 위해 과도한 시간과 노력을 쏟는다.

자의식 때문에 거울을 피하는 사람들과 달리, 그렉과 데니스는 작은 결함만 발견해도 야단법석을 떨고 거울 앞에서 산다. 바디토크는 그들의 외모에 대해 계속 잔소리를 한다. 따라서 다른 사람들이 괜찮아 보인다고 안심시켜주는 게 필요하다. 외모에 집착하는 습관적 행동은 점검하기와 수정하기, 두 형태로 나타난다.

외모 점검

외모에 뭔가 문제가 있다는 생각을 계속 하다 보면 습관적으로 외모를 점검하게 된다. 이 행동에 사로잡히면 쉽게 불쾌해진다. 자신의 외모가 괜찮아 보이지 않는다는 생각으로 괴로워지면 바디토크는 이렇게 말한다. "가서 점검해!" 결국 안절부절못하는 마음을 가라앉히기 위해서 외모를 점검하러 가게 된다.

비유를 하나 들어보겠다. 침대에 누워 막 잠이 들려고 할 때, '내가 문을 잠갔나?' 하는 생각을 문득 한 적이 있는가? 당신은 문을 잠갔다는 것을 99.9퍼센트 확신할지도 모른다. 하지만 한번 떠오른 생각을 떨치기는 어렵다. 그러면 어떻게 하는가? 그렇다. 침대에서 나와 문이 잠겨 있는지 확인한다. 문은 잠겨 있다. 이제 당신은 양의 수를 세기 시작할지도 모른다. 걱정에 대해 지나치게 생각하는 것을 강박이라고 부른다. 점검하는 행동은 충동이라고 부른다. 충동에 따라 행동하는 것이 강박을 잠재우기 때문에, 이 패턴이 강화된다.

습관적인 외모 점검의 주된 목적은 외모에 대한 불안과 걱정에서 벗어나는 데 있다. 습관적인 외모 점검은 때로 걱정을 회피하기 위한 의도적인 시도다. 외모 점검이 습관이 되면 자동적인 반응으로 나타나는 경우도 있다.

이 패턴의 몇몇 신호를 아래에 나열했다. 예시를 읽고 해당하는 항목에 표시하라.

☐ 외모를 점검해야 한다는 생각이 떠오를 때가 있다. 그 생각을 떨치기 힘들어서 결국 따르게 된다.

☐ 거울 앞을 지나칠 때는 외모를 확인하기 위해 나도 모르게 자주 점검한다.

☐ 외모에 별문제가 없는데도 외모를 점검하기 위해 자주 화장실에 간다.

☐ 항상 몸무게를 걱정한다. 아주 작은 변화라도 있는지 보기 위해 자주 몸무게를 잰다. 체중계가 보이면 그냥 지나치기가 힘들다.

☐ 항상 몸무게나 몸매를 신경 쓰면서 얼마나 살이 쪘는지 확인하기 위해 자주 살을 꼬집어본다.

☐ 나를 안심시키기 위해 다른 사람에게 자주 확인한다. 사랑하는 사람이나 친구들에게 "정말 나 괜찮아 보여?"라고 묻는다.

☐ 모임에서 내 외모가 괜찮다는 것을 확신하기 위해 반복적으로 다른 사람과 내 외모를 비교한다.

위의 체크리스트를 참조해서 당신의 습관적 외모 점검에 대해 기록해보자. 뒤에 나오는 '자기발견 헬프시트: 외모에 집착하는 나의 습관적 행동은 무엇인가?'에 쓰면 된다. 제시된 항목 외에도 당신만의 외모 점검 습관이 더 있다면 추가해도 좋다. 구체적으로 쓸수록 좋다.

외모 수정

습관적 외모 점검에 항상 따라다니는 습관적 외모 수정은 외모를 관리하거나 개선하기 위한 꼼꼼한 노력을 의미한다. 괜찮아 보인다고 안심하기 위해 많은 것을 아주 꼼꼼하게 체크해야 한다. 특히 사교적인 자리에서 무엇을 입을지 결정하는 데 아주 많은 시간과 노력을 들인다. 만약 어떤 부분이 아주 괜찮아 보이지(혹은 느껴지지) 않는다면, 모든 것을 처음부터 다시 수정할 수도 있다. 얼마나 고달픈 인생인가!

1단계 셀프테스트에서 바디이미지에 관한 당신의 외모 수정 점수가 이 패턴에 대해 어느 정도 지표를 보여준다. 외모에 집착하는 습관적 행동을 보여주는 좀 더 구체적인 몇몇 지표가 있다. 각각에 대해 생각해보고 외모 수정에 얼마나 자주 집착하는지 살펴보라.

☐ 집에서 화장하고 옷 갈아입는 데 걸리는 시간이 항상 길다.

☐ 친구나 가족이 당신이 외모에 쓰는 시간에 대해 자주 언급한다. 가벼운 농담에서부터 당신을 기다리는 게 짜증난다는 말까지 포함한다.

☐ 치장하는 데 신경을 많이 쓰고 옷, 머리, 화장에 대해서 호들갑을 떤다. 이성적으로는 자신이 괜찮아 보인다는 것을 안다. 그러나 감정은 이만하면 충분하다고 말하지 않는다.

☐ 상황에 따라 옷을 바꿔 입어야 한다. 그렇지 않으면 자신의 외모가 충분하지 않거나 부적절하다고 걱정한다.

☐ 옷이나 외모 관련 제품을 사놓기만 하고 거의 사용하지 않는다. 물건을 살 때는 필요하다고 확신했지만 막상 입거나 사용해보니 기대치에 미치지 못했다.

☐ 외출하기 전 외모가 괜찮아 보인다고 만족할 때까지 옷을 갈아입거나 머리를 여러 번 손질한다.

☐ 거울이나 유리창에 자신의 모습이 비칠 때, 전혀 문제가 없는데도 자동적으로 머리, 넥타이, 옷매무새를 정돈한다.

☐ 주기적으로 외모에 상당한 변화를 준다. 예를 들어 헤어스타일이나 색깔을 바꾸고, 진한 화장으로 변신한다.

☐ 체중이 조금이라도 늘었다고 생각하면 다이어트를 하거나 며칠 동안 강도 높은 운동을 한다.

이제 위에 쓴 대답과 당신이 하고 있는 또 다른 습관적 외모 수정에 기반해 '변화를 향한 자기발견 헬프시트: 외모에 집착하는 나의 습관적 행동은 무엇인가?'를 작성해보자. 습관적 외모 점검과 습관적 외모 수정이 얼마나 자주 일어나는지 평가하라.

자기발견 헬프시트: 외모에 집착하는 나의 습관적 행동은 무엇인가?

아래에 외모에 집착하는 습관적 행동을 적고, 각각의 항목을 얼마나 자주 하는지 점수를 매겨라.
1=일주일에 한 번이나 두 번 이하, 2=하루에 한 번이나 두 번 정도, 3=하루에 여러 번

습관적 행동의 빈도   습관적 외모 점검

....

....

....

....

....

....

....

습관적 행동의 빈도   습관적 외모 수정

....

....

....

....

....

....

....

외모 강박에서 벗어나려면

외모에 대해 적절한 관점을 가지고 있는지 확인해보자. 외모를 관리하는 것은 분명히 좋은 일이다. 편안하고 심미적인 즐거움을 느끼기 위해 우리는 목욕하고, 면도하고, 머리를 손질하고, 옷을 입고, 꾸민다. 심각한 우울증이나 정신적 문제를 가진 사람들은 위생이나 외모를 완전히 무시한다. 8단계에서는 어떻게 하면 외모 관리를 하면서도 자신의 몸과 긍정적인 관계를 맺을 수 있는지 살펴볼 것이다. 반면에 외모에 집착하는 습관적 행동을 하게 되면 통제력을 잃고, 스스로에 대해서 나쁘게 느끼지 않으려고 고군분투한다.

회피행동과 마찬가지로 습관적 행동은 멈추기가 어렵다. 외모에 결함이 있고, 열등하고, 받아들일 수 없고, 완벽하지 않고, 다른 사람들에게 괜찮게 보이지 않을 것이라는 생각과 감정을 피하고 싶기 때문이다. 외모 점검과 수정이 걱정을 일시적으로 없애주는 효과를 가지고 있기 때문에, 자신이 지나치게 외모에 집착한다는 것을 자각하면서도 그만두지 못한다.

외모에 집착하는 습관적 행동이 잘못된 가정을 부채질할 수 있다는 점을 유념하기 바란다. 예를 들어 언제나 완벽해 보이지 않으면 나쁜 일이 일어나거나 사람들이 당신을 싫어할 거라는 가정 말이다. 이런 습관적 패턴을 바꾸려면 아예 시작하지 못하게 차단하거나, 일단 시작이 됐다면 중단해야 한다. 나는 이런 해결책을 '없애기'라고 부른다. 이것은 '노출 및 반응(또는 습관적 행동) 방지'라는 유명하고 효과적인 행동치료법에서 나왔다. 아래에서는 '없애기'에 대한 성공적인 전략과 활용법을 알아보기로 하자.

습관적 행동 차단하기

외모에 집착하는 습관적 행동은 '적당한' 기회가 생길 때마다 일어난다. 특정한 자극이나 ABC의 선행조건(A)이 주어지면 자기도 모르게 그 행동을 한다. 그러므로 기회가 생기지 않도록 차단해서 경로를 막아야 한다.

- 어떤 상황에서 외모에 집착하는 습관적 행동을 하는지 떠올려보자. 예를 들어 외모를 반복적으로 점검하려면 거울이 필요하다. 강박적으로 몸무게를 재는 일은 체중계가 없다면 불가능하다. 어떻게 하면 환경을 바꿔서 습관적인 행동을 하지 못하게 할 수 있을까? 이 전략은 당신의 창의력에 대한 도전이다. 자, 창의적으로 궁리해보자.

- 차단기법은 대체로 단기적이고 임시방편적인 접근이다. 한 가지를 피하려고 피해야 할 또 다른 것을 만들고 싶지는 않을 것이다. 처음에는 도움이 될 것이다. 하지만 습관을 없애기 위해 추가 전략을 활용하고 싶을 것이다.

사례를 들어 설명해보자. 로이스는 음식을 먹을 때마다 매번 몸무게를 재야 할 것 같은 강박을 느꼈다. 몇 그램 늘지 않았다는 사실을 확인할 때까지 마음이 놓이지 않았다. 그래서 로이스는 체중계의 표시창에 마스킹테이프를 붙였다. 습관적 행동의 경로를 막은 것이다. 이런 식으로 몸무게를 재려는 충동을 다스렸다. 그녀는 이 기법을 다음에 언급할 '예약은 필수'라는 전략과 병행했고, 테이프를 바꾸는 토요일에만 몸무게를 쟀다. 로이스의 창의적인 전략은 강박적인 정신적 테이프를 바꾸는 데도 도움이 되었다.

습관적 행동 지연시키기

'없애기'의 또 다른 방법은 아주 간단하다. 습관적 행동을 하기 전에 잠시 기다리는 것이다. 이것은 습관적 행동을 없애는 데 꽤 효과가 있다.

- 외모를 점검하기 전에 보통 강한 내적 충동이 먼저 일어난다. 예를 들면 몸무게를 재야 한다거나 머리나 화장 상태를 점검해야 한다거나 등등 외모에 대해 안도감을 갖고 싶은, 신경을 갉아먹는 듯한 느낌이 들 것이다. 이 충동은 보통 '만약에 ~하다면?'이라고 물으면서 불행한 시나리오를 떠올리는 바디토크 형식으로 이루어진다. '만약 몸무게가 늘어서 뚱뚱해 보이면 어떡하지?' '만약 머리가 헝클어져서 완전 엉망이면 어떡해?' '만약 화장이 얇아서 큰 모공이 보이면 어떡하지?' '만약 이 옷이 촌스러워서 남편이 같이 다니기 창피해하면 어떡하지?' 이런 충동과 마음속 '만약에'를 마음챙김으로 알아차리기 바란다. 그런 마음이 일어나는 것을 받아들이고 의식을 옮겨서 다른 것에 집중하라.

- 외모를 점검하는 습관적 행동은 자기방어의 목적을 가지고 있다. 불만에 사로잡힌 당신의 생각과 느낌을 차단해주는 것이다. 또한 '만약에'라는 질문에 확실한 답을 제공해준다. 당신이 괜찮게 보인다는 것을 알면 안도감을 느끼기 때문이다. 그리고 뭔가 잘못된 것이 있을 때 그것을 수정하면 안심이 된다. 그렇게 해서 불편한 생각을 떨쳐내고 싶은 것

이다. 당신도 알겠지만 점검하는 행동은 당신이 하고 싶어서 하는 것이다. 누가 시켜서 하는 일이 아니라는 사실을 기억하라.

- 짧은 시간이라도 점검을 미룸으로써 간절한 충동의 힘을 약화할 수 있다. 충동에 즉시 굴복해서 행동하지 않음으로써 당신이 결정권자가 되는 것이다. 외모를 점검하는 시간이나 점검 여부를 스스로 결정하는 것이다. 이것은 습관적인 행동뿐 아니라 습관적 행동을 불러일으키는 충동의 힘도 빼앗는다. 예를 들면 당신은 '10분(또는 15분이나 30분) 동안 외모 점검을 미룰 거야'라고 결정할 수 있다.

- 외모를 점검하는 습관적 행동을 지연시키려면 한동안은 불편할 것이다. 그래서 불편함을 그대로 받아들이고, 기다리는 동안 진정시켜줄 마음챙김이 필요하다.

로저는 제약회사 판매원이다. 그는 의사나 병원을 방문하기 위해 차로 이동할 때가 많다. 그는 신호에 걸려 차가 정지할 때마다 머리와 얼굴을 백미러로 점검했다. 사무실에서는 책상서랍에 둔 거울이나 화장실의 거울로 외모를 한 시간에 한두 번씩 점검했다.

로저는 그러한 습관적 행동을 미루기로 하고 목적지에 도착할 때까지는 백미러로 얼굴을 점검하지 않았다. 사무실에서 외모를 점검하고 싶은 충동을 느낄 때마다 20분 동안 기다렸다. 처음에는 기다림이 힘들었다. 내가 형편없어 보이면 어떡하지? 걱정과 불안이 찾아들었다. 하지만 그런 생각을 그저 마음챙김하면서 관찰하고 받아들였다. 그다음 몇 분 동안 천천히 호흡하면서 자신을 격려하는 새로운 내면의 목소리를 들었다. 그러고 나면 업무로 주의를 옮기기가 좀 더 쉬웠다. 마침내 로저는 외모를 점검하려는 충동을 조절하게 되었다.

습관적 행동 제한하기

외모를 수정하는 습관적 행동이 주변 사람들에게는 짜증스러울 수 있다. 왜 안 그렇겠는가. 매번 결과에 만족할 때까지, 혹은 약속시간이 다 될 때까지 수정하고 또 수정하니 말이다. 습관적 행동을 자연스럽게 사라지게 하려면 구체적인 제한을 두어야 한다. 시간을 구체적으로 제한해서 습관적 행동을 약화하는 세 가지 방법이 있다.

'시간 안에 끝내기' 놀이하기

외모를 단장하는 데 너무 많은 시간을 들이는 습관을 없애는 방법을 소개하겠다.

- 첫째, 외모를 다듬는 데 얼마나 시간을 들일지 정하라.

- 강박적으로 매달리지 않는다면 어느 정도 시간을 쓰는 것이 합리적인지 공정하게 판단하라. 예를 들어 아침에 몸단장을 하는 데 2시간이 걸린다고 가정하자. 좀 더 효율적이고 조금 덜 까다롭다면 한 시간 안에 준비할 수 있다는 걸 당신도 알고 있다. 처음에는 느슨하게 목표를 세우라. 예를 들면 1시간 50분 안에 준비를 마치는 것이다.

- 알람이나 주방용 타이머로 시간을 맞춰두고 시간 안에 마치기 놀이를 하라.

- 며칠 성공하고 나면 제한 시간을 1시간 40분으로 줄이고 며칠 동안 그 시간 안에 마치기 놀이를 한다.

- 이런 식으로 매번 제한 시간을 10분씩 앞당겨서 목표 시간에 이를 때까지 지속한다.

- 절약한 시간을 당신이 좋아하는 일을 하는 데 쓰는 것으로 보상하라. 그러면 변화의 가치를 더 잘 인식하게 될 것이다.

키라는 늘 완벽해 보이는 헤어스타일을 고집했다. 풍성한 머리카락은 자신 없는 얼굴형을 만회해줄 '유일한 장점'이라고 믿었다. 머리가 엉망이면 마음이 불편해서 매일 아침 통근차가 도착할 때까지 1시간가량 머리 손질을 반복했다. 그녀는 2주 동안 타이머를 맞춰두고 시간 안에 마치기 놀이를 했다. 점차 제한 시간을 45분, 30분으로 줄였고, 마침내 20분으로 줄이는 데 성공했다. 그녀의 목표는 머리 손질을 마치고 타이머가 울리기 전까지 크랜베리주스를 마시는 것이었다. 습관에 도전하는 게임을 하면서 키라는 아침마다 헤어스타일에 집착하던 습관을 없앴다. 하지만 그녀는 공들여 머리를 손질하던 때와 변함없이 매력적으로 보인다. 지금은 헤어스타일이 엉망인 날에도 정해둔 시간을 어쨌든 고수한다. 머리 때문에 세상이 끝나지 않는다는 걸 알았기 때문이다.

합리적으로 횟수 줄여가기

다음은 특정 기간 동안 습관적 행동의 횟수를 제한하는 것이다. 자세한 방법을 알아보자.

- 친구나 사랑하는 사람과 외식하러 갈 때마다 괜찮아 보이냐고 묻고 또 묻는다고 가정해 보자. 더 자주 물을수록 더 불안한 마음이 든다. 특히 상대방이 살짝 짜증내는 기미를 보이기라도 하면 더 불안해진다. 저녁에는 안심시켜주는 말을 두 번만 요구하는 식으로 제한을 두자.

- 원할 때마다 '나 괜찮아?' 하고 물을 수 있지만, 할당된 횟수를 다 썼다면 더 이상 요구할 수 없다.

- 할당량이 0이 될 때까지 계속 낮추는 것이 목표다.

예약은 필수

습관적 행동을 제한하는 세 번째 방법이다.

- 보통 강한 충동이 일어날 때 습관적 행동을 하게 된다. 이제는 습관적 행동을 정해진 시간에 해보자. 습관적 행동을 하겠다는 사전 약속을 자신과 하는 것이다.

- 다른 약속처럼 습관적 행동도 제시간에 시작하고 끝내야 한다.

- 약속한 시간에만 습관적 행동을 하기로 했기 때문에 아무 때나 해서는 안 된다. 만약 약속 시간을 놓쳤다면 다음 약속시간까지 기다려야 한다.

다음은 이 전략을 효과적으로 활용한 예다. 아이번은 청소년 시절부터 얼굴에 블랙헤드가 자주 생겼다. 그는 하루에 수차례씩 확대거울을 꺼내서 모공을 살피고 블랙헤드와 여드름을 찾아서 짜곤 했다. 수색 토벌 작전은 시간이 오래 걸릴 뿐 아니라 피부에도 좋지 않았다. 이 습관을 통제하기 위해 아이번은 오전 7시와 오후 7시에 10분만 습관적 행동을 하기로 계획했다. 이처럼 그는 습관적 행동의 시간과 빈도를 제한했다. 마침내 아이번은 비위생적인 습관을 일주일에 한 번으로 줄이는 데 성공했다.

단번에 끊어버리기

없애기의 마지막 전략은 꽤 어려울 수 있지만 때로는 가장 성공적이다. 습관적 행위를 단번에 끊어버리는 것이다. 유혹이 생길 때 자제력을 발휘해 습관적 행동을 하지 않고 충동을 이겨낸다. 습관적 행동을 할 만한 상황에서 통제할 수 있다면 자신감을 크게 키울 수 있다.

- 취약한 습관적 행동을 없애는 데 이 접근법을 가장 먼저 실행해보고 싶을지도 모르겠다. 그러나 습관적 행동이 강력할 때는 지연시키거나 제한하고 차단하는 전략을 성공시킨 후에 이 방법을 적용하기 바란다.

- 충동이 올라올 때 습관적 행동을 하지 않으면서 마음챙김과 수용, 심신이완법, 생각 바로 잡기를 동맹군으로 삼아 그대로 있어본다. 오래 견딜수록 더 좋다.

- 대체로 점진적 접근법이 가장 효과적이다. 저항하는 시간이 점차 길어지도록 계획한다. 이런 식으로 저항력을 키울 수 있다.

- 때로는 외모에 집착하려는 충동이 진정될 때까지 그 상황에 머물러 있는 것이 효과적일 수 있다. 충동이 일어나고, 점차 약화되어가는 과정을 마음챙김을 통해 관찰한다.

- 습관적 행동을 변화시키는 데 성공하지 못했다 하더라도 시도 자체를 칭찬한다. 힘든 시기를 보낸 자신을 절대로 더 힘들게 하지 마시라.

자기패배적인 두 가지 패턴에 어떻게 저항할 수 있는지 제시카의 사례에서 영감을 얻을 수 있다. 제시카는 데이트가 있을 때마다 많은 시간을 화장실 거울 앞에서 외모를 점검하고 단장하는 데 썼다. 냉장고에 붙은 자석처럼 거울에 붙어서 머리를 빗고 화장을 고치고 옷매무새를 다듬었다.

제시카는 일단 이 습관을 끝내겠다고 마음먹고 계획을 짰다. 레스토랑에서 몇 차례 화장실에 갔지만 몸치장을 하려는 용무는 아니었다. 손을 씻을 때는 거울 대신 세면대를 보려고 노력했다. 다음 단계에서는 화장실에 갈 때마다 거울은 보되 어떤 몸치장도 하지 않았다. 점검하는 시간 간격이 점점 길어졌다. 초기의 불편한 생각을 마음챙김하면서 마침내 외모를 점검하고 수정하는 패턴을 깰 수 있었다.

습관적 행동을 없애기 위한 성공 사다리 만들기

이제 외모에 집착하는 습관적 행동을 바꾸기 위한 첫걸음을 내디딜 차례다. 변화에 성공하려면 자신에게 적합한 전략을 창의적으로 준비해야 한다. 전략을 정한 다음에는 자주 실행해야 오래된 패턴을 없앨 수 있다.

- 다시 자기발견 헬프시트로 돌아가자. 외모에 집착하는 나의 습관적 행동은 무엇인가? 이 장 앞부분에서 외모를 점검하고 수정하는 습관적 행동 목록을 작성했다. 그 목록을 읽은 후에, 평소와 같은 상황에서 습관적 행동을 자제할 수 있는 자신감이 어느 정도인지 평가하라. 6단계에서 회피행동을 변화시키기 위해 준비했던 것처럼 자기효능감이 어느 정도인지 각 항목에 0부터 100까지 표시하라. 이것은 습관적 외모 점검과 외모 수정을 억제할 수 있다는 자신감의 정도를 나타낸다.

- 다음에 나오는 변화를 위한 헬프시트에 자기효능감의 순서로 습관적 행동을 나열하라. 습관적 행동을 없애기 위한 성공 사다리의 아래쪽이 높은 점수이며 꼭대기는 가장 낮은 점수다.

변화를 위한 헬프시트: 습관적 행동을 없애기 위한 나의 성공 사다리

자기효능감 점수는 자신감이 없는 상태인 0부터 완벽한 자신감을 나타내는 100까지다.

자기효능감 점수   **없애려고 하는 습관적 행동들**

변화를 위한 헬프시트: 습관적 행동을 없애기 위한 나의 계획

외모에 집착해서 점검하고 수정하는 습관적 행동:

....

직면하기를 위한 단계적 계획

준비: 내가 할 일은 구체적으로 무엇인가?

....

....

....

행동: 언제? 어디서? 얼마 동안?

....

....

....

대처: 예상되는 불편한 생각과 감정은 무엇이며, 어떻게 그것을 받아들이고 대처할 것인가?

....

....

....

즐기기: 내 노력을 어떻게 보상해줄까?

....

....

....

직면한 결과는 무엇이었는가?

....

....

습관적 행동을 없애기 위한 계획 준비하고 실행하기

- 성공 사다리 아래에 있는 습관적 행동부터 시작하라. 가장 쉬운 것부터 제거할 것이다. '변화를 위한 헬프시트: 습관적 행동을 없애기 위한 나의 계획'을 작성한다. 습관적 행동과 습관을 없애기 위한 계획을 써넣는다. 각 행동마다 헬프시트를 복사해서 쓰거나 이 표의 형식대로 노트에 작성해도 된다.

- 회피행동을 조절하기 위해 직면하기를 했던 것처럼 직면하기를 위한 준비, 행동, 대처, 즐기기의 각 단계를 예상해보고 구체화한다. 계획을 수행하고, 힘든 생각이나 감정에 효과적으로 대처하며, 성취를 긍정하고 즐기는 자신의 모습을 머릿속에 그려보자.

- 습관적 행동을 없애기 위한 계획을 세웠고 예행연습도 했다. 이제 실천하라!

- 한 번에 한 계단씩, 계속 사다리를 오르자. 외모를 점검하고 수정하는 습관적 행동을 변화시키는 데 어느 정도 진전이 있을 때 8단계를 시작하라. 습관적 행동 없애기 계획을 계속해서 관철해나가라.

6, 7단계를 통해 이뤄낸 습관의 변화는 자신의 몸을 수용하기 위한 여정에서 중요한 진전을 의미한다. 이로써 불쾌감을 느끼지 않으려고 성과 없는 노력을 쏟아붓는 오래된 자기패배적 습관을 떨쳐버릴 수 있다. 회피행동과 외모에 집착하는 습관적 행동에서 벗어난 삶을 상상해보기 바란다. 눈을 감고 15분 정도, 새로운 삶을 명확하고 구체적으로 그려보라. 미래의 모습을 상상하는 데 몰입하라. 당신의 삶이 어떻게 달라지는가? 습관적 행동이 사라지니 기분이 어떤가? 당신 자신이 어떻게 느껴지는가?

8단계

내 몸
존중하기

인간관계는 기본적으로 행동과 반응의 상호작용으로 이루어진다. 우리는 긍정적인 것과 부정적인 것을 모두 주고받는다. 연애관계나 친구관계가 만족스러울 때는 주는 것과 받는 것이 균형을 이룬다. 긍정적인 교류가 많아지면 부정적인 교류는 그늘에 가려진다. 좋은 시간이 나쁜 시간을 보상하는 것이다.

불행한 관계에서는 주는 것과 받는 것이 균형을 이루지 못하고, 부정적인 교류가 좋은 경험보다 훨씬 많다. 이때는 "나는 정당하게 대우받지 못하고 있어. 난 더 잘 대접받아야 마땅해"라고 불만을 느낀다. 불만의 정도는 체념에서부터 격렬한 분노와 원한에 이르기까지 다양하다. 자기 방어든 항의나 보복이든 관계를 점점 더 악화시키는 방식으로 반응하는 경향이 있다. 하지만 조용히 물러서거나 상대방을 무시해서는 어려움에 빠진 관계를 회복하기 어려울 것이다. 화를 내면서 더 나은 대우를 요구하고, 안 되면 똑같이 갚아주는 방식 역시 사태를 악화시킬 뿐이다.

내 몸과 좋은 관계 맺기

당신은 아마 이 모든 것이 바디이미지와 무슨 관계가 있는지 궁금할 것이다. 바디이미지는 당신과 몸의 관계를 나타낸다. 만일 이 관계가 실망스럽고 불행하다면, '주는 것과 얻는 것'이 불공평해 보이고, 고통스럽고 모욕적인 교류가 될 것이다. 그러면 몸과의 관계가 악화된다. 당신이 바디 파트너를 어떤 식으로 부당하게 대하는지 아는 것이 이 관계를 전환하는 핵심이다.

지금까지 이 책은 자기 몸과의 부정적인 상호작용을 변화시키는 데 중점을 두었다. 왜곡된 바디토크를 바로잡아서, 바디 파트너에게 향하는 공격과 비난을 점차로 줄여나갔다. 우리는 지금 완벽에 대한 집착을 줄이고, 바디 파트너의 결점을 더 많이 수용하기 위한 작업을 하고 있다. 자기패배적인 행동방식을 직시하고 제거함으로써, 바디 파트너를 수정하거나 통제하려는 절망적인 노력에서 점점 더 놓여나게 되었다.

이 같은 변화는 반드시 필요한 것이지만, 아직 충분하지 않다. 만족스러운 인간관계와 마찬가지로 몸과의 관계가 좋아지기 위해서는 나쁜 점을 없애는 것, 그 이상이 필요하다. 친구가 당신을 얕보지 않는 것만으로도 우정을 충분히 느낄 수 있는가? 배우자가 질책하지 않는다는 것만으로 결혼생활이 행복한 사람을 본 적이 있는가? 사실 좋은 관계에서 좋은 일이 생긴다. 좋은 관계는 단지 고통스러운 일이 사라졌다고 해서 만들어지는 게 아니라, 긍정적인 경험이 필요하다. 마지막 장인 8단계에서는 당신과 당신의 몸 사이에 좋은 일을 늘려가는 법을 배울 것이다.

당신이 골치 아픈 친구나 가족과의 관계를 개선하고 싶어 한다면, 나는 새로운 경험을 공유하라고 조언할 것이다. 과거의 불만은 접어두고, 현재에 집중하라고 말할 것이다. 더 좋아지기 위해서는 양쪽 모두 해야 하는 일에 전념해야 한다. 아직 마음이 내키지 않더라도 말이다. 서로 손가락질을 멈추고, 상대방에게 "진심으로 미안해. 너에게 잘 대해주지 못했어. 새롭게 시작하고 싶어. 할 수 있는 한 너에게 잘해주고 싶어"라고 말해야 한다. 이렇게 약속하라. "앞으로는 흠을 잡는 대신 내가 너를 소중히 여긴다는 것을 너와 나 자신에게 상기시킬 거야."

외모를 즐기기 위한 특별한 활동

몸과 좋은 관계를 맺기 위해서는 긍정적인 조치가 반드시 필요하다. 바디이미지에 대한 긍정적인 생각과 느낌을 기르기 위한 특별한 활동을 해야 한다. 마음챙김하는 의식적인 노력을 통해, 과거의 부정적인 경험에 대처하고 새로 출발할 수 있다. 새 출발을 위해서는 우선 몸과의 관계를 개선해야 한다.

잘못한 일 쓰기

몸을 친구라고 생각한다면, 당신은 지금까지 친구를 학대해온 셈이다. 이번에는 관계를 개선하고 싶다는 바람을 담은 편지를 바디 파트너에게 쓰는 연습을 해볼 것이다. 다음에 나오는 헬프시트에서 동반자인 몸에게 편지를 써보자. 그동안 몸을 학대한 것에 대해 사과하고, 당신이 변화를 원하고 있다는 확신을 보여주고, 동반자인 몸이 기여한 것에 대해 감사를 표현하자. 소원해진 친구에게 관계를 회복하고 싶은 마음을 담아 편지를 쓰듯이.

다 쓴 편지는 눈에 잘 띄는 곳에 두자. 욕실 거울 같은 데 붙여두면 좋을 것이다. 마음가짐을 새롭게 다잡도록 해줄 것이다.

지금 당신은 이런 생각을 하고 있을지도 모른다. '나보고 뭘 하라는 건가요? 내 몸에게 편지를 쓰라고요? 이상해요!' 어색할 수 있다. 하지만 괜찮다. 일단 시도해보라. 판단을 멈추고 무슨 일이 일어나는지 지켜보기 바란다. 자신의 몸에게 아주 정성스럽게 편지를 쓴 애슐리의 편지를 한 번 읽어보자.

나의 몸에게

지난 수년간 나는 오직 너를 비난하는 데 여념이 없었어. 내가 너에 대해 그처럼 생각 없이 무례한 말을 했다는 것이 믿기지 않아. 난 정말 배려심도 없고 무례했어. 정말 미안해. 아주 오래전에 너에게 사과했어야 하는데 너무 늦었어.

우리는 함께 좋은 시간을 보냈고 너는 나를 위해 많은 일을 했어. 하지만 나는 네가 마땅히 받아야 할 대접을 해준 적이 없어. 네가 아니었다면, 고등학교 때 수영팀에 들어가지도 못했을 거고 상을 수상하지도 못했을 거야. 댄스파티에서 그렇게 즐겁게 시간을 보내지도 못했을 거고, 해변을 따라 걷는 멋진 산책도 불가능했을 거야. 오, 맞다. 첫 키스의 짜릿함도 맛보지 못했겠지. 네 덕분에 칭찬을 많이 들었어. 사람들은 너의 미소가 얼마나 따뜻한지 자주 이야기해주었고, 새 옷을 입었을 때 얼마나 멋진지 말해주었거든.

네 장점을 인정하고 나를 위해 네가 해준 것들에 감사하지 않고 오직 몸무게에만 신경을 썼지. 내가 좋아서 부리토스를 먹고, 치즈케이크와 아이스크림을 먹고는 몸무게가 약간 늘어난 걸 가지고 널 비난했어. 공정하지 않다는 걸 알아. 또 헤어스타일이 마음에 들지 않는다는 이유로 너에게 꽤나 심술궂은 말을 했지.

나의 몸아, 너는 사실 그렇게 뚱뚱하지 않아. 난 단지 네가 뚱뚱해질까 봐 겁이 났고, 그래서 때때로 심하게 굴었어. 그리고 난 네 머리카락을 좋아해. 나는 네가 완벽하기를 기대했어. 미안해! 날 용서해줘. 이제부터 우리가 더 좋은 관계를 유지할 수 있기를 바랄게. 너에게 친절해지겠다고 약속할게. 곧 거울 속에서 만나자.

사랑과 후회를 담아
애슐리

변화를 위한 헬프시트:

나의 몸에게

긍정적인 신체활동을 통한 성취감과 즐거움

몸은 보여지는 게 다가 아니다. 몸은 행동이나 감각을 위한 도구다. 부정적인 바디이미지를 가진 사람은 몸을 통해 만족을 얻는 것에는 관심이 없다. 자신의 외모를 혐오하고, 숨기고, 고치려고 하는 사람들 역시 외모를 즐길 기회를 가질 수 없다. 앞에서 말한 것처럼 긍정적인 활동은 바디이미지에 대한 생각과 느낌을 긍정적으로 만들어주어 몸과의 관계를 개선해준다. 긍정적인 활동은 세 가지 범주의 신체 경험으로 나눌 수 있다. ① 신체적인 건강과 체력 단련(예; 육체적으로 유능하거나 건강하다고 느끼는 것), ② 감각 경험(예: 신체감각에 대한 자각), ③ 외모.

각 범주 안에는, 몸과의 관계를 향상시키는 성취감과 즐거움이라는 두 가지 심리적인 경험이 있다. 성취감은 목표를 달성했을 때 느끼는 만족스러운 느낌이다. 예를 들어 3킬로미터 달리기, 수영장 열 바퀴 돌기라는 목표를 달성하고 나면 완수했다는 만족감을 느끼게 된다. 즐거움은 단순히 재미를 의미한다. 그것은 목표에 도달하라고 요구하지는 않지만 본질적으로 좋은 느낌을 주기 때문에 활동을 즐기는 것만으로 충분하다. 예를 들어 마사지를 받거나 욕조에 몸을 담그고 있으면 심신이 이완되어 차분해지고 부드러운 감각을 느끼게 된다. 어떤 활동은 성취감과 즐거움을 동시에 제공한다. 예를 들어 에어로빅댄스는 새로운 동작을 배우고 체력을 향상시키며, 즐겁고 활기찬 느낌을 준다.

자기발견 헬프시트: 긍정적인 신체활동에 관한 조사

각 항목마다 지난해 활동에 참여한 빈도를 평가하라. 당신이 경험한 성취감과 즐거움의 정도를 평가하라. 만일 이런 활동을 해본 적이 없다면, 예상되는 숙달과 즐거움의 정도를 평가하면 된다.

빈도
0=전혀 없다
1=한 번 또는 서너 번
2=꽤 자주 한 편이다
3=매우 자주 했다

성취감: 어떤 활동을 할 때 달성했다는
　　　　느낌을 의미한다.

0=전혀 없다
1=약간 있다
2=보통이다
3=많다

즐거움: 활동할 때 느끼는 즐거움과
　　　　재미를 의미한다.

0=전혀 없다
1=약간 있다
2=보통이다
3=많다

빈도	성취감	즐거움	건강과 체력 증진 활동
			1. 장시간 또는 활기찬 산책, 조깅
			2. 물놀이(수영, 스쿠버, 스노쿨링, 워터스키,서핑, 윈드서핑)
			3. 보트 레크리에이션(항해, 카누 타기, 카약 타기, 노 젓는 배, 래프팅)
			4. 팀 경기하기(야구, 소프트볼, 축구 등)
			5. 롤러스케이트, 롤러보드, 스케이트보드 또는 스케이트 타기
			6. 테니스, 라켓볼, 스쿼시
			7. 골프
			8. 운동기구에서 운동하거나 역기 들기
			9. 스키(내리막길 스키 또는 크로스컨트리스키)
			10. 등산 또는 암벽 등반
			11. 실내 운동(당구, 탁구, 볼링)
			12. 잔디스포츠(배드민턴, 크로켓 등)
			13. 승마
			14. 자전거 타기
			15. 에어로빅
			16. 체조하기 또는 트램펄린에서 운동하기
			17. 미용체조(팔굽혀펴기, 윗몸일으키기 등)
			18. 요가

빈도	성취감	즐거움	건강과 체력 증진 활동
			19. 힘든 야외활동, 잔디작업, 정원 돌보기
			20. 혼자 추는 춤(발레, 표현적인 춤 등)
			21. 사교댄스

빈도	성취감	즐거움	감각적 활동
			22. 발 마사지, 등 마사지, 전신 마사지
			23. 바디 마사지
			24. 두피 마사지
			25. 매니큐어나 페디큐어
			26. 부드럽게 머리 빗질하기
			27. 따뜻한 욕조에 몸 담그기
			28. 가벼운 샤워나 목욕
			29. 일광욕
			30. 성적인 접촉
			31. 자위
			32. 로션으로 내 몸 문질러주기

빈도	성취감	즐거움	외모 관련 활동
			33. 얼굴 관리 받기
			34. 메이크업 받기
			35. 새 옷이나 화려한 옷 입기
			36. 유행하는 옷이나 정장 입기

빈도	성취감	즐거움	외모 관련 활동
			37. 좋아하는 편안한 옷 입기
			38. 특이한 헤어스타일
			39. 메이크업하기
			40. 좋아하는 액세서리 착용하기
			41. 향수 뿌리기
			42. 양치 또는 치아 미백하기

그 밖에 다른 활동을 자유롭게 추가하라.

빈도	성취감	즐거움	건강 및 체력 증진 활동
			기타 감각적 활동
			기타 외모 관련 활동

점수 (점수 산정 방법은 아래 안내를 참고하라)

건강과 체력 증진 활동

감각적 활동

외모 관련 활동

다음에 나오는 자기발견 헬프시트에는 성취감과 즐거움을 느낄 수 있는 자료가 열거되어 있다. 몸과의 관계를 더욱 균형 잡히고 만족스럽게 발전시켜줄 방법을 이 설문조사에 답하면서 찾아보라.

검사지의 답을 검토해보면 당신의 긍정적 신체활동 점수를 알 수 있다. 방법은 다음과 같다.

- 활동에 참여한 빈도와 상관없이 즐거움이나 성취감 중에서 2~3점으로 평가한 것에 동그라미 표시를 하라.

- 동그라미 표시를 한 활동을 건강과 체력 증진 활동, 감각적 활동, 외모 관련 활동으로 구분하라. 각 활동 옆에 건강과 체력 증진 활동은 H, 감각적 활동에는 S, 외모 관련 활동에는 A라고 쓰라. 어떤 활동이 하나 이상의 범주에 속할 경우 한 번 더 표시해도 되지만 가급적 그 활동에 제일 적합한 영역이 무엇인지 생각하라. 대부분의 사람들이 각각의 활동에서 다른 경험을 할 것이다. 예를 들어 어떤 사람은 '얼굴 관리' 받기를 외모 관련 활동으로 간주하고, 어떤 사람은 그 과정에서 즐거움을 누렸기 때문에 감각적 활동 영역으로 간주할 것이다.

- 이와 비슷하게, 근력 운동도 외모에 대한 자긍심을 높이고, 강인하거나 건강하다는 의식을 촉진하고, 운동하는 동안 몸에 대한 감각을 확실하게 환기시켜주는 등 많은 영역에 해당할 수 있다.

- 각 범주별로 동그라미 표시를 한 활동의 점수를 합산하라. 다음 달 안으로 실행이 불가능한 활동은 제외하라. 예를 들어 팔에 붕대를 감고 있는 상태라면 '암벽 등반'은 제외한다. 여러 범주와 관련 있는 활동의 경우 주된 하나의 범주로 계산한다. 자기발견 헬프시트 하단에 점수를 적어라. 건강과 체력 증진 활동 영역은 몇 점인가? 그 외 감각적 활동과 외모 관련 활동 영역의 점수도 계산해보라.

- 세 개의 범주에 최소 네 개의 활동을 각각 적는다. 만일 네 개 미만이라면, 좀 더 늘릴 수 있는 아이디어가 있다. 동그라미 표시된 항목 중에서 더 구체적인 활동으로 쪼갤 수 있는 항목을 찾아보라. 예를 들어 '팀 경기하기'에 여러 스포츠 목록을 적은 후, 당신이 하고

있는 종목을 선택하라. '좋아하는 편안한 옷 입기' 항목은 '내가 좋아하는 청바지 입기'나 '빨간색 보타이 매기' 등으로 나눌 수 있다. 처음에는 여러 범주에 해당한다고 체크했지만, 하나의 일차적 범주에만 해당한다고 표시한 활동이 있는 경우, 활동 개수가 부족한 이차 범주에 몇 개를 적어 넣는다. 마지막으로, 목록을 늘리기 위해 '내가 이미 했거나 하려고 마음먹었을 때 성취감이나 즐거움을 준 활동이 무엇인지' 자신에게 질문해보라.

● 열두 가지 활동(또는 그 이상!)을 변화를 위한 헬프시트에 기록하라. 이제 곧 당신이 선택한 활동을 통해 몸과 더 좋은 관계를 만들어가게 될 것이다.

다음 섹션에서는 당신이 선택한 활동을 어떻게 활용할지 중점적으로 다룰 것이다. 소중한 시간을 들여 노력한 만큼 몸과의 관계가 긍정적으로 변화될 것이다.

건강과 체력 증진 시간 갖기

건강과 체력 증진 활동은 신체적 능력과 웰빙 경험을 향상시켜준다. 규칙적인 운동은 전반적인 정신건강뿐만 아니라 바디이미지에도 유익하다. 소파에서 텔레비전을 보면서 시간을 보내는 사람에 비해 규칙적으로 운동하는 사람이 체력과 건강, 외모에 대해 대체로 더 기분 좋게 느낀다.

체력 증진 활동을 하기 위해서는 동기부여가 필요하다. 운동의 동기를 연구한 결과에 따르면, 운동을 하는 목적은 네 가지다.

① 더 매력적이 되거나 체중을 줄이기 위해

② 신체 역량이나 체력, 건강을 향상시키기 위해

③ 좋은 기분을 유지하고 스트레스를 관리하기 위해

④ 사람들과 사귀고 즐겁게 지내기 위해

첫 번째 동기를 가진 사람은 탄력 있고 날씬해 보이거나 근육질로 보이기 위해 운동한다. 건강은 부차적인 것이다. 남성보다 여성이 주로 외모와 체중을 관리하기 위해 운동하는 경향이 있다. 연구 결과에 따르면 이런 목적으로 운동하는 사람들의 바디이미지가 더 부정적이다. 거울이나 체중계는 몸의 능력을 측정할 수 없다.

자기발견 헬프시트: 긍정적인 신체활동

긍정적인 신체활동 조사 결과를 참고해서 빈칸을 채워보자.

당신이 하려고 하는 건강과 체력 증진 활동을 최소한 네 가지 이상 작성한다.

1. ....
2. ....
3. ....
4. ....
5. ....
6. ....

당신이 하려고 하는 감각적 활동을 최소한 네 가지 이상 작성한다.

1. ....
2. ....
3. ....
4. ....
5. ....
6. ....

당신이 하려고 하는 외모 관련 활동을 최소한 네 가지 이상 작성한다.

1. ....
2. ....
3. ....
4. ....
5. ....
6. ....

올바른 동기를 갖고 운동할 때 심리적인 보상이 가장 크다. 신체적으로 유능하고 건강해지는 것은 확실히 좋은 동기가 될 수 있다. 신체 역량과 체력은 운동 능력, 유연성, 조정력, 힘, 체력, 지구력을 나타내는 지표다. 운동으로 몸을 단련하는 것은 두 번째 동기에 해당한다. 극단적인 경우만 아니라면 건강한 동기인 것이 확실하다.

운동에 강박적으로 매달리는 것은 위험하고 소모적이며, 중독이 될 수도 있다. 더 높은 목표를 성취하기 위해 항상 자신을 힘들게 밀어붙이기 때문이다. 신체를 완벽하게 통제하려고 몰아붙이면 결국은 자신이 몸에 통제당하고 있다고 느끼게 된다. 질병이나 부상 등으로 운동을 하지 못하게 되면 몹시 화가 나서 참지를 못한다. 그들은 운동을 많이 하지만 즐거움을 별로 느끼지 못한다. 반면 적정한 수준에서 정기적으로 하는 신체활동은 정서와 바디이미지에 도움이 된다. 운동은 사람들과 즐겁게 어울릴 수 있는 기회이며 스트레스를 관리하는 효과적인 수단이라는 점에서도 동기를 찾을 수 있다.

신체활동이 바디이미지에 긍정적인 영향을 미친다는 것이 한 연구 조사에서 밝혀졌다 (Martin and Lichtenberger 2002). 반드시 운동 실력이 크게 향상되거나 체중이 줄어야만 긍정적인 바디이미지를 갖게 되는 것도 아니다. 예를 들어 1994년 사우스플로리다대학의 심리학자들 (Fisher and Thompson)은 에어로빅과 근력운동이 바디이미지를 개선시킨다는 것을 발견했다. 1995년 세리 핸슬리-크로슨과 나는 에어로빅댄스 수업에 정기적으로 참여할 때 생기는 효과에 대해 연구했다. 운동하는 사람들은 심혈관 건강이 향상되었을 뿐 아니라, 몸을 많이 움직이지 않는 사람들보다 만족스러운 바디이미지를 갖게 되었다. 2001년, 파멜라 윌리엄스와 나는 순환 웨이트트레이닝의 효과를 연구했다. 웨이트트레이닝을 한 사람들은 그렇지 않은 사람들보다 바디이미지 만족도가 더 높았고, 몸에 대한 자의식이 상대적으로 낮았으며, 신체 역량에 대한 느낌이 향상되었다. 모든 연구는 몇 주 후에 바디이미지가 개선되는 것을 보여주었다.

운동을 통해 더 많은 것을 얻으려면, 외모나 체중 조절 같은 문제에서 벗어나 신체적 성취감과 즐거움이라는 경험에 더 집중해야 한다. 운동이 어떻게 기분을 개선해주고, 스트레스를 해소하며 다른 사람들과 함께 즐기는 데 도움을 주는지 경험해보라. 다른 사람들과 함께 운동하면서 즐거운 시간을 갖는 것이야말로 운동을 하는 최고의 이유다.

이번 주에는 시간을 내서 당신이 선택한 체력 증진 활동 중에서 한두 가지를 실시하라. 마라톤을 하거나 올림픽 출전을 위한 훈련을 시작하라고 말하는 게 아니다. 물론 한동안 운동을 하지 않았거나 건강상의 문제가 있는 경우에는 운동 프로그램을 시작하기 전에 의사와 상담하도록 한다.

자신의 신체적 능력을 지나치게 과신하거나 비난하지 않는다면, 운동을 통해 큰 재미를 느낄 것이다. '그냥 해!Just Do It'라는 나이키 슬로건처럼 말이다. 운동을 하면서 당신이 성취감과 즐거움을 어떻게 느끼는지 관찰하고, 다음에 나오는 헬프시트에 점수를 매겨보라. 매주 한두 가지 활동을 해보고, 경험을 기록해보라.

감각적 활동을 통해 즐거운 시간 갖기

우리 몸에는 수백만 개의 고도로 전문화된 세포가 있다. 그 덕분에 우리가 살고 있는 세상을 느끼고 만끽할 수 있다. 일몰의 장관과 아기의 미소를 볼 수 있고, 감미로운 꽃의 향기를 맡을 수 있으며, 좋아하는 음식을 맛볼 수 있다. 오케스트라의 교향곡을 들을 수 있고, 노래하는 새의 지저귐을 들을 수 있다. 리듬에 따라 몸이 움직이는 것을 느낄 수도 있다.

당신은 피부에 닿는 태양의 부드러운 온기와 얼굴을 스치는 산들바람을 느낄 수 있다. 사랑하는 이의 손길은 마음을 안정시킨다. 그런데 우리는 이처럼 놀라운 감각적 경험을 당연하게 여긴다. 우리는 왜 몸이 선사하는 풍요로운 감각에 대한 고마움을 잊은 채 외모를 평가하는 데만 매달리는가?

이제부터 신체활동 헬프시트에 있는 감각적 활동을 매주 적어도 두 가지는 즐기기 바란다. 미리 계획을 세우고 실천에 옮길 것을 권한다. 마음챙김으로 유쾌한 느낌에 몰입해보자. 감각적 즐거움을 충분히 만끽하라. 거품목욕, 두피 마사지(필요할 때 혼자 할 수 있다), 신체 마사지(친구에게 도움을 약간 받을 수도 있다) 등등 감각의 지평을 점차 넓혀가라. 당신이 누린 즐거움을 헬프시트에 매번 기록하라. 물론 성취도를 평가할 필요는 없다. 감각적 활동은 성취가 아니라 즐거운 선물이다.

변화를 위한 헬프시트: 체력 증진 활동

평점: 0 = 전혀 없다, 1 = 약간 있다, 2 = 보통이다, 3 = 많다

날짜	건강과 체력 증진 활동	성취감	즐거움

변화를 위한 헬프시트: 긍정적 감각 활동

평점: 0 = 전혀 없다, 1 = 약간 있다, 2 = 보통이다, 3 = 많다

날짜	감각적 활동	즐거움

외모 관련 활동을 하면서 즐거운 시간 갖기

  6~7단계에서 당신은 외모를 관리하기 위한 자기방어적 행동에서 벗어나기 시작했다. 이제 당신은 회피행동과 외모에 집착하는 습관적 행동이 바디이미지를 손상시킨다는 사실을 깨닫게 되었다. 문제가 되는 행동방식은 많은 부분 외모 관리나 외모 꾸미기와 관련이 있다. 그러나 외모 꾸미기가 반드시 문제를 일으키는 것은 아니다. 외모 꾸미기가 성취감이나 즐거움을 주기도 한다. 외모 꾸미기가 바디이미지를 긍정적으로 만들지 부정적으로 만들지는 당신이 어떤 유형의 '미용사'인가에 달려 있다. 세 가지 유형을 소개하겠다.

1. 결점을 감추기 위해 꾸미고 끊임없이 외모를 수정하는 사람은 '만족을 모르는 미용사'다. 외모에 집착하는 이 같은 패턴은 7단계에서 살펴보았다. 항상 치장을 하고, 멋을 내고, 호들갑을 떨고, 초조해한다. 만족은 저 멀리 날아가버린 상태다.

2. 두 번째 유형 역시 사는 게 즐겁지 않다. '우울한 미용사'는 이미 외모를 포기해버린 상태다. 외모가 나아질 방법도 없고 능력도 없다고 믿기 때문에 외모에 거의 신경을 쓰지 않는다. 이런 유형은 자신의 외모에 이목이 집중되거나 외모를 자각할 만한 일을 하는 것을 두려워한다. 그렇기 때문에 제한된 범위의 '안전한' 외모를 고수한다. 외모를 가꾸는 사람을 깎아내리면서 자신의 행동을 합리화한다.

   거의 20년 동안 똑같은 아쿠아 아이섀도와 핑크 립스틱, 검은 마스카라를 한 노마를 떠올려보자. 헤어스타일도 하나로 묶는 형태를 오랫동안 고수하고 있다. 그리고 항상 발목까지 내려오는 헐렁한 검정색이나 진회색 치마를 입는다. 노마는 외모에 신경을 쓰지 않는다. 그녀는 외모를 즐길 수 있는 아주 작은 변화도 시도하기를 꺼린다. 외모를 가꾸는 것을 쓸데없는 허영으로 치부한다. 게다가 자신이 무엇을 해야 할지에 대해서도 전혀 모른다.

3. 위의 두 유형은 분명 자기패배적이다. 만족을 모르는 미용사에게는 문제가 생길 수 있다. 우울한 미용사는 혼자 있고 싶어 한다. 이 두 유형 모두 자신의 외모와 유연한 관계를 만들지 못할 것이다. 세 번째 소개할 미용사는 가장 바람직한 태도를 가지고 있다. '유연한 미용사'는 외모 가꾸기에 강박적으로 매달리지도 않고, 외모를 무시하지도 않

는다. 유연한 미용사는 양극단 사이에 있는 행복한 중간 지점을 발견해낸다. 내가 연구한 바에 따르면 유연한 미용사가 되면 몇 가지 이점이 있다. 예를 들어 화장품을 다양하게 사용할 줄 아는 여성은, 화장품 사용에 융통성이 부족한 여성과 비교했을 때 사회적으로 더 많은 통제력을 가지고 있다고 느낀다(Cash, Rissi, and Chapman 1985). 항상 풀 메이크업을 해야 하는 여성은 자신의 꾸밈없는 매력을 과소평가한다(Cash et al. 1989). 이런 부류의 사람들에게 화장은 선택이나 즐거운 놀이가 아니라 은폐의 가면에 가깝다. 외모 꾸미기에 유연하다는 것은 당신이 선택권을 가지고 있으며, 자신의 다양한 모습을 수용하는 긍정적인 경험을 하고 있다는 의미다. 외모 꾸미기가 즐겁고 유쾌한 기회를 제공하는 것이다.

크리스틴은 유연한 미용사로서 외모를 개성 있게 가꾸는 것을 좋아한다. 적절한 수준의 메이크업을 하고, 때로는 새로운 모습을 연출하는 데 주저하지 않는다. 옷의 색상이나 스타일을 선택할 때, 전문가의 조언을 따르거나 자신 없는 신체부위를 보완하는 데 초점을 맞추는 것이 아니라 자신의 만족감을 더 중시한다. 1년에 한 번 정도 기분을 전환하기 위해 헤어스타일을 바꾼다. 크리스틴은 자신의 외모를 즐기는 데 있어서 다른 사람들의 칭찬에 의존하지 않는다. 사실 그녀가 정말 좋아하는 나비 문신이 어디에 있는지 아는 친구는 몇 안 된다. 그녀는 결점 없는 완벽한 아름다움을 추구하지 않을 뿐 아니라, 결점을 감추려는 노력도 하지 않는다. 크리스틴과 같은 유연한 미용사는 완벽하게 보이려는 강박이 없으며, 새로운 시도를 두려워하지 않는다.

유연한 미용사가 되려면 두 가지를 병행하면 된다. 첫째, 6단계와 7단계에서 배운 대로 자기방어적인 외모 꾸미기를 줄인다. 직면하기와 습관적 행동 없애기를 계속하라. 둘째, 외모와 관련해서 긍정적인 경험을 쌓을 수 있도록 긍정적인 행동을 지속적으로 실천한다. 분위기 변화에 도움이 되는 의상, 옷감, 색깔, 화장품, 헤어스타일, 액세서리, 향수 등을 사용하는 법을 배워야 한다. 일하듯 하지 마라! 놀면서 하라! 유연한 외모 꾸미기는 즐거운 일이다.

외모 꾸미기를 즐겨 한다고 해서 허영심 많은 사람이 되는 것은 아니다. 단지 자신의 몸을 자신의 것으로 받아들인다는 의미일 뿐이다. 여기에 무슨 잘못이 있겠는가? 좋아하지만 결코 시도하지 못했던 스타일에 도전하기 위해 옷을 잘 코디하는 법을 알아내면 성취감을 느끼게 된다. 메이크업을 잘하는 법과 헤어스타일을 쉽게 관리하는 법도 마찬가지다. 그렇지만 우선 자신의 동기가 무엇인지 마음챙김하면서 살펴보기 바란다. '결점'을 감추거나 연예인을 모방하는 데서 성취감을 느끼는 것은 건강하지 않다.

변화를 위한 헬프시트: 긍정적인 외모 관련 활동

평점: 0 = 전혀 없다, 1 = 약간 있다, 2 = 보통이다, 3 = 많다

날짜	외모 관련 활동	성취감	즐거움

신체활동 헬프시트에 기록한 외모 관련 활동 목록을 다시 한 번 살펴보기 바란다. 매주 두어 번 목록에 있는 활동을 하고 변화를 위한 헬프시트에 기록해둔다. 좋은 시간을 즐기기 바란다!

이제, 당신의 바디이미지와 인생이 달라졌다

이 장을 시작하면서, 사람은 각자 자기 몸과 지속적인 관계를 맺고 있으며, 긍정적인 변화를 촉진하기 위해서는 불행한 신체-자아 관계에 긍정적인 경험이 필요하다는 사실을 알게 됐다. 당신은 몸에게 사과하는 편지를 썼고, 그와 함께 보상을 하기 시작했다. 이전 단계에서는 자신의 몸을 수용하는 데 방해가 되는 생각과 감정, 행동을 변화시키기 위해 진지하게 노력했다.

이제 개선된 바디이미지를 뒤돌아보고 평가할 시간이다. 이 활동은 매우 중요하다. 최소한 한 시간 정도 시간을 내서 이 문제에 대해 조용히 생각해보기 바란다. 특히 신체 경험이 어떻게 변했는지 검토할 때 세심하고 구체적이어야 한다. 생각과 감정, 행동이 어떻게 달라졌는가? 아직 이루지 못한 변화에 대해 생각하라고 요구하는 게 아니다. 자기발견 헬프시트에 몸과의 관계에서 생긴 크고 작은 변화를 하나씩 적어보자. 개선한 느낌이 어떤지 반드시 표현해보기 바란다.

현실에 대한 개인의 관점이 가능성을 가로막는 경우가 있다. 영화 〈포레스트 검프〉에서 포레스트는 자신이 할 수 있다고 상상한 일들이 불가능하다는 사실을 이해할 수 없었다. 그러나 그는 어머니가 가르쳐준 대로 꿈을 포기하지 않았다. 어머니는 "인생은 초콜릿 상자와 같아. 무엇을 얻게 될지 결코 알 수 없단다"라고 말했다. 어머니는 또한 "신이 너에게 준 것에 최선을 다해야 한다"라고 가르쳤다. 덕분에 그는 남보다 떨어지는 지능과 불편한 다리라는 한계에도 불구하고, 열망을 간직한 채 행복하게 살았다. 포레스트가 스스로 성공적인 삶을 창조해낸 것처럼, 당신이 몸과 긍정적인 관계를 창조하는 것은 궁극적으로 당신에게 달려 있다.

바디이미지를 개선하기 위해 당신이 꿈꾸는 새로운 활동은 무엇인가? 안타깝지만 이 부분에 대해서는 내가 제안할 것이 없다. 각자가 직관적인 통찰력을 발휘해 자신에게 맞는 것을 찾아야 한다. 창의력을 발휘하고 혁신적인 생각을 행동으로 옮기기 바란다. 몸과 함께하는 좋은 시간을 끊임없이 마음챙김하라.

자기발견 헬프시트: 나의 바디이미지는 어떻게 개선되었나?

이어지는 글에는 당신이 이뤄낸 것을 유지하는 데 도움이 되고, 앞으로 수년 또는 몇 개월 내에 발생할 수 있는 예기치 못한 문제들을 다룰 수 있는 중요한 조언이 들어 있다. 그러니 이 책을 끝까지 읽기 바란다.

닫는 글

평생 동안 긍정적인 바디이미지 간직하기

믿을 수 있는가? 당신이 보다 수용적이며 만족스러운 바디이미지를 갖게 되었다는 사실을 말이다. 작별인사를 하기 전에 이후에도 바디이미지를 긍정적인 상태로 잘 유지하도록 몇 가지 조언을 하고자 한다. 어떻게 하면 바디이미지를 더욱 발전시키고, 긍정적인 변화를 지속할 수 있을까?

얼마나 멀리 왔나요?

8단계를 마무리하면서 당신은 바디이미지를 개선한 경험을 정리했다. 1단계 바디이미지 셀프테스트를 살펴보면 바디이미지가 얼마나 '개선'되었는지 확연히 알게 될 것이다. 1단계로 돌아가서 셀프테스트를 다시 한 번 보자. '이전' 분석표 옆에 '이후' 분석표를 적어보자. 참가자들은 '이전'과 '이후'의 점수를 비교해보고 기쁨과 놀람을 감추지 못했다. 사람은 변화에 빠르게 익숙해지기 때문에 과거 자신에게 어떤 문제가 있었는지 잊어버리고, 그사이 얼마나 많이 개선되었는지도 깨닫지 못하는 경우가 많다.

새로운 욕구 발견 및 목표 재설정

물론 원래 위험 범위나 문제 범위에 있었던 몇 가지 항목은 점수가 크게 달라지지 않았을 수도 있다. 몇 가지는 개선하는 데 좀 더 시간이 필요할 것이다. 더 강한 의지와 노력이 필요한 사항도 있을 것이다. 이전과 이후 점수 비교와는 무관하게, 오래 지속된 바디이미지 문제에는 특별히 주의를 기울여야 한다. 예를 들어 외모에 대한 잘못된 가정과 신념, 문제를 일으키는 생각, 자기패배적인 행동과 같이 여전히 해결해야 할 점이 있을 수 있다. 이러한 문제는 아마도 당신이 아직 다루지 않았거나 해결해가고 있는 중일 것이다.

이유가 무엇이든, 이런 문제에 대해서는 계속해서 마음챙김으로 주의를 기울이고, 바디이미지를 수용하기 위해 노력해야 하는 목록에 적어둔다. 이 작업에 도움을 받으려면, 다음의 변화를 위한 헬프시트를 완성하기 바란다. 헬프시트를 작성하면서 변화가 더 필요한 부분을 확인하고, 이 책에서 배운 내용을 바탕으로 새로운 아이디어와 행동을 스스로 만들어내야 한다. 이전과 이후의 셀프테스트 결과를 재검토하고, 1단계 '변화를 위한 헬프시트: 변화를 위해 필요한 것들'로 돌아가기 바란다. 그때 당신이 기록한 목표는 무엇이고 아직 충분히 달성하지 못한 목표는 무엇인가?

문제 해결하기

비록 바디이미지와 관련된 어려움을 모두 예측할 수는 없지만 많은 문제를 예상할 수 있다. 미래를 예측한 해결책은 문제를 예방한다는 점에서 그 효과가 강력하다. 잠시 시간을 내서 건설적으로 문제를 바라보자. 부정적인 바디이미지를 불러일으키는 일이나 상황은 어떤 종류인가? 문제를 일으키는 요인의 공통점은 무엇인가? 예를 들어 특정한 사람들의 반응인가? 누군가가 당신의 특정 신체부위를 쳐다보는 것인가? 몸무게와 체형에 주목하게 되는 상황인가? 차림새와 관련이 있는가?

이런 '위험한 상황'이 예상되는 경우에도 그 상황을 어떻게 피할지 고민하지 말자. 그것이 바로 회피행동을 일으키는 외모 탓 왜곡이다. 이 프로그램에서 개발한 기법에 따라 안정을 유지할 수 있는 두 가지 방법을 소개한다.

- 첫 번째 전략은 3단계와 6단계에서 배운 내용을 사용하는 것이다. 특정 상황을 당신이 감당하기 어려운 정도에 따라 단계별로 쪼개서 '성공을 향한 사다리'를 만들어본다. 이러한 요인이나 상황을 한 번에 하나씩 시각화하면서 마음챙김과 심신이완법을 이용해서 예상되는 불편함을 수용하고 무력화하는 연습을 한다.

- 두 번째 전략은 6단계에서 배운 내용을 사용하는 것이다. 당신 스스로 직면하기를 해보기 바란다. 예상되는 상황에 대비하기 위해서 그 상황에 처했다고 상상하는 것이다. 최악의 시나리오에 어떻게 대처하고 싶은지 마음속으로 예행연습을 해본다. 그와 같은 상황을 효과적으로 처리하는 자신의 모습을 그려본다. 그 상황에 마주해서 당신이 세운 계획대로 행동하고 대처한다. 새로운 내면의 목소리가 어려운 상황에 처한 당신을 지지하고, 심리적인 오류에서 비롯된 부정적인 바디토크로부터 보호해준다. 멈추고, 지켜보고, 귀기울여라! 목표는 단순하다. 그 상황에서 살아남는 것이지 완벽하게 멋지다고 느껴야 하는 것은 아니다. 역경을 딛고 일어섰다는 사실을 즐겨라. 자신의 용기에 박수를 쳐주자.

변화를 위한 헬프시트: 지속적인 개선을 위한 요구와 계획

도전적인 상황

....

....

개선하기 위한 계획

....

....

외모에 대한 잘못된 가정과 신념

....

....

개선하기 위한 계획

....

....

문제가 되는 생각

....

....

개선하기 위한 계획

....

....

자기패배적인 행동

....

....

개선하기 위한 계획

....

....

자극하는 사람들에 대처하기

우리에게 일어나는 골치 아픈 일은 대체로 다른 사람과 관련된 것이다. 사람들이 당신의 바디이미지를 훼손하는 상황에는 최소한 세 가지가 있다. ① 어떤 사람들은 외모만으로도 당신을 위협한다. ② 어떤 사람들은 바디이미지에 관해 당신이 듣고 싶어 하는 칭찬을 해주지 않는다. ③ 어떤 사람들은 바디이미지와 관련해 듣고 싶지 않은 절망적인 말을 한다. 이런 사람들에게 어떻게 대처해야 할까?

'아름다운' 사람들

자꾸만 눈길이 가는 아름다운 사람들이 있다. 그 존재만으로 당신은 자신의 외모에 불만을 갖게 된다. 그들의 아름다운 외모는 당신과 '비교도 안 된다'고 느낀다. 완벽한 외모의 소유자를 어떻게 대해야 하는지 당신은 이미 알고 있다. 부당한 비교 왜곡을 중단해야 한다. 자신을 그들과 비교하는 것은 부당하다. 당신이 그들에게 씌운 왕관을 벗겨내야 한다. 그들을 고결한 왕이나 왕비가 아닌 보통 사람처럼 대하기 바란다. 외모가 아니라 말과 행동으로 그들을 판단하라. 좋은 사람이라면 즐겁게 받아들이고 바보 같은 사람이라면 신경 쓰지 말고 당신 갈 길을 가라!

'무심한' 사람들

배우자나 연인이 당신의 외모에 무심할 수 있다. 비난하는 것은 아니지만 칭찬도 하지 않는다. '와, 당신 정말 멋진데' 같은 말을 좀처럼 할 줄 모른다. 파트너가 당신의 외모에 대해 마음속으로 어떻게 생각하는지 불안해진다. 그렇다면 당신이 할 수 있는 일은 무엇일까?

- 첫째, 당신이 잘못 생각하고 있다는 것을 인식하라. 당신의 부정적인 생각을 다른 사람의 생각이라고 투사하고 있는 것은 아닐까? 그가 당신의 외모에 대해 부정적인 생각을 한다는 증거가 있는가? 그의 무심함을 다르게 해석할 수 있지 않을까? 다음과 같은 가능성을 생각해보자.

- 누구에게도 칭찬을 하지 않는 사람들이 있다. 분명한 것은 당신이 아니라 그들이 문제라

는 것이다.

- '외모에 관해서는 무지한' 사람들이 있다. 이들은 다른 사람은 물론 자기 자신의 외모에 대해서도 의식하지 못한다. 그들은 자신이 다른 사람의 외모에 관해 아무 언급도 하지 않는다는 사실을 인식조차 못한다. '무소식'이 나쁜 것은 아니다. 외모에 대해 무관심한 것은 삶의 방식일 뿐이다.

- '당신의 외모에 익숙해져서' 무심할 수도 있다. 그들은 당신의 외모와 장점 등을 당연하게 여긴다. 그런 사람에게 "나 매력적이라고 생각해?"라고 추궁하듯 물으면 "당연하지. 그렇다는 거 너도 알잖아"라고 대답한다. 익숙하거나 안일해져서 입을 다물고 있을 뿐이다.

- 사람들이 당신의 외모에 대해 호의적으로 말하지 않는 마지막 이유는 '벌집'으로 설명할 수 있다. 부정적인 바디이미지를 가진 사람은 외모에 집착하는 습관적인 행동에 매달리면서 상대가 안심시켜주기를 바란다. 만약 당신이 외모에 대해 하는 이야기가 해묵은 주제라면 상대는 '벌집'을 다시 건드리게 될까 봐 조심할 수밖에 없다.

이처럼 사람들이 당신의 외모를 칭찬하지 않는 이유는 무궁무진하다. 사람들에게 칭찬받고 싶다면 가장 좋은 방법은 황금률을 실행하는 것이다. 즉 남에게 대접받고 싶은 만큼 먼저 베푸는 게 좋다. 행동과학자들은 이것을 '상호 호혜의 규칙'이라고 부르는데, 무심함은 무심함을 낳고 칭찬은 칭찬을 낳는다는 뜻이다. 특별히 예쁘고 잘생긴 사람을 보면 진심으로 긍정적인 피드백을 보내라. 그들이 당신의 칭찬에 답례를 하면 편하게 받아들이고 고맙다고 얘기하라. 그들이 답례하지 않는다 하더라도 칭찬으로 갚는 게 좋다. 어쨌든 긍정적인 태도 자체가 당신에게 보상이 된다. 이 문제에 대한 가장 좋은 해결책은, 자신의 외모에 만족하기 위해 다른 사람의 칭찬에 매달리지 않는 것이다. 당신이 직접 자신을 칭찬해주면 된다!

'둔감한' 사람들

친구나 사랑하는 사람, 지인 중에서 당신의 바디이미지를 훼손하는 무신경한 말을 하는 사람이 있는가? 그런 사람들은 다양하게 당신의 외모를 지적한다.

- 친밀한 놀림: "네 부스스한 머리에 대해 얘기하는 거, 장난인 거 알지? 우린 친한 친구니까. 내가 널 편하게 생각하지 않았으면 이렇게 놀리지 않을 거야!"

- 걱정 어린 염려: "너를 아끼니까 네가 반바지 입은 모습이 이상하다고 솔직하게 말할 수 있는 거야."

- 도움을 주고자 하는 충고: "네가 뚱뚱해졌다고 뭐라고 하는 건 아니야. 난 그냥 네 건강을 걱정하는 거지. 나는 네가 건강하기를 바랄 뿐이야."

이처럼 무감각한 사람들에게 대처하는 방법이 있을까? 방법을 알려주기 전에 먼저 효과가 전혀 없는 반응에 대해 이야기하고 싶다. 수동적이고 조심스러운 사람은 문제를 일으키고 싶지 않아서 기분 나쁜 티를 내지 않고 조용히 견딘다. 심지어 자신이 그런 얘기를 들을 만하다고 생각할 수도 있다. 공격적인 사람은 평정심을 잃고 자신이 들은 말과 비슷한 말로 갚아준다. 수동공격형은 자신의 감정을 표현하지 않은 채 뚱해 있거나 짜증을 낸다.

무감각한 사람을 대하는 가장 좋은 방법은 이성적이고 단호한 행동을 취하는 것이다. 만약 상대가 잘 아는 사람이라면 단호하게 행동하기가 더 쉬울 것이다. 이렇게 처신하는 게 상대가 내뱉은 달갑지 않은 말을 무력화하는 데 도움이 된다. '이 사람이 이런 말을 하는 의도는 무엇일까?'라고 스스로에게 물어보자. 정말로 친해서 또는 신경 써주거나 도우려고 했을 수도 있다. 아니면 자신의 바디이미지가 불안정하기 때문에 둔감하게 행동하는 것일 수도 있다. 예를 들어 부모가 몸무게로 고민하는 경우 체중 관리라는 짐을 자녀에게 지게 할 수 있다. 부모는 본인의 고통을 잔소리로 자녀에게 전가하는 것이다. "다이어트해야 하는 거 아냐?" "네 체중에 파이를 먹는 건 금물이야."

상대방의 외모에 대해 함부로 말하는 또 다른 동기가 있을 수 있다. 질투심 많은 파트너는, 당신이 너무 잘생기고 예뻐 보이면 변심할 거라고 걱정할 수도 있다. 당신의 외모를 비난함으로써 자신감을 떨어뜨려서 당신을 잃을 가능성을 미연에 방지하려는 무의식적인 '통제'일 수 있다. 혹시 그들이 당신의 외모를 부러워한다고 생각해본 적은 없는가? 어쩌면 당신을 두고 부당한 비교 왜곡을 하면서 당신 때문에 자신이 매력 없어 보인다고 느끼고 있을지도 모른다. 혹은 당신이 다른 면에서 우월하기 때문에 당신의 외모를 지적함으로써 동등한 위치에 서려고 하는 것일 수도 있다.

당신의 바디이미지를 악화시키는 말을 하는 사람의 동기가 무엇인지 깊이 생각해보라. 그리고 사려 깊고 단호하게 소통하라. 이성적인 주장을 하기 위해 필요한 여섯 가지 단계가 있는데, 아래와 같다.

1. 사전점검: 사전에 상황을 검토하라. 무엇이 문제인지, 당신은 그 문제에 대해 어떻게 느끼는지, 불쾌한 사람에게 어떻게 접근할지 확인하는 것이다. 단호하게 행동해서 이루고 싶은 게 무엇인지 정확히 알아야 한다. 자신감을 갖고 그 사람과 대화하고 싶다면 할 말을 계획하고, 적어보고, 심지어 사전 연습도 해보라.

2. 시작: 양쪽이 모두 편안한 시간과 장소를 택해 대화를 시작하라. 맥없이 앉아서 다시 기분 상하게 될 때까지 기다리지 않아야 한다. 시간 압박이나 방해 없이 이야기하면 더 좋다.

3. 구체화: 문제에 대해 구체적으로 얘기하라. 당신이 불쾌하다고 느낀 발언이나 행동을 침착하고 자신 있게 상대에게 이야기하라. 사실에 초점을 두어야 하며, 비난하지 말고 설명하라. 예를 들어 이렇게 말할 수 있다. "최근에 넌 나한테 살을 빼라는 말을 자주 했어. 그런 말을 들을 때 내가 어떤 기분이 드는지 솔직하게 얘기하고 싶어." 다음과 같이 소극적으로 온순하게 중얼거리듯 말하지 마라. "이런 얘길 꺼내서 정말 미안해. 어쩌면 별거 아니고 내가 너무 예민한 걸 수도 있지만…." 과장하거나 공격적이고 자극적인 단어를 사용하지 않아야 한다. "넌 항상 내가 뚱뚱하다고 잔소리를 해!" 원래의 길에서 벗어나 다른 문제로 넘어가지 마라. "내 몸무게에 대한 모욕적인 말과 무신경한 네 태도에 정말 질려버렸어. 내가 힘들 때 넌 내 편이 되어준 적이 없어. 작년처럼 네가…."

4. 느낌 표현하기: 당신이 어떻게 느끼는지가 의사소통의 핵심이다. '나'를 주어로 해서 상대의 무례한 행동이 당신에게 어떤 느낌을 주는지 표현하라. 예를 들어 "내 키가 작다고 농담할 때 나는 상처 받아"라고 말이다. 상대가 당신을 어떻게 느끼도록 '만들었는지'를 비난하면 상대는 방어적이 된다. 독단적인 결론을 내리지 말고, 계속해서 자신의 감정에 초점을 맞추기 바란다. "해변에서 내 수영복 입은 모습을 보고 네가 흉봐서 수치심을 느꼈어"라고 적절하게 감정을 표현해야 한다. "넌 날 창피 주는 데 즐거움을 느끼는 것

같아. 넌 무례하고 둔감한 깡패라고 생각해"라는 말은 하나의 의견이다. 상대는 '네가 틀렸어!'라는 말로 당신의 의견에 반발할 수 있다. 그러나 당신의 감정을 무시하거나 반박하기는 힘들다.

5. 원하는 바를 명확히 전달하기: 당신이 원하는 변화를 목표로 삼아야 한다. 무엇을 원하는지 밝히고 특정한 해결책을 제시하라. 예를 들면 "이제부터 우리 아이들 앞에서 나를 '하마 엉덩이'라고 부르지 말라고 요청하고 있는 거야"라는 말이 "제발 그렇게 재수 없게 굴지 마"라는 말보다 더 정확하게 원하는 바를 전달할 수 있다.

6. 동의 얻어내기: 상대에게서 동의를 얻어내라. 당신의 요구에 협조하면, 양측 모두가 얻게 될 이득에 대해 말하라. 양쪽 모두에게 유리한 해결책을 제안해야 한다. "더 이상 내가 살이 빠졌는지 아닌지 물어보지 않는다면, 외출 준비 시간이 줄어들 거야. 그리고 나와 함께 있는 게 더 즐거워질 거야." 변화를 협상하기 위해 긍정적인 보상을 제안하라. "오늘 내 외모를 흉보지 않겠다고 약속하면, 오늘 밤에 등을 안마해줄게." 물론 때로는 단호한 조치가 필요하다. 당신이 강하게 요구했는데도 상대가 달라지지 않았다면 말이다. "만약 오늘 밤 탈모에 대해 또 농담을 하면, 난 너를 두고 파티장을 떠날 거야." 물론 그 결과가 긍정적이든 부정적이든 상관없이 당신이 한 말은 반드시 지켜야 한다.

이 같은 여섯 가지 합리적이고 단호한 태도를 따름으로써, 무신경한 사람들이 당신의 바디 이미지에 끼치는 부정적인 영향을 통제할 수 있다. 이 방법을 실천해보고 초기에 효과가 없다면, 수정해서 다시 시도해보자. 당신은 자신의 생각을 단호하게 말하고, 존중받을 권리가 있다! 하지만 기적을 바라지는 마라. 대부분의 사람은 하루아침에 바뀌지 않으며 어떤 사람들은 전혀 변하지 않을 것이기 때문이다.

정체된 태도를 마음챙김하기

지속적으로 성장하는 데 두 가지 장애물이 있다. 첫째, 방금 논의한 것처럼 도전을 예상하고 문제 해결에 대해 미리 생각해두지 않으면 어려움이 닥쳤을 때 취약해질 수 있다. 둘째, 자기패배적인 태도가 당신을 정체시킬 수 있다.

발전에 방해가 되는 다음의 다섯 가지 정체된 태도 중에서 당신에게 해당하는 게 있는가?

- '이제 이 책의 프로그램을 모두 끝냈고, 내 외모를 더 좋아하게 됐으니, 바디이미지에 대한 작업은 하지 않아도 될 거야'라는 생각은 위험하다. 이것은 학생들이 '이제 기말시험이 끝났으니 배운 걸 모두 잊어버려도 돼'라고 말하는 것과 같다. 이 프로그램에서 배운 것을 지속적으로 마음챙김하면서 활용할 때만 변화가 지속된다.

- '좋은 것은 절대 영원하지 않아'라는 태도는 반대 극단을 지지한다. 예를 들면 승진하거나 사랑에 빠지는 것처럼 좋은 일이 생기면 불안해하는 사람들이 있다. 지금 그들은 잃을지도 모르는 소중한 것을 갖고 있다. 이 때문에 걱정하면서 직업이나 사랑이 안전하지 않다는 징조를 찾기 시작한다. 이런 행동이 성공과 행복을 서서히 방해하게 되면 그들은 결론을 내린다. '난 처음부터 알고 있었어. 좋은 건 절대 오래가지 않아.' 하지만 실상은 그런 태도가 자기충족적인 예언을 작동시킨 경우다. 마음챙김을 계속하면 좋은 일이 반드시 지속된다.

- '나는 최선을 다하지 않았어'라는 태도는 달라진 게 없거나 고통스러운 바디이미지와 관련된 사건을 설명할 때 쓰는 자기비난의 한 형태다. 이 책을 마쳤으니 이제 완벽하게 긍정적이고 문제없는 바디이미지를 갖게 될까? 절대 아니다! 새로운 기술을 배우고 그 기술이 삶에 자연스럽게 녹아들기까지는 시간과 노력이 필요하다. 게다가 완벽은 신화일 뿐이다. 최선을 다했는지 여부로 자신을 판단해서는 안 된다. 잘못된 습관이나 생각을 바꾸는 데는 지속적인 노력이 요구되며, 그것으로 충분하다. 힘든 시기는 힘든 시기일 뿐이고 그게 다이다. 그것이 당신의 능력이나 성격에 관한 절대적인 증거가 아니다.

- '절대 변하지 않는 게 있어'라는 태도는 위에서 언급한 '나는 최선을 다하지 않았어'라는 생각과 비슷하다. 두 가지 태도는 모두 심리학자들이 일컫는 학습된 무기력을 야기할 수 있다. 학습된 무기력은 어떤 사건을 통제할 수 없다고 판단하고 포기할 때 나타난다. 만약 바디이미지의 어떤 면을 바꿀 수 없다고 결론 내리게 되면 당신은 변화를 위해 어떤 노력도 하지 않을 것이다. 그러면 아무것도 변하지 않는다. 반면에 비관론을 미뤄두고, 목표를

세워 이를 달성하기 위해 노력한다면 실제로 변화할 수 있다. 당신도 한때 할 수 없다고 믿었던 것을 성취해본 적이 있지 않은가?

● '나쁘게 보는 게 좋은 거야'라는 태도는 몸을 수용하지 못하는 마음을 정당화하고 지속시킨다. 자기 몸을 싫어하는 것이 외모를 바꾸는 데 도움이 된다고 생각하는 것이다. 하지만 심한 자책은 긍정적인 방식으로 몸을 변화시키려고 하는 당신의 노력을 부지불식간에 방해한다.

변신 이야기

절대 변하지 않는 것이 하나 있다면, 그것은 바로 모든 것은 변한다는 사실이다. 당신의 몸은 살면서 분명히 바뀌었다. 그리고 계속 바뀔 것이다. 몇 년 전에 25주년 고등학교 동창회에 갔다. 대부분이 졸업한 뒤에 만난 적이 없는 친구들이었다. 오랜만에 만난 자리에서 우리는 빛바랜 졸업앨범을 돌려보았고 지금의 모습과 비교하면서 이야기꽃을 피웠다. "와, 너 그대로구나!"라는 말은 미모가 보통 이상인 반 친구들에게 일반적으로 하는 말이다. "너 정말 멋지다!"라는 말은 시간이 지나면서 더 매력적으로 변한 이들에게 하는 말이다. "근데 그동안 어떻게 지냈니?"라는 말은 "너도 세월을 피할 수 없었구나"라는 의미가 담긴 말로, 민감한 표현이다.

농구팀 주장으로 활약했고 여학생들에게 인기가 많았던 남자 동창이 있다. 그러나 베트남 전쟁 때 치명적인 부상을 입고 하반신 마비 환자가 되어 있었다. 가장 예쁜 치어리더였던 동창은 큰 병에 걸려 피폐해진 모습이었다. 그녀는 동창회 내내 자신의 달라진 모습에 대해 계속 이야기했다. 적지 않은 남자들은 사반세기가 지났다는 걸 증명하듯 머리숱이 듬성듬성했다. "오늘은 머리카락이 남아 있지만 내일이면 사라진다"라는 말이 인기 있는 농담이었다. 흰머리가 많은 여자 동창생은 자신을 '할머니'라고 부르지 말라고 경고하기도 했다. 허리에 두툼한 군살이 더해진 동창들은 지난 세월 허리둘레가 엄청나게 '성장'했다며 투덜거렸다. 어떤 여자들은 임신 중 찍은 사진을 보여주며 이제는 해변에 밀려온 고래만큼 자신이 거대하지 않다는 말을 듣고 싶어 했다. 매끄러웠던 얼굴에 생긴 주름은 세월의 흔적을 보여주고 있었다. 얼굴 얘기가 나온 김에, 래리는 어디에 있을까? 여드름 때문에 심하게 놀림 받았는데, 그 일이 인생에 상처로 남지는 않았는지 궁금했다.

시간은 모두를 심리적으로 또 육체적으로 변화시킨다. 충분한 영양과 적절한 운동, 건강한 생활습관으로 원치 않는 신체적 변화를 어느 정도는 관리할 수 있다. 하지만 결코 청춘의 모습을 되찾을 수는 없다. 그럼에도 젊음을 유지하려는 시도를 중단하지는 않는 것 같다. 우리는 '단기간에 살을 빼주고 요요가 없다'고 약속하는 다이어트 제품을 산다. 수술용 메스와 레이저로 세월의 흔적을 지우는 성형외과 의사를 찾아간다. 만약 젊음을 유지하고 완벽한 신체를 갖기 위해 투자하는 노력의 절반을 자기 몸을 받아들이기 위해 투자한다면 어떤 일이 일어날까? 답은 간단하다. 우리는 더 행복한 삶을 살 것이다.

이 책에서 배운 내용을 통해 새로운 삶의 방식과 새로운 몸과의 관계를 구축하길 바란다. 당신이 적극적으로 마음챙김을 유지하기만 한다면, 이 관계는 지속적으로 성장해서 만족감이라는 선물을 안겨줄 것이다. 더 많은 생각과 실천의 연료로 쓰기 위해 이 책을 다시 읽고 싶은 순간이 있을 것이다. 당신이 직접 쓴 바디이미지 다이어리는 자기 자신과 고민을 나누고 당신을 도발하는 문제들과 싸워 승리하기 위한 계획을 세우는 데 유용한 도구로 남아 있을 것이다. 가끔씩 당신이 얼마나 멀리 와 있는지 떠올리기 위해 바디이미지 다이어리를 읽어보기 바란다.

나는 몸을 빌려 살아가는 것이 본질적으로 인간의 조건이라는 말로 이 책의 도입부를 시작했다. 실제로 그리스 철학자 플라톤은 "굴이 껍데기 안에 붙어 있는 것처럼 우리는 우리의 몸에 묶여 있다"라는 지혜로운 말을 남겼다. 그렇다. 맞는 말이지만 우리가 육체와 불행하게 묶여 있는 것은 아니다. 우리는 모두 우리가 살고 있는 몸을 받아들이고, 육체가 가져다주는 경험을 수용하는 삶을 살 수 있다. 나는 당신이 마음챙김을 통해 자신의 몸을 받아들이고, 만족스럽고 충만한 삶을 살아가기를 진심으로 바란다.

독자, 연구자, 치료사를 위한 추천 자료

많은 사람들이 바디이미지 문제로 곤란을 겪고 있다. 다행히 책, CD, 테이프로 혼자 자신의 문제를 다룰 수 있게 됐다. 독자적으로 자신의 문제를 극복하고자 하는 독자들에게 다음과 같은 자료를 추천한다. 혼자서는 바디이미지 문제를 해결하기 어렵다고 느껴서 전문적인 안내와 상담을 받고 싶은 독자들은 아래 섹션을 참조하면 된다. 아래 목록에는 연구자와 치료사에게 도움이 될 만한 자료도 포함되어 있다.

바디이미지에 대한 자료

바디이미지에 대해 더 배우고 싶다면 다음의 자료를 읽어본다. 바디이미지의 개발과 평가, 그리고 바디이미지가 지닌 어려움과 장애 예방과 치료에 관한 자료들이다. 개발, 평가, 장애 예방과 치료 등 연구자와 임상의학자에게도 유용한 책이다.

책

Cash, T. F., and T. Pruzinsky (eds.). 2002. Body Image: *A Handbook of Theory, Research, and Clinical Practice*. New York: Guilford Press.

Castle, D. J., and K. A. Phillips (eds.). 2002. *Disorders of Body Image*. Philadelphia: Wrightson Biomedical Publishing.

Grogan, S. 2007. *Body Image: Understanding Body Dissatisfaction in Men, Women, and Children*. London: Psychology Press.

Partridge, J. 2006. *Changing Faces: The Challenge of Facial Disfigurement* 5th ed. London: Changing Faces.

Rumsey, N., and D. Harcourt. 2005. *The Psychology of Appearance*. Berkshire, England: Open University Press.

Sarwer, D. B., T. Pruzinsky, T. F. Cash, R. M. Goldwyn, J. A. Persing, and L. A. Whitaker (eds.). 2006. *Psychological Aspects of Reconstructive and Cosmetic Plastic Surgery: Clinical, Empirical, and Ethical Perspectives*. Philadelphia: Lippincott, Williams & Wilkins.

Thompson, J. K. (ed.). 2004. *Handbook of Eating Disorders and Obesity.* Hoboken, NJ: Wiley.

Thompson, J. K., and G. Cafri (eds.). 2007. *The Muscular Ideal: Psychological, Social, and Medical Perspectives.* Washington, DC: American Psychological Association.

Thompson, J. K., L. J. Heinberg, M. Altabe, and S. Tantleff-Dunn. 1999. *Exacting Beauty: Theory, Assessment, and Treatment of Body Image Disturbance.* Washington, DC: American Psychological Association.

Thompson, J. K., and L. Smolak (eds.). 2001. *Body Image, Eating Disorders, and Obesity in Youth: Assessment, Prevention, and Treatment.* Washington, DC: American Psychological Association.

특히 과학적 관점을 가진 독자들을 위한 책: *Body Image: An International Journal of Research* (T. F. Cash, editor-in-chief), published quarterly by Elsevier and accessible by ScienceDirect subscribers (www.sciencedirect.com).

학술지 사이트
www.elsevier.com/locate/bodyimage.

바디이미지 측정

위에 열거한 책에는 대부분 바디이미지가 작동하는 다양한 측면을 평가하는 내용이 담겨 있다. 연구를 위해서 검증된 바디이미지의 평가가 필요한 연구자는 다음의 웹사이트를 참조할 수 있다.

- www.body-images.com (T. F. Cash의 웹사이트)
- www.bodyimagedisturbance.org (J. K. Thompson의 웹사이트)

전문가 찾아보기

전문가를 찾으려면 아래 두 개 웹사이트가 특히 유용하다. 아래에 나열된 웹사이트는 특정 문제 영역을 다루고 있다.

- The Academy of Cognitive Therapy lists practitioners at www.academyofct.org.
- The Association of Behavioral and Cognitive Therapies lists practitioners at www.abct.org.

식이장애 관련 자료

지난 수십 년 동안 모든 종류의 식이장애가 미국 전역으로 퍼졌다. 우려할 만한 통계 소식이 매일 들려온다. 10대와 젊은이들 사이에 유행하는 거식증과 폭식증, 어른뿐 아니라 어린이들에게도 확산되는 비만이 심각한 사회문제가 되고 있다. 몸무게를 줄여줄 새로운 방법을 항상 찾고 있는 이들이 최근 유행하는 위험한 다이어트에 관심을 기울인다.

식생활 문제에 대처하고 극복하기 위한 길을 찾고 있는 식이장애(또는 섭식장애의 초기 징후)를 가진 독자들에게 추천하는 자료는 다음과 같다.

책

Fairburn, C. G. 1995. *Overcoming Binge Eating*. New York: Guilford Press.

Heffner, M., G. H. Eifert, and K. Wilson. 2004. *The Anorexia Workbook: How to Accept Yourself, Heal Your Suffering, and Reclaim Your Life*. Oakland, CA: New Harbinger Publications.

Kalodner, C. R. 2003. *Too Fat or Too Thin? A Reference Guide to Eating Disorders*. New York: Guilford Press.

Lock, J., D. le Grange, W. S. Agras, and C. Dare. 2001. *Treatment Manual for Anorexia Nervosa: A Family-Based Approach*. New York: Guilford Press. (This book is particularly recommended for practitioners.)

McCabe, R. E., T. L. McFarlane, and M. P. Olmstead. 2003. *The Overcoming Bulimia Workbook: Your Comprehensive Step-by-Step Guide to Recovery*. Oakland, CA: New Harbinger Publications.

웹사이트

These sites offer listings of therapists and treatment facilities specializing in eating disorders, as well as links to professional eating disorder associations and conferences:

- An excellent website for publications (books, DVDs, newsletters, free articles) and other resources on eating disorders is www.bulimia.com (also www.gurze.com).
- Another highly informative resource is the Something Fishy website on eating disorders at www.something-fishy.com

신체변형장애 자료

이 책의 도입에서 논했듯이 신체변형장애(BDD)는 매우 괴로운 질환이다. 이 장애를 가진 사람들은 자신의 외모에 대해 주관적이고 왜곡된 인식을 하며, 외모에 지나치게 집착하고 과도하게 외모를 점검하고, 자의식을 느낄 수 있는 상황을 피하려 한다. BDD를 가지고 있는 사람들과 그들을 돕는 정신건강 전문가들을 위한 자료를 소개한다.

책

Claiborn, J., and C. Pedrick. 2002. *The BDD Workbook: Overcome Body Dysmorphic Disorder and End Body Image Obsessions*. Oakland, CA: New Harbinger Publications.

Phillips, K. A. 2005. *The Broken Mirror: Understanding and Treating Body Dysmorphic Disorder*. Rev. ed. New York: Oxford University Press.

Pope, H. G., Jr., K. A. Phillips, and R. Olivardia. 2000. *The Adonis Complex: The Secret Crisis of Male Body Obsession*. New York: Free Press.

Wilhelm, S. 2006. *Feeling Good about the Way You Look*. New York: Guilford Press.

웹사이트

다음은 BDD 및 관련 장애 치료를 전문으로 하는 프로그램이 있는 웹사이트 목록이다.

- BDD Central at www.bddcentral.com is a valuable website. In addition to educational information, it gives treatment referral resources.
- BDD Treatment Programme at the Priory Hospital North London, UK: www.veale.

co.uk/bdd.html

- Bio-Behavioral Institute in Great Neck, New York: www.bio-behavioral.com/bdd.asp
- Body Dysmorphic Disorder Clinic and Research Unit at Massachusetts General Hospital and Harvard Medical School: www.massgeneral.org/bdd
- Body Image Program at Butler Hospital (Providence, Rhode Island): www.bodyimageprogram.com (or http://www.butler.org/body.cfm?id=123)
- Compulsive and Impulsive Disorders Program at Mount Sinai School of Medicine (New York, NY): www.mssm.edu/psychiatry/ciadp

마음챙김과 수용에 관한 자료

이 책에도 반영되어 있듯이 마음챙김과 수용적 접근은 개인의 성장과 심리치료에 매우 효과적이다. 이 접근법의 저명한 선구자인 존 카밧진은 몇 권의 책과 마음챙김 명상 훈련 프로그램 시리즈 오디오 CD와 테이프를 제작했다.

www.jonkabat-zinn.com 웹사이트에서 이 자료를 주문할 수 있으며 그 밖의 풍부한 정보를 접할 수 있다.

책

Williams, J. M. G., J. D. Teasdale, Z. V. Segal, and J. Kabat-Zinn. 2007. *The Mindful Way through Depression: Freeing Yourself from Chronic Unhappiness*. New York: Guilford Press. Includes a guided meditation tape by J. Kabat-Zinn.

Kabat-Zinn, J. 2005. *Coming to Our Senses: Healing Ourselves and the World through Mindfulness*. New York: Hyperion.

Kabat-Zinn, J. 1994. *Wherever You Go There You Are: Mindfulness Meditation in Everyday Life*. New York: Hyperion.

Kabat-Zinn, J. 1990. *Full-Catastrophe Living: Using the Wisdom of Your Body and Mind to Face Stress, Pain, and Illness*. New York: Delacorte.

Mindfulness for Beginners (Sounds True 2006) audio CD series.

Guided Mindfulness Meditation (Sounds True 2005) audio CD series.

New Harbinger, the publisher of this workbook, has a number of informative resources on mindfulness and acceptance, titles listed below. Visit the publisher's website at www.newharbinger.com:

Alpers. S. 2003. *Eating Mindfully.* Oakland, CA: New Harbinger Publications.

Brantley, J. 2003. *Calming Your Anxious Mind.* Oakland, CA: New Harbinger Publications.

Brantley, J., and W. Millstine. 2005. *Five Good Minutes.* Oakland, CA: New Harbinger Publications.

Hayes, S., and S. Smith. 2005. *Get Out of Your Mind and Into Your Life.* Oakland, CA: New Harbinger Publications.

McKay, M., and C. Sutker. 2007. *Leave Your Mind Behind.* Oakland, CA: New Harbinger Publications.

McQuaid, J., and P. Carmona. 2004. *Peaceful Mind.* Oakland, CA: New Harbinger Publications.

Spradlin, S. 2003. *Don't Let Your Emotions Run Your Life.* Oakland, CA: New Harbinger Publications.

참고문헌

The following references are for explicitly or implicitly cited sources in this book, including pertinent citations potentially useful to readers.

American Psychiatric Association. 2000. *Diagnostic and Statistical Manual of Mental Disorders.* 4th ed. Text revision. Washington, DC: American Psychiatric Association.

American Society of Plastic Surgeons. 2007. *Report of the 2006 Statistics.* National Clearinghouse of Plastic Surgery Statistics. Report available from the ASPS website at www.plasticsurgery.org.

Annis, N. M., T. F. Cash, and J. I. Hrabosky. 2004. Body image and psychosocial differences among stable average-weight, currently overweight, and formerly overweight women: The role of stigmatizing experiences. *Body Image: An International Journal of Research* 1:155-167.

Baer, R. A. (ed.) 2006. *Mindfulness-Based Treatment Approaches: Clinician's Guide to Evidence Base and Applications.* New York: Academic Press.

Bandura, A. 1977. Self-efficacy: Toward a unifying theory of behavior change. *Psychological Review* 84:191-215.

Beck, A. T. 1976. *Cognitive Therapy and the Emotional Disorders.* New York: International Universities Press.

Bernstein, N. R. 1990. Objective bodily damage: Disfigurement and dignity. In *Body Images: Development, Deviance, and Change*, edited by T. F. Cash and T. Pruzinsky. New York: Guilford Press.

Britton, L., D. M. Martz, D. Bazzini, L. Curtin, and A. Leashomb. 2006. Fat talk and self-presentation of body image: Is there a social norm for women to self-degrade? *Body Image: An International Journal of Research* 3:247-254.

Brown, T. A., T. F. Cash, and P. J. Mikulka. 1990. Attitudinal body image assessment: Factor analysis of the Body-Self Relations Questionnaire. *Journal of Personality Assessment* 55:135-144.

Brownell, K. D., and J. Rodin. 1994. The dieting maelstrom: Is it possible and advisable to lose weight? *American Psychologist* 49:781-791.

Butters, J. W., and T. F. Cash. 1987. Cognitive-behavioral treatment of women's body-image dissatisfaction. *Journal of Consulting and Clinical Psychology* 55:889-897.

Cash, T. F. 1990. The psychology of physical appearance: Aesthetics, attributes, and images. In *Body Images: Development, Deviance, and Change,* edited by T. F. Cash and T. Pruzinsky. New York: Guilford Press.

———. 1991. *Body-Image Therapy: A Program for Self-Directed Change.* New York: Guilford Press.

———. 1993. Body-image attitudes among obese enrollees in a commercial weight-loss program. *Perceptual and Motor Skills* 77:1099-1103.

———. 1994a. Body image and weight changes in a multisite comprehensive very low-calorie diet program. *Behavior Therapy* 25:239-254.

———. 1994b. The Situational Inventory of Body-Image Dysphoria: Contextual assessment of a negative body image. *Behavior Therapist* 17:133-134.

———. 1995a. Developmental teasing about physical appearance: Retrospective descriptions and relationships with body image. *Personality and Social Behavior: An International Journal* 23:123-130.

———. 1995b. The psychosocial effects of adolescent facial acne: Its severity and management in a medically untreated sample. Technical report to the Neutrogena Corporation, Los Angeles, CA.

———. 1995c. *What Do You See When You Look in the Mirror? Helping Yourself to a Positive Body Image.* New York: Bantam Books.

———. 1996. Remembrance of things past: A scientific investigation of the vestigial psychological effects of adolescent acne in early adulthood. Technical report to the Neutrogena Corporation, Los Angeles, CA.

———. 1997. *The Body Image Workbook: An 8-Step Program for Learning to Like Your Looks.* Oakland, CA: New Harbinger Publications.

———. 1999. The psychosocial consequences of androgenetic alopecia: A review of the research literature. *British Journal of Dermatology* 141:398-405.

———. 2000a. Body image. In *The Encyclopedia of Psychology,* edited by A. Kazdin. Washington, D.C: American Psychological Association and Oxford University Press.

———. 2000b. The users' manual for the Multidimensional Body-Self Relations Questionnaire. Available from the author at www.body-images.com.

———. 2001. The psychology of hair loss and its implications for patient care. *Clinics in Dermatology* 19:161-166.

———. 2002a. A "negative body image": Evaluating epidemiological evidence. In *Body Image: A Handbook of Theory, Research, and Clinical Practice,* edited by T. F. Cash and T. Pruzinsky. New York: Guilford Press.

————. 2002b. Cognitive behavioral perspectives on body image. In *Body Image: A Handbook of Theory, Research, and Clinical Practice*, edited by T. F. Cash and T. Pruzinsky. New York: Guilford Press.

————. 2002c. The Situational Inventory of Body-Image Dysphoria: Psychometric evidence and development of a short form. *International Journal of Eating Disorders* 32:362-366.

————. 2002d. Women's body images. In *Handbook of Women's Sexual and Reproductive Health*, edited by G. Wingood and R. DiClemente. New York: Plenum Press.

————. 2004. Body image: Past, present, and future. *Body Image: An International Journal of Research* 1:1-5.

————. 2008. *Measures and manuals for the multidimensional assessment of body image.* Available from the author at www.body-images.com.

Cash, T. F., and J. W. Butters. 1986. *Cognitive-Behavioral Treatment of Body-Image Dissatisfaction: Manual of Procedures and Materials.* Norfolk, VA: Department of Psychology, Old Dominion University.

Cash, T. F., B. Counts, and C. E. Huffine. 1990. Current and vestigial effects of overweight among women: Fear of fat, attitudinal body image, and eating behaviors. *Journal of Psychopathology and Behavioral Assessment* 12:157-167.

Cash, T. F., K. Dawson, P. Davis, M. Bowen, and C. Galumbeck. 1989. The effects of cosmetics use on the physical attractiveness and body image of college women. *Journal of Social Psychology* 129:349-356.

Cash, T. F., and E. A. Deagle. 1997. The nature and extent of body-image disturbances in anorexia nervosa and bulimia nervosa: A meta-analysis. *International Journal of Eating Disorders* 22:107-125.

Cash, T. F., and E. C. Fleming. 2002a. Body image and social relations. In *Body Image: A Handbook of Theory, Research, and Clinical Practice*, edited by T. F. Cash and T. Pruzinsky. New York: Guilford Press.

————. 2002b. The impact of body-image experiences: Development of the Body Image Quality of Life Inventory. *International Journal of Eating Disorders* 31:455-460.

Cash, T. F., and K. M. Grasso. 2005. The norms and stability of new measures of the multidimensional body image construct. *Body Image: An International Journal of Research* 2:199-203.

Cash, T. F., and P. E. Henry. 1995. Women's body images: The results of a national survey in the U.S.A. *Sex Roles* 33:19-28.

Cash, T. F., and K. L. Hicks. 1990. Being fat versus thinking fat: Relationships with body image, eating behaviors, and well-being. *Cognitive Therapy and Research* 14:327-341.

Cash, T. F., and J. I. Hrabosky. 2003. The effects of psychoeducation and self-monitoring in a cognitive-behavioral program for body-image improvement. *Eating Disorders: A Journal of Treatment and Prevention* 11:255-270.

————. 2004. The treatment of body-image disturbances. In *Handbook of Eating Disorders and Obesity*, edited by K. Thompson. New York: Wiley.

Cash, T. F., and L. Jacobi. 1992. Looks aren't everything (to everybody): The strength of ideals of physical appearance. *Journal of Social Behavior and Personality* 7:621-630.

Cash, T. F., T. A. Jakatdar, and E. F. Williams. 2004. The Body Image Quality of Life Inventory: Further validation with college men and women. *Body Image: An International Journal of Research* 1:279-287.

Cash, T. F., and L. H. Janda. 1984. Eye of the beholder. *Psychology Today* 18:46-52.

Cash, T. F., and A. S. Labarge. 1996. Development of the Appearance Schemas Inventory: A new cognitive body-image assessment. *Cognitive Therapy and Research* 20:37-50.

Cash, T. F., and D. M. Lavallee. 1997. Cognitive-behavioral body-image therapy: Further evidence of the efficacy of a self-directed program. *Journal of Rational-Emotive and Cognitive-Behavior Therapy* 15:281-294.

Cash, T. F., R. J. Lewis, and P. Keeton. 1987. Development and validation of the Body-Image Automatic Thoughts Questionnaire. Paper presented at the annual convention of the Southeastern Psychological Association, Atlanta, GA.

Cash, T. F., C. L. Maikkula, and Y. Yamamiya. 2004. "Baring the body in the bedroom": Body image, sexual self-schemas, and sexual functioning among college women and men. *Electronic Journal of Human Sexuality* 7 (www.ejhs.org/volume7/bodyimage.html).

Cash, T. F, S. E. Melnyk, and J. I. Hrabosky. 2004. The assessment of body-image investment: An extensive revision of the Appearance Schemas Inventory. *International Journal of Eating Disorders* 35:305-316.

Cash, T. F., J. A. Morrow, J. I. Hrabosky, and A. A. Perry. 2004. How has body image changed? A cross-sectional study of college women and men from 1983 to 2001. *Journal of Consulting and Clinical Psychology* 72:1081-1089.

Cash, T. F., J. Muth, P. Williams, and L. Rieves. 1996. Assessments of body image: Measuring cognitive and behavioral components. Poster presented at the annual convention of the Association for Advancement of Behavior Therapy, New York.

Cash, T. F., P. Novy, and J. Grant. 1994. Why do women exercise?: Factor analysis and further validation of the Reasons for Exercise Inventory. *Perceptual and Motor Skills* 78:539-544.

Cash, T. F., K. A. Phillips, M. T. Santos, and J. I. Hrabosky. 2004. Measuring "negative body image": Validation of the Body Image Disturbance Questionnaire in a nonclinical population. *Body Image: An International Journal of Research* 1:363-372.

Cash, T. F., and T. Pruzinsky (eds.). 1990. *Body Images: Development, Deviance, and Change.* New York: Guilford Press.

———. 2002. *Body Image: A Handbook of Theory, Research, and Clinical Practice.* New York: Guilford Press.

Cash, T. F., J. Rissi, and R. Chapman. 1985. Not just another pretty face: Sex roles, locus of control, and cosmetics use. *Personality and Social Psychology Bulletin* 11:246-257.

Cash, T. F., R. E. Roy, and M. D. Strachan. 1997. How physical appearance affects relations among women: Implications for women's body images. Poster presented at the annual convention of the American Psychological Society, Washington, DC.

Cash, T. F., J. A. Rudiger, and E. F. Williams. 2008. Protective factors in positive body image development: A qualitative study. Manuscript submitted for publication.

Cash, T. F., M. T. Santos, and E. F. Williams. 2005. Coping with body-image threats and challenges: Validation of the Body Image Coping Strategies Inventory. *Journal of Psychosomatic Research* 58:191-199.

Cash, T. F., and M. D. Strachan. 2002. Cognitive behavioral approaches to changing body image. In *Body Image: A Handbook of Theory, Research, and Clinical Practice*, edited by T. F. Cash and T. Pruzinsky. New York: Guilford Press.

Cash, T. F., J. Theriault, and N. M. Annis. 2004. Body image in an interpersonal context: Adult attachment, fear of intimacy, and social anxiety. *Journal of Social and Clinical Psychology* 23:89-103.

Cash, T. F., B. A. Winstead, and L. H. Janda. 1986 The great American shape-up: Body image survey report. *Psychology Today* 20:30-37.

Castle, D. J., and K. A. Phillips (eds.) 2002. *Disorders of Body Image*. Philadelphia: Wrightson Biomedical Publishing.

Celio, A. A., M. F. Zabinski, and D. E. Wilfley. 2002. African American body images. In *Body Image: A Handbook of Theory, Research, and Clinical Practice*, edited by T. F. Cash and T. Pruzinsky. New York: Guilford Press.

Ciliska, D. 1990. *Beyond Dieting: Psychoeducational Interventions for Chronically Obese Women, a Nondieting Approach*. New York: Brunner/Mazel.

Claiborn, J., and C. Pedrick. 2002. *The BDD Workbook: Overcome Body Dysmorphic Disorder and End Body Image Obsessions*. Oakland, CA: New Harbinger Publications.

Davis, C. 2002. Body image and athleticism. In *Body Image: A Handbook of Theory, Research, and Clinical Practice*, edited by T. F. Cash and T. Pruzinsky. New York: Guilford Press.

Delinsky, S. S., and G. T. Wilson. 2006. Mirror exposure for the treatment of body image disturbance. *International Journal of Eating Disorders* 39:108-116.

Eagly, A. H., R. D. Ashmore, M. G. Makhijani, and L. C. Kennedy. 1991. What is beautiful is good, but…: A meta-analytic review of research on the physical attractiveness stereotype. *Psychological Bulletin* 110:226-235.

Fairburn, C. G. 1995. *Overcoming Binge Eating*. New York: Guilford Press.

Fairburn, C. G., and K. D. Brownell (eds.). 2002. *Eating Disorders and Obesity: A Comprehensive Handbook*. 2nd ed. New York: Guilford Press.

Fallon, A. E. 1990. Culture in the mirror: Sociocultural determinants of body image. In *Body Images: Development, Deviance, and Change*, edited by T. F. Cash and T. Pruzinsky. New York: Guilford Press.

Feingold, A. 1988. Matching for attractiveness in romantic partners and same-sex friends: A meta-analysis and theoretical critique. *Psychological Bulletin* 104:226-235.

―――. 1992. Good-looking people are not what we think. *Psychological Bulletin* 111:304-341.

Feingold, A., and R. Mazzella. 1998. Gender differences in body image are increasing. *Psychological Science* 9:190-195.

Fisher, E., and J. K. Thompson. 1994. A comparative evaluation of cognitive-behavioral therapy (CBT) versus exercise therapy (ET) for the treatment of body image disturbance. *Behavior Modification* 18:171-185.

Flegal, K. M., M. D. Carroll, C. L. Ogden, et al. 2002. Prevalence and trends in obesity among U.S. adults. *Journal of the American Medical Association* 288:1723-1727.

Foreyt, J. P., and G. K. Goodrick. 1992. *Living Without Dieting*. Houston, TX: Harrison.

Foster, G. D., and P. E. Matz. 2002. Weight loss and changes in body image. In *Body Image: A Handbook of Theory, Research, and Clinical Practice*, edited by T. F. Cash and T. Pruzinsky. New York: Guilford Press.

Foster, G. D., and B. G. McGuckin. 2002. Nondieting approaches: Principles, practices, and evidence. In *Handbook of Obesity*, edited by T. A. Wadden and A. J. Stunkard. New York: Guilford Press.

Foster, G. D., T. A. Wadden, and R. A. Vogt. 1997. Body image before, during, and after weight loss treatment. *Health Psychology* 16:226-229.

Garner, D. M. 2002. Body image and anorexia nervosa. In *Body Image: A Handbook of Theory, Research, and Clinical Practice*, edited by T. F. Cash and T. Pruzinsky. New York: Guilford Press.

Germer, C. K., R. D. Siegel, and P. R. Fulton (eds.). 2005. *Mindfulness and Psychotherapy*. New York: Guilford Press.

Grant, J. R., and T. F. Cash. 1995. Cognitive-behavioral body-image therapy: Comparative efficacy of group and modest-contact treatments. *Behavior Therapy* 26:69-84.

Grasso, K. M., T. F. Cash, T. Yanover, and J. K. Thompson. 2007. An expressive writing intervention for body image: A randomized controlled trial. Poster presented at the annual convention of the Association for Behavioral and Cognitive Therapies, Philadelphia.

Grilo, C. M. 2002. Binge eating disorder. In *Eating Disorders and Obesity: A Comprehensive Handbook*, edited by C. G. Fairburn and K. D. Brownell. New York: Guilford Press.

Grogan, S. 2007. *Body Image: Understanding Body Dissatisfaction in Men, Women, and Children*. London: Psychology Press.

Hangen, J. D., and T. F. Cash. 1991. Body-image attitudes and sexual functioning in a college population. Poster presented at the annual convention of the Association for Advancement of Behavior Therapy, New York.

Hayes, S. C., V. M. Follette, and M. M. Linehan (eds.). 2004. *Mindfulness and Acceptance: Expanding the Cognitive-Behavioral Tradition*. New York: Guilford Press.

Hayes, S. C., and S. Smith. 2005. *Get Out of Your Mind and Into Your Life: The New Acceptance and Commitment Therapy*. Oakland, CA: New Harbinger Publications.

Heffner, M., G. H. Eifert, and K. Wilson. 2004. *The Anorexia Workbook: How to Accept Yourself, Heal Your Suffering, and Reclaim Your Life*. Oakland, CA: New Harbinger Publications.

Hensley-Crosson, S. L., and T. F. Cash. 1995. The effects of aerobic exercise on state and trait body image and physical fitness among college women. Poster presented at the annual convention of the Association for Advancement of Behavior Therapy, Washington, DC.

Hilbert, A., B. Tuschen-Caffier, and C. Vögele, C. 2002. Effects of prolonged and repeated body image exposure in binge-eating disorder. *Journal of Psychosomatic Research* 52:137-144.

Hill, J. O., V. Catenacci, and H. R. Wyatt 2005. Obesity: Overview of an epidemic. *Psychiatric Clinics of North America* 28:1-23.

Hrabosky, J. I., and T. F. Cash. 2007. Self-help treatment for body image disturbances. In *Self-Help Approaches for Obesity and Eating Disorders: Research and Practice*, edited by J. D. Latner and G. T. Wilson. New York: Guilford Press.

Jackson, L. A. 1992. *Physical Appearance and Gender: Sociobiological and Sociocultural Perspectives*. Albany: SUNY Press.

————. 2002. Physical attractiveness: A sociocultural perspective. In *Body Image: A Handbook of Theory, Research, and Clinical Practice*, edited by T. F. Cash and T. Pruzinsky. New York: Guilford Press.

Jacobi, L., and T. F. Cash. 1994. In pursuit of the perfect appearance: Discrepancies among self-ideal percepts of multiple physical attributes. *Journal of Applied Social Psychology* 24:379-396.

Jakatdar, T. A., T. F. Cash, and E. K. Engle. 2006. Body-image thought processes: The development and initial validation of the Assessment of Body-Image Cognitive Distortions. *Body Image: An International Journal of Research* 3:325-333.

Jarry, J. L., and K. Berardi. 2004. Characteristics and effectiveness of stand-alone body image treatments: A review of the empirical literature. *Body Image: An International Journal of Research* 1:319-333.

Jarry, J. L., and K. Ip. 2005. The effectiveness of stand-alone cognitive-behavioural therapy for body image: A meta-analysis. *Body Image: An International Journal of Research* 2:317-331.

Kabat-Zinn, J. 1990. *Full-Catastrophe Living: Using the Wisdom of Your Body and Mind to Face Stress, Pain, and Illness*. New York: Delacorte Press.

————. 1994. *Wherever You Go, There You Are: Mindfulness Meditation in Everyday Life*. New York: Hyperion.

————. 2005. *Coming to Our Senses: Healing Ourselves and the World Through Mindfulness*. New York: Hyperion.

Kalodner, C. R. 2003. *Too Fat or Too Thin? A Reference Guide to Eating Disorders*. New York: Guilford Press.

Kearney-Cooke, A. 2002. Familial influences on body image development. In *Body Image: A Handbook of Theory, Research, and Clinical Practice*, edited by T. F. Cash and T. Pruzinsky. New York: Guilford Press.

Key, A., C. L. George, D. Beattie, K. Stammers, H. Lacey, and G. Waller. 2002. Body image treatment within an inpatient program for anorexia nervosa: The role of mirror exposure in the desensitization process. *International Journal of Eating Disorders* 31:85-190.

Kleck, R. E., and A. Strenta. 1980. Perceptions of the impact of negatively valued physical characteristics on social interaction. *Journal of Personality and Social Psychology* 39:861-873.

Latner, J. D., and G. T. Wilson (eds.). 2007. *Self-Help Approaches for Obesity and Eating Disorders: Research and Practice*. New York: Guilford Press.

Lavallee, D. M., and T. F. Cash. 1997. The comparative efficacy of two self-help programs for a negative body image. Poster presented at the annual conference of the Association for Advancement of Behavior Therapy, Miami Beach, FL.

Lepore, S. J., and J. M. Smyth. 2002. *The Writing Cure: How Expressive Writing Promotes Health and Emotional Well-Being*. Washington, DC: American Psychological Association.

Levine, M. P., and L. Smolak. 2002. Body image development in adolescence. In *Body Image: A Handbook of Theory, Research, and Clinical Practice*, edited by T. F. Cash and T. Pruzinsky. New York: Guilford Press.

Lock, J., D. le Grange, W. S. Agras, and C. Dare. 2001. *Treatment Manual for Anorexia Nervosa: A Family-Based Approach*. New York: Guilford Press.

Markus, H. 1977. Self-schemata and processing information about the self. *Journal of Personality and Social Psychology* 35:63-78.

Markus, H., R. Hamill, and K. P. Sentis. 1987. Thinking fat: Self-schemas for body weight and the processing of weight-relevant information. *Journal of Applied Social Psychology* 17:50-71.

Marra, T. 2005. *Dialectical Behavior Therapy in Private Practice: A Practical and Comprehensive Guide*. Oakland, CA: New Harbinger Publications.

Martin, K. A., and C. M. Lichtenberger. 2002. Fitness enhancement and changes in body image. In *Body Image: A Handbook of Theory, Research, and Clinical Practice*, edited by T. F. Cash and T. Pruzinsky. New York: Guilford Press.

McCabe, R. E., T. L. McFarlane, and M. P. Olmstead. 2003. *The Overcoming Bulimia Workbook: Your Comprehensive Step-by-Step Guide to Recovery*. Oakland, CA: New Harbinger Publications.

McKinley, N. M. 2002. Feminist perspectives and objectified body consciousness. In *Body Image: A Handbook of Theory, Research, and Clinical Practice*, edited by T. F. Cash and T. Pruzinsky. New York: Guilford Press.

Melnyk, S. E., T. F. Cash, and L. H. Janda. 2004. Body image ups and downs: Prediction of intra-individual level and variability of women's daily body image experiences. *Body Image: An International Journal of Research* 1:225-235.

Morrison, M. A., T. G. Morrison, and C. L. Sager. 2004. Does body satisfaction differ between gay men and lesbian women and heterosexual men and women? A meta-analytic review. *Body Image: An International Journal of Research* 1:127-138.

Muth, J. L., and T. F. Cash. 1997. Body-image attitudes: What difference does gender make? *Journal of Applied Social Psychology* 27:1438-1452.

Nichter, M. 2000. *Fat Talk: What Girls and Their Parents Say about Dieting*. Cambridge, MA: Harvard University Press.

Noles, S. W., T. F. Cash, and B. A. Winstead. 1985. Body image, physical attractiveness, and depression. *Journal of Consulting and Clinical Psychology* 53:88-94.

Nye, S., and T. F. Cash. 2006. Outcomes of manualized cognitive-behavioral body image therapy with eating disordered women treated in a private clinical practice. *Eating Disorders: The Journal of Treatment and Prevention* 14:31-40.

Olivardia, R. 2002. Body image and muscularity. In *Body Image: A Handbook of Theory, Research, and Clinical Practice*, edited by T. F. Cash and T. Pruzinsky. New York: Guilford Press.

Partridge, J. 2006. *Changing Faces: The Challenge of Facial Disfigurement*. 5th ed. London: Changing Faces.

Pennebaker, J. W. 1997. Writing about emotional experiences as a therapeutic process. *Psychological Science* 8:162-166.

————. 2004. *Writing to Heal: A Guided Journal for Recovering from Trauma and Emotional Upheaval*. Oakland, CA: New Harbinger Publications.

Pennebaker, J. W., and C. K Chung. 2007. Expressive writing, emotional upheavals, and health. In *Foundations of Health Psychology*, edited by H. S. Friedman and R. C. Silver. New York: Oxford University Press.

Phillips, K. A. 2002. Body image and body dysmorphic disorder. In *Body Image: A Handbook of Theory, Research, and Clinical Practice*, edited by T. F. Cash and T. Pruzinsky. New York: Guilford Press.

————. 2005. *The Broken Mirror: Understanding and Treating Body Dysmorphic Disorder*. Rev. ed. New York: Oxford University Press.

Polivy, J., and P. Herman. 1983. *Breaking the Diet Habit*. New York: Basic Books.

————. 1992. Undieting: A program to help people stop dieting. *International Journal of Eating Disorders* 11:261-268.

Pope, H. G., Jr., K. A. Phillips, and R. Olivardia. 2000. *The Adonis Complex: The Secret Crisis of Male Body Obsession*. New York: Free Press.

Powell, M. R., and B. Hendricks. 1999. Body schema, gender, and other correlates in nonclinical populations. *Genetic, Social, and General Psychology Monographs* 125:333-412.

Pruzinsky, T., and M. Edgerton. 1990. Body-image change in cosmetic plastic surgery. In *Body Images: Development, Deviance, and Change*, edited by F. Cash and T. Pruzinsky. New York: Guilford Press.

Ramirez, E. M., and J. C. Rosen. 2001. A comparison of weight control and weight control plus body image therapy for obese men and women. *Journal of Consulting and Clinical Psychology* 69:440-446.

Rieves, L., and T. F. Cash. 1996. Reported social developmental factors associated with women's body-image attitudes. *Journal of Social Behavior and Personality* 11:63-78.

Roberts, A., T. F. Cash, A. Feingold, and B. T. Johnson. 2006. Are black-white differences in females' body dissatisfaction decreasing? A meta-analytic review. *Journal of Consulting and Clinical Psychology* 74:1121-1131.

Rodin, J., L. R. Silberstein, and R. H. Striegel-Moore. 1985. Women and weight: A normative discontent. In *Nebraska Symposium on Motivation: Psychology and Gender,* edited by T. B. Sonderegger. Lincoln: University of Nebraska Press.

Rosen, J. C., P. Orosan, and J. Reiter. 1995. Cognitive behavior therapy for negative body image in obese women. *Behavior Therapy* 26:25-42.

Rosen, J. C., J. Reiter, and P. Orosan. 1995. Cognitive-behavioral body-image therapy for body dysmorphic disorder. *Journal of Consulting and Clinical Psychology* 63:263-269.

Rosen, J. C., E. Saltzberg, and D. Srebnik. 1989. Cognitive behavior therapy for negative body image. *Behavior Therapy* 20:393-404.

Rucker, C. E., and T. F. Cash. 1992. Body images, body-size perceptions, and eating behaviors among African-American and white college women. *International Journal of Eating Disorders* 12:291-300.

Rudiger, J. A., T. F. Cash, M. Roehrig, and J. K. Thompson. 2007. Day-to-day body-image states: Prospective predictors of intra-individual level and variability. *Body Image: An International Journal of Research* 4:1-9.

Rumsey, N. 2002. Body image and congenital conditions with visible differences. In *Body Image: A Handbook of Theory, Research, and Clinical Practice,* edited by T. F. Cash and T. Pruzinsky. New York: Guilford Press.

Rumsey, N., and D. Harcourt. 2004. Body image and disfigurement: Issues and interventions. *Body Image: An International Journal of Research* 1:83-97.

———. 2005. *The Psychology of Appearance.* Berkshire, England: Open University Press.

Sarwer, D. B., T. Pruzinsky, T. F. Cash, R. M. Goldwyn, J. A. Persing, and L. A. Whitaker (eds.). 2006. *Psychological Aspects of Reconstructive and Cosmetic Plastic Surgery: Clinical, Empirical, and Ethical Perspectives.* Philadelphia: Lippincott, Williams & Wilkins.

Sarwer, D. B., J. K. Thompson, and T. F. Cash. 2005. Obesity and body image in adulthood. *Psychiatric Clinics of North America* 28:69-87.

Sarwer, D. B., T. A. Wadden, and G. Foster. 1998. Assessment of body image dissatisfaction in obese women: Specificity, severity and clinical significance. *Journal of Consulting and Clinical Psychology* 66:651-654.

Schwartz, M. B., and K. D. Brownell. 2002. Obesity and body image. In *Body Image: A Handbook of Theory, Research, and Clinical Practice,* edited by T. F. Cash and T. Pruzinsky. New York: Guilford Press.

———. 2004. Obesity and body image. *Body Image: An International Journal of Research* 1:43-56.

Segal, Z. V., J. M. G. Williams, and J. D. Teasdale. 2002. *Mindfulness-Based Cognitive Therapy for Depression: A New Approach to Preventing Relapse.* New York: Guilford Press.

Shontz, F. C. 1990. Body image and physical disability. In *Body Images: Development, Deviance, and Change,* edited by T. F. Cash and T. Pruzinsky. New York: Guilford Press.

Smolak, L. 2002. Body image development in children. In *Body Image: A Handbook of Theory, Research, and Clinical Practice*, edited by T. F. Cash and T. Pruzinsky. New York: Guilford Press.

Stice, E. 2002. Body image and bulimia nervosa. In *Body Image: A Handbook of Theory, Research, and Clinical Practice*, edited by T. F. Cash and T. Pruzinsky. New York: Guilford Press.

———. 2002. Risk and maintenance factors for eating pathology: A meta-analytic review. *Psychological Bulletin* 128:825-848.

Strachan, M. D., and T. F. Cash. 2002. Self-help for a negative body image: A comparison of components of a cognitive-behavioral program. *Behavior Therapy* 33:235-251.

Striegel-Moore, R. H., and D. L. Franko. 2002. Body image issues among girls and women. In *Body Image: A Handbook of Theory, Research, and Clinical Practice*, edited by T. F. Cash and T. Pruzinsky. New York: Guilford Press.

Tantleff-Dunn, S., and J. L. Gokee. 2002. Interpersonal influences on body image development. In *Body Image: A Handbook of Theory, Research, and Clinical Practice*, edited by T. F. Cash and T. Pruzinsky. New York: Guilford Press.

Thompson, J. K. (ed.). 1996. *Body Image, Eating Disorders, and Obesity: An Integrative Guide for Assessment and Treatment*. Washington, DC: American Psychological Association.

———. 2004. *Handbook of Eating Disorders and Obesity*. Hoboken, NJ: Wiley.

Thompson, J. K., and G. Cafri (eds.) 2007. *The Muscular Ideal: Psychological, Social, and Medical Perspectives*. Washington, DC: American Psychological Association.

Thompson, J. K., L. J. Heinberg, M. Altabe, and S. Tantleff-Dunn. 1999. *Exacting Beauty: Theory, Assessment, and Treatment of Body Image Disturbance*. Washington, DC: American Psychological Association.

Thompson, J. K., and L. Smolak (eds.). 2001. *Body Image, Eating Disorders, and Obesity in Youth: Assessment, Prevention, and Treatment*. Washington, DC: American Psychological Association.

Tiggemann, M. 2002. Media influences on body image development. In *Body Image: A Handbook of Theory, Research, and Clinical Practice*, edited by T. F. Cash and T. Pruzinsky. New York: Guilford Press.

———. 2004. Body image across the adult life span: Stability and change. *Body Image: An International Journal of Research* 1:29-41.

Tucker, K. L., D. M. Martz, L. A. Curtin, and B. G. Bazzini. 2007. Examining "fat talk" experimentally in a female dyad: How are women influenced by another woman's body presentation style? *Body Image: An International Journal of Research* 4:157-164.

Veale, D. 2004. Advances in a cognitive behavioural model of body dysmorphic disorder. *Body Image: An International Journal of Research* 1:113-125.

Wertheim, E. H., S. J. Paxton, and S. Blaney. 2004. Risk factors for the development of body image disturbances. In *Handbook of Eating Disorders and Obesity*, edited by J. K. Thompson. Hoboken, NJ: Wiley.

Westmoreland-Corson, P., and A. E. Andersen. 2002. Body image issues among boys and men. In *Body Image: A Handbook of Theory, Research, and Clinical Practice*, edited by T. F. Cash and T. Pruzinsky. New York: Guilford Press.

Whitbourne, S. K., and K. M. Skultety. 2002. Body image development: Adulthood and aging. In *Body Image: A Handbook of Theory, Research, and Clinical Practice*, edited by T. F. Cash and T. Pruzinsky. New York: Guilford Press.

Wiederman, M. W. 2002. Body image and sexual functioning. In *Body Image: A Handbook of Theory, Research, and Clinical Practice*, edited by T. F. Cash and T. Pruzinsky. New York: Guilford Press.

Wilhelm, S. 2006. *Feeling Good about the Way You Look*. New York: Guilford Press.

Williams, E. F., T. F. Cash, and M. T. Santos. 2004. Positive and negative body image: Precursors, correlates, and consequences. Poster presented at the Conference of the Association for Advancement of Behavior Therapy, New Orleans.

Williams, P., and T. F. Cash. 2001. Effects of a circuit weight training program on the body images of college students. *International Journal of Eating Disorders* 30:75-82.

Williamson, D. A., T. M. Stewart, M. A. White, and E. York-Crowe. 2002. An information-processing perspective on body image. In *Body Image: A Handbook of Theory, Research, and Clinical Practice*, edited by T. F. Cash and T. Pruzinsky. New York: Guilford Press.

Winzelberg, A. J., L. Abascal, and C. B. Taylor. 2002. Psychoeducational approaches to the prevention and change of negative body image. In *Body Image: A Handbook of Theory, Research, and Clinical Practice*, edited by T. F. Cash and T. Pruzinsky. New York: Guilford Press.

Yamamiya, Y., T. F. Cash, S. E. Melnyk, H. D. Posavac, and S. S. Posavac. 2005. Women's exposure to thin-and-beautiful media images: Body image effects of media-ideal internalization and impact-education interventions. *Body Image: An International Journal of Research* 2:74-80.

Yamamiya, Y., T. F. Cash, and J. K. Thompson. 2006. Sexual experiences among college women: The differential effects of general versus contextual body images. *Sex Roles* 55:421-427.

바디이미지 수업

초판 1쇄 인쇄 2019년 10월 17일
초판 1쇄 발행 2019년 10월 25일

지은이　토머스 캐시
옮긴이　박미라 외
펴낸이　문채원
편집　　오효순
디자인　김은희

펴낸곳 도서출판 사우
출판 등록　제2014-000017호
주소 서울 양천구 목동동로 50, 1223-508
전화 02-2642-6420
팩스 0504-156-6085
이메일 sawoopub@gmail.com